전쟁을 팝니다

이후

옮긴이 ▮ 정인환

성균관대 한국철학과를 거쳐, 한국외대 국제지역원에서 미국 정치를 전공했다.『한겨레』사
회부·국제부·정치부를 거쳐, 현재『한겨레21』에서 국제 뉴스를 다루고 있다.

Private Warriors
First published by Verso 2000
ⓒ Ken Silverstein 2000
All right reserved
Korean Translation Copyright ⓒ E-Who Publishing Co., 2007
Korean edition is published by arrangement with Verso
through Guy Hong Agency.
All right reserved.

전쟁을 팝니다

지은이   켄 실버스타인
옮긴이   정인환
펴낸이   이명회
펴낸곳   도서출판 이후
편 집   김은주 · 김진한
디자인   박대성

초 판 제1쇄 찍은 날   2007년 2월 23일

등 록   1998. 2. 18. 제 13-828호
주 소   121-836 서울시 마포구 서교동 325-1 원천빌딩 3층
전 화   (대표)02-3141-9640 (편집)02-3143-0905 (팩스)02-3141-9641
전자우편   ewho@e-who.co.kr

ISBN 978-89-88105-83-2 (03300)

이 도서의 국립중앙도서관 출판시도서목록(CIP)은 E-CIP 홈페이지(http://www.nl.go.kr/cip.php)에서
이용하실 수 있습니다. (CIP제어번호: CIP2007000430)

값   14,800원

차례

일러두기

1. 인명·지명·작품명은 될 수 있는 한 '외래어 표기법'(1986년 1월 문교부 고시)과 이에 근거한 『편수자료』(1987년 국어연구소 편)를 참조해 표기했으나, 주로 원어에 근접하게 표기하는 것을 원칙으로 삼았다. 단, 국내에 전혀 알려져 있지 않거나 잘못 알려진 경우가 아니라면 이미 널리 알려진 표기법은 그대로 사용했다.

2. 단행본·전집·정기간행물 등에는 겹낫쇠(『 』)를, 논문·논설·단편 등에는 홑낫쇠(「 」)를 사용했다.

3. 회사명 및 단체명은 경우에 따라 가독성을 고려해 붙여서 표기했으며 작은따옴표(' ')로 구분했다. 중복되거나 중요도가 떨어지는 경우에는 표기하지 않았다.

▌감사의 말▐

먼저 이 책이 나오기까지 연구 및 저술 활동을 가능하게 한 플로랜스·존 슈만 재단의 아낌없는 지원에 감사의 뜻을 표한다. 또 글쓰기 막바지의 적절한 시점에서 제공된 조셉 핸들만 재단의 보조금이 있었기에 책을 마무리 지을 수 있었다는 점도 밝힌다.

대니얼 버튼로즈의 탁월한 노력 없이『전쟁을 팝니다』를 써내기는 불가능했을 것이다. 대니얼은 책을 쓰기 위해 필요한 연구와 취재 작업에서 결정적인 역할을 했으며, 마지막 장을 써내는 데도 커다란 도움이 됐다. 그가 떠난 뒤 이안 얼비나는 그의 빈자리를 훌륭히 메워 줬다.

버소(Verso) 출판사의 콜린 로빈슨이 보여 준 열정적인 지원에 대해서도 감사한다. 대니얼 넬슨은 3년 전 이 책에 대한 아이디어를 제공했다. 내게는 다행스럽게도, 그는 워낙 바쁜 나머지 자신이 직접 이 책을 쓸 수 없었다. 정보공개법(FOIA)에 따른 5년여에 걸친 연구 결과를 공유하도록 허락해 준 디터 마이어에게도 고마움을 표한다. 마지막으로 책을 써 나가는 과정에서 조언과 도움을 아끼지 않은 제이슨 베스트에게도 감사의 마음을 전한다.

▌옮긴이의 말
네오콘의 '새 세기'가 저물고 있다 ▌

"이번 전쟁에 필요한 비용은 얼마든지 댈 수 있습
니다. 이라크는 재건 자금을 스스로, 그것도 상대적
으로 빠른 시일 안에 마련할 수 있는 나라입니다."

－ 폴 월포위츠 전 미 국방부 부장관

땡볕으로 달궈진 드넓은 모래벌판이 멀리 지평선 끝자락에서 나른
하게 하늘과 만나고 있었다. 잘 닦인 도로를 따라 '캠프 버지니아'로 향하
는 길에서 만난 사막은 지루하고도 황량했다. 1991년 제1차 걸프전 당시
미군을 피해 철수하다 궤멸된 이라크군 탱크며 장갑차가 고철 더미가 돼
아무렇게나 나뒹굴고 있는 모습이 간간이 눈에 들어올 뿐, 길 양편에 끝없
이 늘어선 전신주만이 외롭게 황야를 지키고 있었다.
　지난 9월 말 중동 출장길에 쿠웨이트시티 외곽에 자리한 미군 기지
'캠프 버지니아'를 둘러볼 기회가 있었다. 도심에서 차량으로 40~50분을
달려 기지 들머리에 도착하자 난데없이 교통 체증이 빚어졌다. 느긋하게
이어지는 검문으로 차량 이동이 더뎌진 탓이었다. 차창 밖으로 내다보니
검문소에서 들고나는 차량을 살피는 일은 군인들의 몫이 아니었다. 미국
의 다국적 군수 업체 '켈로그브라운앤루트'(KBR) 직원들이 반경 10킬로미

터에 이르는 드넓은 기지의 외곽 경비를 맡고 있었다.

켈로그브라운앤루트는 미 텍사스 주 휴스턴에 본사를 두고 있는 다국적 에너지 업체인 '핼리버튼'의 자회사로 정유 산업과 관련된 건설 사업과 함께 군수 지원 사업을 주력으로 하고 있다. 지난 1998년 핼리버튼에 인수·합병된 이 업체의 전신 '브라운앤루트'는 제2차 세계대전과 베트남전쟁에서도 군수 지원 업무를 맡았을 정도로 '유서 깊은' 군수 업체다. 이 업체가 '항구적 자유'를 내세운 미국의 아프가니스탄 침공 과정에서 올린 계약고는 모두 2억1,600만 달러에 이른다. 카불에 미 대사관을 새로 짓는 공사만도 총 공사비가 자그마치 1억 달러에 달했다.

이라크에선 더욱 수지가 맞는 상황이 연출됐다. 침공에 앞서 2억 달러 규모의 미군 숙영 시설 건설 공사를 따 낸 켈로그브라운앤루트는, 전쟁 포로 수감 시설 공사(2,820만 달러 상당)와 침공 이후 사담 후세인 정권의 대량살상무기 증거 수집을 위해 파견된 '이라크조사단'(ISG) 숙박 시설 공사(4,080만 달러 상당) 등 각종 계약을 잇달아 따 냈다. 또 침공 직후인 지난 2003년 3월 말에는 이라크에 휘발유를 공급하는 것을 포함해 다섯 개 분야에 걸친 70억 달러 상당의 계약을 따 내는 등 굵직굵직한 계약이 끝없이 이어지고 있다.

9·11 테러가 촉발시킨 '테러와의 전쟁'은 '인류 역사상 가장 민영화된 전쟁'으로 불린다. 아프가니스탄에서 이라크까지, 전통적으로 군부대가 수행하던 각종 업무가 대폭 '민간 군사 업체'(PMC)에 맡겨졌다. 켈로그브라운앤루트가 아프가니스탄과 이라크에서 보여 준 '활약상'은 민간 군사 업체가 군대의 일부 역할을 대행하는 수준을 넘어, 이미 교전 당사자로서 전쟁에 직접 가담하고 있음을 증명해 준다. 2006년 9월 22일까지 이 업체

및 그 하청 업체에 고용돼 이라크와 쿠웨이트, 아프가니스탄에서 활동하다 목숨을 잃은 직원은 모두 91명에 이르며, 부상자만도 4백여 명을 헤아린다.

민간 군사 업체가 전쟁터에서 수행하는 업무에는 사실상 한계가 없다. 위험 상황에 판단과 대처, 현지 군 병력 훈련, 군 기지 보안·경비, 전투지역 현금 수송, 정보 수집, 무기 획득, 인사·예산 심사, 무장·화력지원, 군수 지원, 해상 경계, 사이버 보안, 무기 폐기, 수감 시설 운영, 감시·정찰 업무, 심리전 및 선전 선동, 첩보 활동, 근접 경호 및 조사 업무 등. 군대가 필요로 하는 모든 일을 민간 업체가 떠맡고 있다. 이들 민간 군사 업체가 미 정부로부터 한 해 따 내는 계약만 적게는 백억~2백억 달러에서 많게는 천억 달러 규모에 이르는 것으로 추정된다.

현재 이라크에서 활동하고 있는 민간 업체 직원들이 얼마나 되는지에 대해선 공식적인 통계자료가 전무하다. 줄잡아 2만~2만5천여 명의 민간 군사 업체 직원들이 활동하고 있는 것으로 알려져 있을 뿐이다. 이는 미군을 제외한 이른바 '의지의 동맹'에 참여한 영국·한국 등 20여 개 파병 국가의 병력을 모두 합친 것보다 많은 수치다. '미국의 미래를 위한 캠페인'(http://home.ourfuture.org)이란 단체가 2006년 9월에 내놓은 「전쟁으로 이익을 챙긴 사람들」이란 보고서에는 이들 민간 군사 업체가 이라크에서 벌이고 있는 핏빛 이윤 쟁탈전의 실상이 자세히 드러나 있다.

보고서를 보면, 민간 업체 직원들이 이라크의 어느 지역에서 무슨 일을 하고 있는지에 대해 그나마 구체적인 정보가 나온 것이 2005년 6월 말이라는 사실을 알 수 있다. 당시 미 일반회계국(GAO)은 상원 민주당 국방소위원회 청문회에 낸 보고서에서 민간인 2만5천여 명이 60여 개 업체에 소속

돼 이라크 현지에서 활동하고 있다고 밝혔다. 반면 바그다드의 '민간보안 업체협회'(PSCA) 등 업계 쪽에선 현재 이라크에서 활동하고 있는 민간인이 180여 개 업체에 모두 4만8천여 명에 이른다는 추정치를 내놓기도 했다.

미 국무부와 국방부는 물론 전후 이라크 재건·복구 책임을 맡은 '이라 크재건청'(IIRO)까지 민간 군사 업체와의 계약 액수나 용도, 누가 계약을 얼마나 따 냈는지에 대한 정확한 내용을 파악하지 못하고 있다. 2006년 7월 미 국무부가 의회에 제출한 이라크 재건 지원 기금 사용 현황에 대한 분기 별 보고서를 보면, 당시까지 미국은 무려 2백억 달러에 이르는 막대한 자 금을 이라크에 쏟아 부었다. 그럼에도 전력과 유류 공급 사정은 여전히 전 쟁 전보다 못한 상태다. 학교와 병원, 차량과 식료품 등도 전쟁 전에 비해 훨씬 부족하기는 마찬가지다.

대부분의 재건 공사를 미국 업체가 따 내며 막대한 이득을 챙기는 사 이, 재건 복구의 수혜자여야 할 이라크 인들은 철저히 소외되고 있다. 외국 인이 운영하는 트럭 업체에서 일하는 외국인 운전기사가 외국에서 생산 한 식료품을 운반하는 모습을 이라크 인들은 그저 지켜보고만 있는 처지 다. 전문직의 대부분을 미국인들이나 유럽인들이 차지하는 사이, 고등 교 육을 받은 능력 있는 이라크 인들은 찬밥 신세를 면치 못하고 있다. 육체노 동 등 기초적인 일자리 역시 네팔이나 필리핀 노동자들이 차지하면서 이 라크 인들은 평균 40~50퍼센트에 이르는 살인적인 실업률 속에 허덕이고 있다.

이른바 '민영화'의 논리는 간단하면서도 분명하다. 각종 군사 업무를 민간 업체에 맡김으로써 미군의 부담을 줄여 준다는 것이다. 민영화는 미 국이 이라크에서 얼마나 많은 일을 벌이고 있는지를 손쉽게 숨길 수 있는 이점도 있다. 이론상으론 민간 업체가 최저 비용으로 최상의 서비스를 제공함으로써, 정부 기구나 군대에 비해 효율적일 것이라는 주장이 가능하다. 또 점령과 재건 과정에서 필요한 각종 복구공사는 미군이 감당할 능력도 없고, 그런 일에 집중해서도 안 된다고 주장할 수도 있다.

하지만 현실은 이와는 판이하다. 이라크 재건 복구 과정에서 민간 업체가 따 낸 대규모 계약은 거의 모두 경쟁 입찰 방식이 아니라 단독 응찰에 따른 수의계약 방식으로 이뤄졌다. 계약 조건을 충족시키지 못하더라도 업체에 그 책임을 묻는 일은 흔치 않았다. 반면 최초 계약 단가가 일정 시점이 지난 뒤 상향조정되는 일은 비일비재했다. 이를 관리 감독하는 절차는 사실상 존재하지 않았다. 데이비드 워커 미 감사원장은 지난 9월 7일 하원 예결산위 국방소위원회 청문회에 출석해 2001년 9월 11일부터 2005년 말까지 미 국방부가 국방 획득 및 민간 업체 위탁 계약에 쏟아 부은 예산이 모두 2,700억 달러에 이른다고 밝혔다. 이 가운데 50퍼센트가량은 수의계약을 통해 이뤄졌으며, 9퍼센트는 계약 방식 자체가 보고조차 되지 않았다. 전체 계약 건수 가운데 41퍼센트만이 경쟁 입찰 방식으로 이뤄졌다는 게 워커 감사원장의 보고였다.

수의계약을 통해 막대한 이득을 챙긴 대표적인 업체가 핼리버튼이다. 미 부통령에 취임하기 전까지 핼리버튼의 회장을 지낸 딕 체니 부통령은 여전히 상당한 규모의 핼리버튼 스톡옵션을 보유하고 있다. 핼리버튼의 '활약상'은 이라크 침공 직후부터 도드라졌다. 이 업체가 지난 2003년 3월 침공 당시부터 2006년 7월 말 현재까지 이라크 현지 업무와 관련해 미 국방부에서 따 낸 계약은 총 160억 달러 규모에 이른다. 핼리버튼이 따 낸 계약은 크게 '민간군수지원강화'(LOGCAP) 계획에 따른 군수 지원 관련 계약과 '이라크정유시설복구'(RIO) 관련 공사다.

이를 구체적으로 보면, 핼리버튼은 25억 달러 규모의 이라크 원유 생산 설비 복구공사를 경쟁 업체의 입찰 없이 수의계약으로 따 냈다. 이는 미 국방부의 획득 규정에 저촉된다. 이런 결정은 당연히 정치적으로 임명된 미 국방부의 최고위층에서 이뤄진 결정이다. '사법 감시'란 시민 단체가 2004년 3월 말 폭로한 내부 전자우편을 보면, 폴 월포위츠 당시 미 국방부 부장관(현 세계은행 총재)이 핼리버튼의 공사 수주에 직접 관여했으며, 이 과정에서 "(체니) 부통령 쪽과 협의했다"는 내용도 포함됐다.

핼리버튼 관련 입찰 부정 의혹을 추적해 온 헨리 왁스먼(캘리포니아주 민주당) 하원의원은 2004년 2월 『뉴요커』와 한 인터뷰에서 "핼리버튼이 따 낸 계약은 애초 이라크 유전 지대의 화재를 진압하는 공사였지만, 어느 순간 이라크 전체 유전 시설에 대한 복구공사로 둔갑해 있었다"며 "처음엔 단기적인 소규모 공사로 여겼는데, 이제 핼리버튼은 이라크 정유 산업 인프라 전체를 재건하고 있다"고 지적했다. 이와 관련해 미 국방부가 내놓은 자료라곤, 핼리버튼 쪽에 유전 지대의 화재 진압에 참여해 달라고 요청했다는 내용을 담은 보도 자료가 고작이다.

핼리버튼이 전쟁터에서 천문학적 자금을 벌어들인 것은 이라크 전쟁이 처음이 아니다. 이 업체는 지난 1962~1972년 미 국방부로부터 남베트남 메콩 강 삼각주 인근에서 도로와 항만, 군 기지 건설 등 수천만 달러어치의 공사를 따 냈다. 또 인도양의 핵심 기지 가운데 한 곳으로 꼽히는 디에고가르시아 공군기지도 핼리버튼이 건설했다. 냉전이 막을 내린 뒤에도 핼리버튼의 성장세는 그칠 줄 몰랐다. 1990년대 초반 이 업체는 자회사인 브라운앤루트를 내세워 미 국방부로부터 군 인력 재조정에 대한 연구 용역을 따 냈다. 연구 결과는 처음부터 쉽게 예상이 가능했다. 전 세계 미군에 대한 군수 및 병참 지원 업무를 대폭 민간 업체에 맡기라는 것이었다. 우연의 일치인가? 당시 미 국방장관은 체니 현 부통령이었다. 국방장관 직에서 물러난 체니 부통령은 1995~2000년에 자신이 국방장관 시절 결정한 '민영화' 전략의 최대 수혜자인 핼리버튼의 회장으로 일했다. 부통령이 돼 정부로 복귀하기 전까지 5년여 동안 그가 핼리버튼에서 받아 챙긴 급여만도 무려 4,400만 달러에 이른다.

민간 군사 업체가 전 세계를 무대로 사업을 급격히 확장한 시점이 냉전이 막을 내린 1990년대 초반이라는 점은 지독한 역설이다. 인류를 위협한 반세기의 극한 대결이 끝난 뒤 평화의 씨앗이 뿌려져야 할 자리를 차지한 것은 냉혹한 이윤 논리로 무장한 '죽음의 상인'들이었다. 미 브루킹스 연구소의 피터 싱어 선임연구원은 외교 안보 전문지 『포린어페어스』 2005년 3·4월호에서 "냉전의 종식, 군인과 민간인 사이의 역할 분담을 모호하게 만들어 버린 전투 환경의 변화, 그리고 세계적으로 불어 닥친 정부의 역할과 기능에 대한 민영화 바람" 등 세 가지 요소가 민간 군사 업체의 급성장을 불러왔다고 지적했다.

미소 양 진영의 대결 구도가 막을 내린 뒤, 세계적으로 직업 군대에 대한 구조조정이 이뤄졌다. 동시에 냉전의 종식과 함께 불안정한 정세가 커지면서 그 어느 때보다 군대의 수요가 커졌다. 개발도상국 일부에서 벌어진 크고 작은 무력 갈등은 그 양태가 더욱 복잡해졌다. 군벌이 득세하고, 어린이들까지 전투에 동원되는 상황이 비일비재했지만, 서방에선 이런 상황에 끼어들기를 꺼렸다. 고도화한 민간 기술의 군사 분야 전용이 갈수록 늘면서, 이런 기술로 무장한 민간 업체들이 발빠르게 움직이기 시작했다. 그러는 사이 정부의 역할 상당 부분을 민영화하는 추세가 힘을 얻기 시작했다. 교육과 치안 확보 업무에서 수감 시설 운영에 이르기까지, 얼마 전까지만 해도 당연히 정부가 수행해야 한다고 여겨졌던 업무 상당수가 시장에 맡겨지기 시작했다.

이런 과정을 거치며 떠오른 민간 군사 업체의 업무는 크게 세 가지 부류로 나눌 수 있다는 게 싱어 연구원의 설명이다. 우선 실전 참여를 포함해 전술적 군수 지원 업무를 수행하는 '민간 경비 업체'가 있다. 퇴역 군 지휘관들이 중심이 돼 전투 상황에 대한 전략적 자문과 군사훈련 등의 업무를 지원하는 '군사 자문 업체'도 호황을 누리고 있다. 마지막으로 정규 군대가 전투행위에 집중할 수 있도록 각종 군수물자 지원과 정보 수집, 기타 군부대 주둔에 필요한 각종 서비스를 제공하는 '군수 지원 업체'를 들 수 있다. 싱어 연구원은 "미 국방부가 지난 십여 년 동안 민간 군사 업체와 맺은 각종 계약은 최소 3천여 건을 넘어선다"고 지적했다.

민간 군사 업체의 활약은 비단 미국에 국한되지는 않는다. 현재 민간 군사 업체가 활동하고 있는 나라는 세계 50여 개국에 이르는 것으로 집계된다. '남극을 제외한' 전 세계 모든 대륙이 그들의 활동 무대다. 이를테면 장거리 수송 능력을 갖추지 못한 유럽 각국은 자국 군대를 파병할 때 민간 군사 업체에 병력 수송 업무를 전부 맡긴다. 아프가니스탄에 군대를 파병할 때 유럽 각국은 우크라이나계 회사와 1억 달러짜리 계약을 맺어, 옛 소련제 제트기에 태워 병사들을 전장으로 보냈다. 또 영국 정부는 미 국방부와 마찬가지로 군수 지원 업무 상당수를 핼리버튼에 맡기고 있다.

민간 군사 업체의 역할이 가장 두드러진 곳은 앞서 언급한 대로 '역사 상 가장 민영화된 전쟁'으로 꼽히는 이라크다. 이라크 전쟁은 미국이 지난 십여 년 세월 동안 치른 전쟁 가운데 가장 규모가 클 뿐 아니라, 민간 군사 업체에겐 업계 사상 최대의 시장이 됐다. 이들 업체가 이라크 침공과 이어 진 점령 과정에서 수행한 업무는 이제껏 벌어졌던 어떤 전쟁과도 비교조 차 할 수 없을 정도로 막중하다. 싱어 연구원의 지적을 좀 더 들어보자.

이라크 침공에 앞서 미군 병사들에게 현지 적응 훈련과 모의 전투 훈련을 시킨 것은 물론, 민간 군사 업체들은 침공 준비를 위한 군수·병참 임무를 떠맡았다. 침공의 전초기지 역할을 했던 쿠웨이트의 '캠프 도하' 기지를 건 설한 것도 민간 군사 업체였으며, 이를 유지·관리하고 경비를 서는 것도 민 간 업체다. 침공 과정에서 스텔스 폭격기와 아파치 공격용 헬리콥터를 포 함한 최정예 미군 무기를 정비·관리한 것도 민간 업체였으며, 미 육군의 패 트리어트 미사일 시스템이나 해군의 이지스 미사일방어 시스템을 운용하 는 것을 지원하기도 했다.

침공에 이어 점령이 장기화하는 한편 저항 세력의 공세가 불을 뿜으 면서 민간 군사 업체의 역할은 더욱 커져만 갔다. 켈로그브라운앤루트만 해도 침공 직후부터 미 국방부와 각종 군수 지원 및 병참 업무 계약을 잇달 아 따 내면서 130억 달러 상당의 계약고를 올렸다. 이는 지난 1991년 제1차 걸프전 당시 쏟아 부은 군비를 현재 달러화 가치로 환산한 금액의 약 2.5배 에 이르는 액수다. 이 밖에 이른바 '경비 요원'이란 이름으로 이라크에서 활동하고 있는 용병만도 6천여 명에 이르는 것으로 알려져 있다. 이들은 이라크 진출 기업과 미국 정부 시설, 바그다드의 그린존 경비 업무는 물론 중요 인사 경호 및 도로 폭탄 매설과 저항 세력의 공격 위협을 뚫고 각종 호송 차량 경호 업무도 수행하고 있다. 병력 부족과 위험천만한 환경에 봉착해 있는 미 국방부에게 민간 군사 업체는 꼭 필요한 동반자인 셈이다.

문제는 이들의 역할이 과도하게 커지면서, 그에 따른 논란이 끊이질 않고 있다는 점이다. 무엇보다 민간 군사 업체를 통한 전쟁의 민영화가 애초 의도와 달리 '고비용 저효율'의 전형적인 사례가 되고 있다. 이들의 활동에 대한 적절한 관리·감독이 이뤄지지 않기 때문이다. 앞서 살펴본 대로 이런 현실을 가장 단적으로 드러내 주는 사례가 바로 핼리버튼이다. 지금까지 산발적으로 드러난 몇 가지 사례만 놓고 봐도 이 업체가 이라크에서 어떤 행태를 보이고 있는지에 대한 윤곽을 쉽게 그려 볼 수 있다.

지난 2005년 6월 27일 미 상원 민주당 국방소위원회 청문회 자료를 보면, 이 업체는 미 정부에 하루 4만2천 명분의 식사를 제공하고 있다며 대금을 청구했지만 실제로는 하루 만4천 명분만 제공하고 있는 것으로 드러났다. 또 이라크 현지인 세탁 요원에게 지불하는 임금은 시간당 50센트에 불과하지만, 미군 병사들에게 세탁물 한 바구니에 청구하는 세탁 요금은 무려 백 달러에 이른다. 또 기존 장비를 정비하는 대신 새 장비를 구입한 뒤 이 비용을 전액 청구하기도 했는데, 이를테면 타이어가 펑크 나거나 기계적 결함이 있다며 폐기 처분한 트럭만도 8만5천 달러어치에 이른다. 이 밖에 깨끗한 음용수 대신 유프라테스 강의 오염된 물을 식수로 공급한 사실이 드러나 문제가 되기도 했다. 심지어 터키·필리핀 출신의 노동자들에게 '그들의 문화에 맞는 별도의 식사를 제공해야 한다'며 미 정부에 추가 비용을 청구한 뒤, 실제로는 미군 병사가 먹고 남긴 음식물을 이들에게 제공해 온 사실이 드러나기도 했다.

민간 군사 업체 직원들의 자질 시비도 자주 등장한다. 물론 상당수 업체가 미 특전사 출신이나 영국의 정예 공수 특전단 요원들을 영입하고 있지만, 이윤에 혈안이 된 업체들은 종종 직원들의 신원을 제대로 파악하지 않은 상황에서 현지에 투입하기도 한다. 예를 들어, 아부그라이브 수감자 학대 사건에 연루된 민간 업체 조사 요원 가운데 35퍼센트가량은 조사 업무를 수행할 만한 공식적인 훈련을 전혀 거치지 않았던 것으로 미 육군의 자체 조사 결과 드러났다. 이 밖에 테러범과 연루된 혐의로 복역한 전력이 있는 영국군 출신과 아파르트헤이트(인종 분리 정책) 당시 민주화 운동가 60여 명의 집을 폭파하는 데 가담했던 남아프리카 공화국 출신 인물이 버젓이 이라크에서 민간 업체에 고용돼 활동하고 있다는 사실이 알려져 논란이 일기도 했다.

민간 군사 요원들의 법적 지위 문제도 논란거리다. 무기를 동원해 군사작전을 수행하거나 수감자 조사 작업, 폭탄 제거 또는 설치 임무 등 핵심적인 군사 활동을 수행하고 있긴 하지만, 현행법 체계상 이들의 신분은 엄연히 '민간인'이다. 이 때문에 이들을 규제·감독할 만한 법적 장치는 전무한 상태며, 이들의 신변 안전에 대한 보장 역시 민간 업체의 몫으로 남겨져 있다. 상황이 이렇다 보니 상당수 법률 전문가들은 민간 군사 업체 직원들은 "법적으로 미군이 관타나모 포로수용소에 재판 절차도 없이 억류시키고 있는 이른바 '적 전투원'과 마찬가지 신분"이라고 지적하기도 한다. 더구나 이들이 '업무'를 수행하는 과정에서 현지인들에게 피해를 입히더라도 이를 처벌할 규정조차 현재로선 전무한 상태다. 아부그라이브 수감자 학대 사건에 연루된 것으로 확인된 여섯 명의 미국계 민간 요원 가운데 지금까지 기소되거나 처벌을 받은 사람이 단 한 명도 없었던 것은 이 때문이다.

그럼에도 민간 군사 업체에 대한 미 국방부의 의존도는 더욱 커져만 간다. 지난 5년여 동안 미 국방부가 민간 군사 업체와 맺은 계약은 무려 3천억 달러 상당에 이른다. 이들 계약 가운데 40퍼센트는 경쟁 입찰 없이 수의 계약을 통해 이뤄졌다. 누구도 책임지지 않고, 누구에게도 책임을 묻지 않는다. 단지 군대를 민영화한 뒤 그 과실을 따먹고, 전쟁을 부추긴 뒤 전쟁터에서 극단적인 이윤 추구에 골몰하고 있다. 제1차 세계대전을 승리로 이끌었던 프랑스의 정치가 조르주 클레망소는 "전쟁은 너무도 중요한 일이어서, 장군들에게만 맡겨 둘 수 없다"고 말한 바 있다. '테러와의 전쟁' 시대, 클레망소의 말은 이렇게 바뀌어야 할지도 모른다. "전쟁은 너무도 중요한 일이어서, 민간 군사 업체의 이전투구의 장으로 내버려 둬선 안 된다"고 말이다.

그리 길지 않은 책 한 권을 붙들고 너무 오래 만지작거렸다. 번역 경험도 전무한 자에게 선뜻 일을 맡기고, 끈질기게 독촉·격려해 마침내 온전한 책 한 권으로 묶어 준 도서출판 '이후'에게 고마운 인사를 전한다. 켄 실버스타인이 이 책을 내놓은 것은 텍사스 주지사였던 조지 부시가 네오콘들에 둘러싸인 채 백악관에 입성할 무렵이었다. 그로부터 6년여의 세월이 흘렀다. 9·11 테러가 몰고 온 후폭풍은 네오콘에게 '역사적 기회'를 안겨 주는 듯했다. '테러'라는 망령과의 '장기전'이 아프가니스탄과 이라크를 휩쓸었고, 미사일방어(MD) 체제를 포함해 '별들의 전쟁' 시절 이루지 못한 네오콘의 꿈이 하나둘씩 현실화하는 듯 보였다. 하지만 역사는 언제고 예기치 못한 방식으로 반전을 거듭한다. 사담 후세인 정권을 무너뜨리며 기세를 올렸던 바로 그 자리에서 네오콘 몰락의 서곡은 시작됐다.

2006년 11월 7일 치러진 중간선거는 부시 행정부의 이라크 정책에 대한 미국 유권자의 심판이었다. 지난 1994년 '미국과의 계약'을 기치로 내건 뉴트 깅그리치를 중심으로 상하 양원을 장악한 지 12년 만에 공화당은 의회 권력을 민주당에 고스란히 내줘야 했다. 선거 다음날 도널드 럼스펠드 국방장관이 전격 경질됨으로써 부시 행정부 출범 초기 화려하게 정계 복귀를 알렸던 네오콘의 전사들 가운데 현직을 지키고 있는 인물은 이제 체니 부통령뿐이다. 이미 '리크 게이트' 여파로 자신의 분신 같던 루이스 리비 비서실장이 기소된 데다, '정신적 형제'였던 럼스펠드 장관마저 현직에서 물러나면서 그의 곁에는 이제 아무도 없다.

더구나 새로 들어설 민주당 주도 의회는 체니 부통령을 겨냥한 비판의 칼날을 벼리고 있다. 이미 핼리버튼의 부패 의혹을 집요하게 추적해 온 헨리 왝스먼 의원은 차기 하원에서 정부개혁위원회 위원장 자리를 예약해 놓은 상태다. 조만간 의회 청문회에 출석해 진땀을 흘리는 체니 부통령의 모습을 자주 보게 될지도 모를 일이다. 냉전이 끝난 뒤 십 년 세월을 암중모색한 끝에 화려하게 21세기를 시작했던 네오콘의 '새 세기'가 서서히 저물고 있다.

2007년 1월 20일
정인환

전쟁을 파는 자들은 누구인가

미국의 탈냉전기 국가 안보 정책이 어째서 20여 년 전의 냉전 시절과 마찬가지로 유지되고 있는가? 소수 강경론자들이 만들어 놓은 지금의 현실을 뛰어넘기 위해서 우리에게 필요한 노력은 무엇일까?

▌머리말
전쟁을 파는 자들은 누구인가? ▌

지난 1998년 말 『워싱턴포스트』는 '실직한 러시아의 무기 전문가, 새로운 위협으로 떠올라'라는 불길한 제목의 기사를 1면 머리기사로 올렸다. 이 신문이 "잘 알려져 있지 않지만 냉전의 가장 커다란 결과물"이라고 표현한 것은 다름 아닌 옛 소련 군부 조직의 붕괴였다. 총체적인 붕괴로 인해 수천 명에 이르는 러시아의 무기 전문가들이 '거리로 쏟아져 나왔다'는 게 신문의 지적이다. 그리고 이들은 좀 더 높은 금액을 제시하는 쪽에 자신들의 전문성을 팔아넘겼다. 전문성을 사들인 국가에는 이른바 '깡패 국가'(rogue states)들이 포함돼 있었고, 러시아의 무기 전문가들은 이들 국가를 도와 각종 무기 체계와 핵무장 능력을 개발했다. 이처럼 러시아 출신의 '무기 분야 프리랜서'들 때문에 세계가 불안정하고 더욱 위험한 지경에 이르렀다고 신문은 지적했다.

　『워싱턴포스트』의 고발은 충격적이었다. 그러나 이 신문을 비롯한 미국 언론 어디서도 옛 소련 군부 조직의 붕괴가 가져온 충격에 견줄 만한 엄청난 현상이 미국 본토에서 벌어지고 있다는 사실에 대해서는 주목하지 않았다. 러시아와 마찬가지로 미국에서도 냉전 기간에 막대한 예산이 국방 분야에 투입되면서 강력한 군산복합체가 형성됐다. 브루킹스 연구소가 내놓은 한 보고서를 보면, 1940년부터 1998년까지 미국은 국방비로만 모두 19조 달러를 쏟아 부었다. 이는 국방비의 뒤를 이어, 두 번째로 많은 예산이 투여된 사회보장비가 7조8천억 달러에 불과하다는 점에 비춰 본다면 엄청난 규모다. 러시아와 마찬가지로 미국에서도 냉전이 끝난 뒤 십여 년 동안 군비축소와 인력 감축 작업이 이뤄졌다. 갑자기 직업을 잃고 거리로 쏟아져 나온 러시아의 무기 전문가들처럼 미국에서도 국방부 관료와 국가 안보 전문가들, 정보 요원들과 퇴역 군인 등 수많은 냉전 시대 '역전의 용사들'이 공산주의의 몰락과 함께 거리를 떠돌기 시작했다. 이와 함께 냉전 기간, 미 중앙정보국(CIA)이 배후 조종한 수많은 첩보 작전에 필요했던 무기를 대 주면서 엄청난 부를 축적했던 외국인을 포함한 국제 무기거래상들도 제자리를 찾지 못했다.

물론 미국은 냉전의 승자였고, 미 군부는 러시아 군부에 비해선 활기를 유지하고 있다. 냉전 당시 국방부와 여타 국가 안보 관련 부서에서 주요 직책을 맡아 온 강경파들 가운데 고위직을 유지하고 있는 인물도 얼마든지 많다. 또 상당수 인사들이 군사 관련 민간 부문으로 자리를 옮겼다. 전 국방부 관료 출신들은 군수산업체 고문으로 영입돼 냉전기의 무기 체계를 유지하고 무기 수출을 촉진하고자 로비에 매달리고 있다. 퇴역 장성들은 외국 군대를 훈련시키는 회사를 차리고 미국의 군사 개입을 부추기고 있다. 미 정보기관과 긴밀한 관계를 유지해 온 무기거래상들도 여전히 전 세계를 떠돌며 때로는 정부가 주도하는 군사 작전을 돕는다는 구실로, 때로는 철저히 상업적 목적에서 무기 판매에 열을 올리고 있다. 소련의 위협을 부풀리면서 명성을 얻었던 학자들 역시 여전히 미국 정치 지도자들에게 정책을 자문하고 있다. 그들이 냉전기에 정치인들에게 던진 충고는 쉽게 받아들이기 어려운 것들이 대부분이며, 더구나 현 시점에서는 전혀 쓸모없는 내용들로 채워져 있었다.

이들 '민간전쟁광'은 전쟁과 지역 분쟁을 통해 경제적 이익과 경력을 함께 쌓아 왔으며, 미국의 국방·외교 정책이 강경 노선을 유지하도록 긴밀한 유착 관계를 통해 막강한 영향력을 행사해 왔다. 냉전이 끝난 뒤에도 미국이 여전히 탈냉전적 세계 질서로 이행하지 못하는 데는 이들의 집단적 영향력이 커다란 원인이 되고 있다. 미 국무부와 국방부를 방문해 연구 활동을 벌인 바 있는 독일 '조지 마셜 유럽안보센터'의 댄 넬슨 교수는 이를 두고 다음과 같이 말했다. "냉전기에 미국은 그에 맞는 군사·안보 인프라를 구축했고, 인프라는 쉽게 사라지지 않는다. 현재 미국에서는 이런 인프라를 구축했던 인물들이 자신들의 수입과 영향력, 정책적 판단 기준을 유지하려고 끊임없이 노력하고 있다. 이를 위해 그들은 냉전 시대 자신들이 강조했던 것과 똑같은 법과 정책을 냉전이 끝난 뒤에도 적극 옹호하고 있다."

냉전적 사고가 정책 결정 과정에서 여전히 맹위를 떨치고 있다는 점은 국방부 예산을 보면 분명히 드러난다. 베를린장벽이 무너지고 더이상 싸울 만한 적이 가시권에서 사라진 지 십 년의 세월이 흐른 지난 2000년, 미 국방부의 예산 규모는 2,680억 달러에 이른다. 이는 러시아 국방 예산의 네 배, 중국의 여덟 배에 달하는 수치다. 뒷장에서 논의할 테지만, 미 국방부는 새로운 전략 전투기 사업 세 가지를 동시에 추진하고 있다. 통합공격기(Joint Strike Fighter)를 비롯해 슈퍼호넷, F-22 등의 전폭기 사업에 무려 4천억 달러가 소요될 예정이다. 여기에는 애초 소련의 방공망을 침투하기 위해 계획했던 B-2 폭격기 사업도 포함되어 있는데 소련의 붕괴와는 아무런 상관이 없는 듯 여전히 건재하다. 대당 25억 달러가 책정돼 있는 B-2 폭격기는 같은 무게의 황금보다 비싸며, 앞으로도 5백억 달러가 추가로 소요될 것으로 점쳐지고 있다. 새로운 무기 체계가 쏟아져 나오면서 미 국방부는 보유 무기 전체를 비축하는 것은 차치하고라도, 이를 전량 사용하기도 버거운 상태다. 윌리엄 그리더는 『아메리카 요새』라는 책에서 "미 국방부는 마치 폐업 세일이라도 하듯이 구형 육·해군 탱크 비축분을 팔아넘기고 있다"고 지적했다. 지난 몇 년 동안 미국은 동맹국에 수백 대의 탱크를 제공했으며, 또 다른 수백 대를 10분의 1 가격에 팔아넘겼다. 또 지난 1999년에는 인공 암초를 만든다며, 수십 대에 이르는 M-60 및 M-48 탱크를 앨라배마 주 해안가에 매립하기도 했다. 게다가 세계 최대 규모의 공군 전력이 애리조나 주 데이비드마운틴 공군기지에 방치돼 있는 상황이다. '비행기 무덤'으로 불리는 데이비드마운틴 지역은 신형 전투기가 개발·배치될 수 있도록 구형 항공기를 방치하는 역할을 수행하고 있다.

이 때문에 보수 성향의 군사 전문가조차 이제는 미 국방부를 견제할 시점이 됐다는 점에 동의한다. 보수적 두뇌 집단인 케이토 연구소의 더그 밴도우 선임연구원은 지난 1999년 "세계가 여전히 위험한 상태이긴 하지만, 딱히 미국이 위험에 직면해 있다고 보기는 어렵다"고 말했다. 레이건 행정부에서 대통령 특별 보좌관을 역임하기도 했던 그는 이렇게 지적했다.

미국과 미국의 우방이 전 세계 국방 예산의 80퍼센트를 소비하고 있다. 미국의 국방 예산 규모는 전 세계 군비의 3분의 1을 차지한다. 미국은 현재 심각한 재래식 군사 위협이 전혀 없는 상태다. 러시아군 전력은 현재 옛 소련이 유지했던 군사력의 '창백한 그림자'에 불과한 수준이다. 비록 중국이 엄청난 잠재력과 막대한 인적 자원을 가지고 있다고는 하나, 세계적 수준의 군사력을 갖추기 위해선 상당한 기간이 필요할 것이다. 빈곤에 허덕이고 있는 이라크나 북한 등 이른바 '깡패 국가'들은 철저히 고립돼 있으며, 안에서부터 서서히 붕괴하고 있는 상태다. 이런 국가들이 미국을 상대로 전쟁을 벌일 능력은 없다.

그럼에도 1999년 초 빌 클린턴 행정부는 향후 6년 동안 국방부에 천120억 달러를 추가 지원하겠다고 발표했다. 이에 앞서 미 의회는 국방부에 대한 아낌없는 찬사와 함께 레이건 행정부 이후 최대 규모의 국방 예산 증액을 결정한 바 있다. 당시 클린턴 대통령은 불어난 국방 예산이 미국 군사력의 취약한 부분인 인력 및 위기 대처 능력을 보완하기 위한 것이라고 설명했다. 그러나 직업군인의 급여 인상이나 전투 인력 의료권 개선 등 여러 차례 지적돼 온 문제점을 보완하기 위해 사용된 예산은 많지 않았다. 대량살상무기 확산 등 국가 안보에 실제적인 위협이 되고 있는 문제를 해결하기 위한 조처에서도 상황은 마찬가지였다. 대신에 국방부는 1999년부터 2005년까지 전체 국방 예산의 과반수를 넘어서는 490억 달러에서 750억 달러에 이르는 예산을 신형 무기 구입에 쏟아부을 계획이다. 게다가 미 의회가 새로운 예산 편성을 위해선 추가 예산분만큼 기존 예산에서 삭감하도록 규정한 탓에 국방 예산을 증액하려면 지난 20여 년 동안 망가질 대로 망가진 각종 사회보장 계획을 희생시켜야 할 처지다.

물론 '민간전쟁광'들이 영향력을 유지하고 있는 것이 냉전 뒤에도 군산복합체가 건재할 수 있는 유일한 원인은 아니다. 지난 1997년과 1998년 동안 '보잉', '록히드마틴', '노스롭그러먼', '레이시온' 등 4대 군수산업체는 약 4백만 달러의 정치자금을 정치인과 정당에 뿌렸다. 민주당과 공화당 모두 이들의 정치자금을 받았으며, 이와는 별도로 업체별 중역들이 개인적인 차원에서 기부금을 내기도 했다. 군수산업체들은 또 워싱턴을 무대로 로비를 벌이는 직업 로비스트들에게도 아낌없이 투자했다. 지난 1998년 당시 4대 군수산업체를 위해 뛰고 있는 로비스트는 250여 명을 넘어섰다. 연방 정부를 상대로 이들이 뿌려 대는 로비 자금은 1998년 한 해 동안에만 무려 2,200만 달러에 이르렀다.

이 정도 액수면 가뜩이나 언제든 군산복합체에 도움의 손길을 내밀 준비가 돼 있는 미 의회에서 상당한 영향력을 끼칠 수 있다. 국방 예산이 천정부지로 치솟았던 레이건과 (아버지) 부시 행정부 집권 기간 동안 미 의회는 대통령이 요구한 국방 예산의 95퍼센트를 승인해 줬다. 최근까지도 미 의회는 냉전 뒤 정부의 무기 구매가 줄어들어 타격을 입은 것을 보존해 준다는 구실로 군수산업체에 막대한 보조금을 제공했다. 케이토 연구소가 지난 1999년 내놓은 「무기 제조사를 위한 기업 복지 제도」란 보고서를 보면, 모두 350억 달러에 이르는 국민의 혈세가 무기 연구 및 개발을 위한 보조금 명목으로 군수산업체에 건네졌다. 같은 해 미 의회는 군수산업체에 무기 수출 보조금 명목으로 70억 달러를 제공했다. 또 기업 합병과 저비용 정부 보조 공장 및 시설에 대한 재정 보증 명목으로 수십억 달러를 추가로 쏟아 부었다.

사정이 이렇다 보니 상당수 의원들은 국방 예산을 일자리 창출 및 지역구를 위한 선심성 예산으로 보고 있을 정도다. 지난 1998년 공화당 트렌트 로트 상원 원내총무는 자신의 지역구인 미시시피 주 파스칼 골라 지역에 전투함용 조선소를 짓기 위해 국방부가 요구하지도 않은 15억 달러를 국방 예산에 추가로 배정하기도 했다. 선심성 국방 예산 가운데는 군사 분야와 전혀 관련이 없는 사례도 있다. 하와이 출신 대니얼 이노우에 상원의원은 하와이에서 갈색나무뱀을 없애겠다는 국방부의 계획을 지원하기 위해 수백만 달러의 예산을 확보해 주기도 했다.

『전쟁을 팝니다』에서 다루고 있는 몇몇 인물들의 활동과 그들의 지속적 영향력이야말로 왜 미국이 냉전이 끝난 뒤에도 여전히 냉전적 질서를 유지하고 있는가를 이해하는 데 간과해선 안 될 중요한 요인이다. 이 책에서는 냉전 시절의 소수 강경파 인물들이 미국의 국방·안보 정책의 근간에 어떤 치명적인 영향력을 미치고 있는지를 살펴볼 것이다. 또 무기중개상과 냉전기 미 국방부와 중앙정보국이 영입했던 첩보망이 어떻게 현실 사회주의 몰락 뒤에도 살아남아 번창할 수 있었는지에 대해서도 보여 줄 예정이다.

이 책은 모두 여섯 장으로 구성돼 있다. 각 장마다 특정 분야나 인물에 초점이 맞춰져 있다. 먼저 1장에선 냉전 시대의 주요 '냉전형 전사들'이 어떻게 탈냉전기에도 여전히 정부 조직에 남아 있는지, 그리고 냉전 시절의 정책을 유지하고 있는지를 살펴볼 것이다. 미국 군산복합체에서 지난 반세기를 버텨 온 앤드루 마셜이 1장의 주요 등장인물이다. 핵무기 분야의 선각자였던 마셜은 1950년대 허먼 칸과 함께 랜드 연구소에서 활동했다. (마셜은 자신의 동료 몇몇과 함께 존 케네디가 1960년 대통령 선거에서 성공적으로 활용했던 이른바 '미사일 갭'이란 용어를 고안해 내는 데 결정적인 역할을 해내기도 했다.) 1970년대 중반 이후 마셜은 미국의 국가 안보 위협 요인에 대한 분석 업무를 수행하는 국방부 평가국 (ONA) 국장을 역임했다. 냉전 기간 동안 마셜은 체계적으로 러시아의 군사력을 과장했으며, 미국이 공산주의의 위험으로부터 얼마나 취약한지를 묘사하기 위해 가공할 만한 시나리오를 만들어 내는 데 여념이 없었다. 그는 21세기 전장에 적합한 최첨단 전투 체계를 갖추기 위해서는 수십억 달러의 예산을 들여 현 미군의 군사력 수준을 대폭 강화해야 한다는 내용의 이른바 '군사기술혁신'(RMA)론을 전파하기 위해 모든 노력을 경주하고 있다. 마셜에 이어 미국이 국제 무기 시장을 지속적으로 장악하고 있다는 점에 대해서도 주목할 예정이다. 또 보잉이나 록히드마틴 등 미국의 군산복합체가 세계를 무장시키는 것을 미국 정부가 어떻게 돕고 있는지에 대해서도 살펴볼 것이다.

　2장에서는 냉전 시절 부를 축적하고, 현재도 무기 판매 사업에서 번창 일로를 걷고 있는 민간 무기거래상에 대해 알아볼 것이다. 이 장에서는 독일 극우파 출신의 에른스트 베르너 글라트에 초점을 맞춘다. 글라트는 오랫동안 미 국방부와 긴밀한 관계를 유지해 온 무기거래상이다. 그는 냉전 기간 동안 미국 정부가 지원하는 반군 및 정부군에 무기를 대 주었으며, 특히 국방부가 비밀 첩보전 등에 필요한 공산권 무기를 확보하고자 진행한 이른바 '외국물자획득'(FMA) 프로그램의 주요 공급 자였다. 고령과 건강상의 이유로 최근 활동이 주춤하곤 있지만, 글라트는 여전히 무기 거래를 활발히 벌이고 있으며 '미국의 조력자'로서의 역할도 멈추지 않고 있다. 비록 글라트의 정치 성향에 전혀 동의할 순 없었지만, 그는 상당히 매력적인 취재원이었고 그의 다양한 능력에 대해 조금은 감탄도 했음을 고백한다.

이어 3장에서는 나치 전쟁 영웅이자 또 다른 독일 출신 무기거래상으로 미국 정부가 활용해 온 게르하르트 메르틴스에 대해 다루고 있다. 독일 본에 본사를 두고 있는 그의 회사 '메렉스'는 지난 1966년 미국에 지사를 열었다. 메르틴스는 당시 나치 친위대 출신의 오토 스코르체니와 '리용의 도살자'로 알려진 나치 비밀경찰국장 출신의 클라우스 바르비 등과 사업을 벌이고 있었다. 1980년대 들어 메르틴스는 니카라과의 콘트라 반군에게 무기를 공급했으며, 글라트와 마찬가지로 공산권의 무기를 미 국방부에 제공하기도 했다. 이미 지난 1993년 숨졌지만, 메르틴스의 사례는 미국 정부가 민간 무기중개상과 지속적으로 긴밀한 관계를 유지해 왔다는 사실을 극명히 보여 주고 있다. 나아가 메르틴스의 사업 동료 상당수가 여전히 무기 거래 분야에서 활약하고 있다는 점은 옛 냉전 질서가 이 분야에서 여전히 중요함을 상징적으로 보여 준다.

4장에서는 급속히 성장하고 있는 '용병주식회사'에 대해 살펴볼 것이다. 이른바 '용병주식회사'는 미국의 우방국들에 군사훈련과 지원을 제공하고, 미 국방부의 민감한 외국 현지 작전을 직접 지원하기도 하는 민간 기업을 가리킨다. 비록 민간 업체이긴 하지만, 이들 회사는 미 국무부에서 사업 허가를 내주고 퇴역 장교들이 임원진을 구성하고 있는 등 미 정부와 긴밀한 관계를 유지하고 있다. 이들의 활동은 미국 외교정책이 연장된 것으로 볼 수 있는데, 이들은 대단히 효과적으로 미국의 정책에 복무하고 있다. 이들 업체 가운데 가장 두각을 나타내고 있는 곳은 상당수 퇴역 장성이 국장급 이상 임원으로 등재돼 있는 버지니아 주 알렉산드리아의 '엠피알아이'(MPRI)다. 이 업체는 크로아티아와 보스니아 육군을 훈련시켰고, 동유럽과 아프리카로 사업을 확대할 계획을 가지고 있다. 한 군사 전문가는 "이들 업체와 용병 사이에 차이점이 있다면, 이들은 정부로부터 정식 허가를 받아 사업을 한다는 것"이라고 지적했다.

5장에는 현재 군수산업체에서 컨설턴트나 로비스트로 활약하고 있는 수많은 냉전 시대 열혈 전사들이 등장한다. 군수산업체에서 퇴역을 앞둔 장교를 영입하는 것은 그들이 국내의 무기 획득 절차에 익숙한 데다, 미국이 냉전 시대 때 지원해 준 독재 정권과 긴밀한 유대 관계를 형성하고 있어 이들을 상대로 한 무기 판매에 도움이 되기 때문이다. 닉슨과 레이건 행정부를 거친 베테랑인 알렉산더 헤이그 장군이 이 장의 핵심 인물이다. 헤이그 장군은 워싱턴 중심가에서 '월드와이드어소이에이츠'(WA)라는 자문 회사를 운영하고 있다. 그는 블랙호크 헬리콥터 생산업체인 '시콜스키 항공'을 비롯해 보잉 등 굵직굵직한 군수산업체의 무기 국외 판매를 돕고 있다. 그는 또 중국이나 투르크메니스탄 등의 부패한 외국 지도자들에 대한 정치적 지지를 얻어 내는 일도 도맡고 있다. 이들 정치 지도자 가운데는 헤이그 장군 자신이 직접 이해관계를 대변하고 있거나, 고객 회사와 커다란 사업적 이해관계를 맺고 있는 국가의 수반이 포함돼 있다.

마지막으로 6장에서는 냉전 시대에나 적합한 국방·외교 정책을 지금도 양산해 내는 두뇌 집단과 자문 회사에서 일하고 있는 냉전 시대 전략가들에 대해 다룬다. 전 국방부 관료로 레이건 행정부에서 핵무장에 진력했던 프랭크 개프니는 워싱턴에서 '안보정책센터'(CSP)를 운영하고 있다. 군수산업체 기부금을 통해 운영되고 있는 안보정책센터는 별들의 전쟁 형태의 미사일방어 체제와 B-2 폭격기를 비롯한 '헛된' 무기 체계를 도입하고자 노력하고 있다. 개프니의 정치적 동반자로는 레이건 행정부에서 국방차관보를 지낸 리처드 펄과 이른바 '핵무기 활용 이론가'인 키스 패인 등을 들 수 있다. 패인은 한때 미국이 핵전쟁에서 승리를 쟁취하려면 소련을 선제공격해야 한다는 주장을 내놓기도 했다. 그가 말한 '승리'란 핵 보복 공격에서 미국 쪽 사상자를 최소화하면서 소련을 철저히 파괴하는 것을 뜻한다. 군수산업체 '록웰'에서 로비스트로 일하고 있는 로버트 앤드루스는 『내셔널저널』과 한 인터뷰에서 "프랭크 개프니는 국가 안보 분야에서 보수파의 신속배치군과 같은 인물"이라고 치켜세운 바 있다.

이 모든 내용들은 미국의 탈냉전기 국가 안보 정책이 어째서 유럽이 동서로 나뉘고 대부분의 제3세계 국가가 냉전의 전장이던 20여 년 전과 마찬가지로 유지되고 있는지를 설명해 준다. 냉전 당시 미 국방부와 보수 강경론자들은 극적으로 과장된 내용이긴 했지만, 적어도 위협의 실체를 지적해 낼 수는 있었다. 이제 겨우 북한과 쿠바 정도가 옛 소련의 위협을 대체하고 있는 상황에서 이런 주장은 더 이상 현실적일 수 없다. 따라서 냉전을 뛰어넘기 위해서는 이들 '민간전쟁광'의 영향력을 인식하려는 노력이 절실하다. 그런 연후에야 이윤 동기와 자만심에 충만한 소수 강경론자들이 만들어 놓은 과장을 벗어나, 실제적 문제와 위험에 판단의 기초를 둔 제대로 된 국방 정책을 만들어 낼 수 있을 것이다.

마지막으로 두 가지 점을 지적해야겠다. 먼저 이 책을 쓰면서 모든 취재원의 발언을 실명으로 기록하고 싶었음을 밝힌다. 그러나 몇몇 인사들은 이름을 밝히지 않는 것을 전제로 배경 설명만 해 줬다. (특히 민간 무기중개상과 관련된 2장과 3장 취재 과정에서 이런 사례가 많았다.) 밥 우드워드가 중앙정보국을 다룬 책 『베일Veil』에서 지적한 것처럼 "정보 및 안보 문제와 관련된 인물들은 익명을 전제로 해야만 입을 열었다." 이 때문에 사실임에 분명하다고 확신할 만한 문제에 대해서도 다른 인물을 통해 확인했거나 확실한 문서 자료가 있는 경우를 제외하고는 책에서 언급하지 않았다. 책 내용의 대부분이 취재를 통해 작성된 것이긴 하지만, 몇몇 사례는 기존 출판물에 의존하기도 했다. 언론인이지 학자가 아니기에 각주를 별로 좋아하지 않는다. 인용한 부분은 가능한 한 그때그때 책 내용에서 구체적으로 밝혀 두었다.

1 무기와 국가

클린턴 행정부는 군수산업체의 재래식 무기 수출이 합법적이고도 중요한 사업이
라는 대전제를 받아들였다. ― 프랭크 와이즈너, 국방부 정책 담당 차관보

무기와 국가
냉전이 끝난 뒤에도 살아남은 '냉전형 전사', 마셜 ▌

톰 하킨 상원의원의 부인이자 미 '유나이티드테크놀로지'의 군수 담당인 루스 하킨 부사장은 발판을 디디고 F-16 전투기 조종석에 올랐다. 조금은 쑥스러운 듯, 그러나 단호한 표정으로 하킨 부사장은 전투기를 움직이기 시작했다. 활주로에 들어선 그녀는 적 전투기 두 대와 교전을 벌이기 위해 곧장 이륙했다. 이윽고 간단한 손놀림으로 전투기 양 날개에 장착된 사이드와인더 공대공미사일을 발사했다. 적기가 화염에 휩싸이자 하킨 부사장은 유유히 기지로 귀환했다.

하킨 부사장이 탑건의 용맹을 뽐내고 있던 1999년 봄, 나토 전폭기들은 유고슬라비아에 폭격을 퍼붓고 있었다. 하지만 하킨 부사장의 공중전은 베오그라드 상공에서 벌어진 것이 아니었다. 그는 F-16 전투기 제작사인 '록히드마틴'이 1999년 남아메리카 디펜테크(Defentech) 무기박람회를 위해 준비한 비행 시뮬레이터에서 공중전을 벌인 것이다. 브라질 리우데자네이루에서 나흘 일정으로 열린 당시 디펜테크엔 전 세계 2백여 군수산업체가 참여했다. 남아메리카 최대 무기 수입국인 브라질을 포함해 이 일대의 나라에 무기를 판매할 기회를 찾기 위해 수많은 군수 업자들이 리우로 몰려들었다.

디펜테크는 세계 군수산업계가 남극 대륙을 제외한 지구상 모든 대륙에서 매년 수십 차례씩 개최하는 순회 행사 가운데 하나다. 대부분의 행사가 엄청난 과장과 남성주의의 교묘한 혼합물이긴 하지만 — 아부다비에서 열리는 국제무기박람회에서는 참가자들이 칵테일 한 잔을 마시면서 모형 목표물에 공습을 퍼붓는 실전 훈련을 지켜볼 수도 있다 — 이런 행사는 군수산업체의 잠재적 고객에게 직접 무기를 판매할 수 있는 절호의 기회를 제공하고 있다. 미 군수산업체 메렉스의 셰리 부처는 "의약품 판매업을 하는 내 친구는 집집마다 찾아다니는 수고를 해야 하는 처지"라며 "하지만 내 경우엔 이런 행사를 통해 많은 군 관계자를 만날 수 있기 때문에, 구매자에게 직접 다가갈 수 있는 기회가 되고 있다"고 말했다.

초대받은 사람들만 참석이 가능한 남아메리카 디펜테크에는 사우디아라비아나 모잠비크 등 공식 대표단을 파견한 18개국을 포함해 전세계 각국 군 고위 관계자 수천 명이 몰려들었다. 약 3천 평방미터에 이르는 광활한 행사장에는 수많은 부스가 들어섰고, 잠재적인 구매자들은 다양한 무기들의 특장을 설명하는 각종 자료를 꼼꼼히 살핀다. 영국제 탱크와 핀란드제 장갑차, 남아프리카 공화국의 공격용 헬리콥터와 독일의 전자 방공 장비, 네덜란드산 곡사포와 미국산 전투기, 스웨덴이 내놓은 어뢰와 스페인산 탄두 등.

진열된 무기 체계는 최상의 품질을 자랑하며, 핵무기나 생화학 무기를 제외한 모든 종류의 무기가 망라돼 있다. 미국 시애틀에서 날아온 보잉 판매 담당자가 자사의 슈퍼호넷 전투기에 대한 설명에 열을 올리기도 했다. 당시 제작 단계에 있었던 슈퍼호넷 전투기는 미군에 전면 배치되기까지 약 5년 정도가 더 소요될 전망이었다. 신형 전투기이기 때문에 보잉은 아직 정부로부터 국외 판매 승인을 받아 내지 못한 상태였다. 그러나 한 보잉 관계자의 말대로 국외 판매 승인은 "떼 놓은 당상"이기에 시간 낭비할 필요 없이 판매에 나선 것이었다.

(보잉의 설명서를 보면 입에 침이 마르도록 슈퍼호넷 전투기의 장점을 칭찬하고 있지만, 판매 실무자 누구도 치명적 문제점에 대해서는 입을 열지 않았다. 지난 1996년 슈퍼호넷 전투기 시험 모델을 타고 시험비행에 나섰던 전투기 조종사들은 실전 상황에서 조종해 본 결과 심각한 문제점이 있다고 보고했다. 전투 상황에서 기체가 한쪽으로 쏠리는 이른바 '윙드롭' 현상이 나타난 것이다. 이에 따라 위스콘신 주 출신 러스 파인골드 상원의원은 슈퍼호넷 전투기가 그보다 2천만 달러나 가격이 싼 5천만 달러짜리 이전 전투기에 비해 거의 나아진 것이 없다고 비판했다. 파인골드 의원의 비판에 따라 미 해군은 세 명의 위원으로 구성된 '독립' 심사원단을 조직해 자체 평가에 나섰다. 이 심사원단에는 두 명의 퇴역 장성과 군수산업체 컨설턴트인 칼 스미스가 포함됐다. 스미스의 고객 명단에는 보잉도 끼어 있었으며, 그는 의회에서 보잉의 슈퍼호넷 전투기를 홍보하는 업무를 책임지고 있었다. 스미스는 국방부 평가단의 일원으로 임명된 뒤에야 보잉과의 관계를 끊었다. 심사원단의 보고서가 보잉에 우호적인 것은 당연했다. 그러나 의회의 예산 감시 기구인 일반회계국(GAO)에서 1999년보다 비판적인 보고서를 내놨다. 일반회계국은 보고서에서 기체 결함을 84가지나 지적했으며, 기체 결함을 해결할 때까지 슈퍼호넷 전투기 개발계획을 늦출 것을 국방부에 건의한 바 있다.)

남아메리카 디펜테크 행사 기간에 브라질 월터 워너 브라워 공군 장관이 새 전투 편대 구성을 위해 수십억 달러를 지출할 계획을 밝혀 업체 관계자들이 반색을 하고 나섰다. 게다가 브라질 육군과 해군도 자체적으로 현대화 계획을 추진하고 있는 상태였다. 현지 미 영사관의 국방 담당자는 "행사에 참가한 업체 관계자들이 마케팅에 열을 올리는 것도 이 때문"이라며 "이 행사엔 엄청난 이권이 걸려 있다"고 전했다.

그러나 탈냉전 시대를 맞아 세계 군수산업이 상대적으로 침체된 탓에 전체적인 분위기는 다소 우울했다. "베를린장벽이 무너진 뒤 더 이상 적국이 존재하지 않게 됐다"고 덴마크 군수 업체 '알디엠'(RDM)의 얀 올리어룩 과장은 침통한 표정으로 말했다. 그런 그에게 유고슬라비아 전쟁이 군수 시장에 도움이 되고 있느냐고 물었다. 이미 다른 디펜테크 참가자들에게 이런 내용을 들었던 터였다. 하지만 올리어룩 과장은 머리를 가로저으며 "꼭 그렇지만은 않다"며 "사실 그런 식으로 말해서는 조금 곤란하지 않느냐"고 덧붙였다.

전쟁과 군사적 긴장은 무기 업체에 희소식이다. 올리어룩 과장이 말한 것처럼 소련의 붕괴는 전 세계 무기중개상들을 어려움에 처하게 했다. 냉전 시절, 무기 도입 계획을 의회에서 추가로 승인 받기 위해 국방부가 러시아의 위험성을 경고하기만 하면 그만이었던 미국에서는 상황이 훨씬 심각하다. 국방부는 여전히 미 의회에 충분한 지지 기반을 갖고 있지만, 반세기 동안이나 팽팽히 맞서 온 적이 하루아침에 사라져 버린 마당에 냉전 시절 수준의 군비를 정당화하기는 쉽지 않은 탓이다. 지난 1990년대 초반 군수산업 관련 잡지들은 국방부 예산이 1996년까지 약 1,500억 달러 수준으로 떨어질 것이라는 불안한 전망을 앞 다퉈 내놨다. 이는 냉전 시절 평균 국방비의 절반 수준에 불과한 수치다. 실제로 1987년부터 1994년 사이에 미 국방부의 신규 무기 도입 예산은 56퍼센트나 떨어졌다. 레이건 행정부의 군비 증강 사업이 절정에 이르렀던 지난 1986년 미 국방부는 387대의 전투기를 도입했으나, 1998년에는 겨우 33대를 사들였을 뿐이다.

군수 업체로선 이런 현상이 제2차 세계대전 종전 직후 벌어졌던 일과 비슷한 수준의 충격으로 다가왔다. 제2차 세계대전은 전투기 제조 회사에 전례 없는 이익을 가져다줬다. 지난 1939년 2,500만 달러에 불과했던 업계 매출고가 1944년에 이르면 167억 달러까지 치솟았다. 그러나 총성이 멈추면서, 매출 신장세도 함께 멈춰 버렸다. 지난 1943년 미 국내 경제에서 부동의 1위 자리를 차지했던 항공 산업은 불과 4년 만인 1947년엔 44위로 추락했다. 당시 록히드의 로버트 그로스 사장은 친구에게 보낸 편지에서 "항공 산업은 현재 암울한 상태에 놓여 있다"고 말한 바 있다. "우리 회사는 현재 매출을 올릴 수 있는 시장이 어디에 있는지 도저히 알 수 없는 상태에 있네. 상용기 시장은 생각보다 훨씬 취약하고, 수요가 있는 곳에서는 모두들 뼈를 깎는 경쟁에 나서고 있는 상황일세. 이미 지난 몇 주 동안 6천 명이나 해고했지만, 앞으로 적어도 그 정도는 더 해고해야 할 것 같다네." 이듬해 그로스 사장은 더욱 의기소침해 있었다. 당시 국무장관이던 에드워드 스테티니어스에게 보낸 서한에서 그는 이렇게 적고 있다. "전쟁으로 인한 피해가 막심했고, 항공기 제조업체도 쉴 새 없이 생산 압력에 시달렸던 것은 사실이었습니다. 하지만 저는 전쟁 당시 우리가 겪었던 고통은 현재 우리가 직면해 있는 어려움에 비할 바가 못 된다고 느끼고 있습니다. 적어도 전시에는 한 가지 위안이 될 만한 확실한 점이 있었습니다. 일단 비행기를 제작하면, 제값을 받을 수 있다는 점 말입니다. 전쟁이 끝난 뒤 항공 산업은 자력으로 살아남아야 할 상황이 됐고, 항공기 시장은 적은 수요로 인해 엄청난 경쟁에 휘말려 있습니다."

위기가 이어지면서 경제 주간지 『비즈니스위크』는 연방 정부의 구제 금융 같은 처방이 나오지 않고는 군수 업체의 재정적 어려움을 타개할 방도가 없다고 선언했다. 이 잡지는 "세금 환불을 받고 있음에도 항공기 제조업체는 재난에 가까운 상황에 처해 있다"며 "현재로선 신규 전투기 구매와 보조금 지급, 긴급 융자 등을 통한 정부의 개입만이 유일한 해결책이 될 수 있다"고 보도했다.

도움의 손길은 얼마 지나지 않아 찾아왔다. 프랭크 코프스키가 『해리 트루먼과 1948년 전쟁 공포』라는 책에서 지적한 대로 국방부와 여타 정부 기관에 있는 '지지 세력'의 도움을 바탕으로 군수산업체는 제2차 세계대전 이후 침체된 경기를 극복할 수 있는 방도를 찾아냈다. 극도로 과장된 '적색공포'를 선전하는 것이었다. 이를 부추긴 세력들은 소련이 여전히 전쟁의 참화를 회복하는 데 급급하다는 사실을 무시한 채, 스탈린 정권이 순식간에 서유럽으로 쳐들어올 준비가 돼 있다고 주장했다. 그리고 이는 완벽하게 효력을 발휘했다. 지난 1948년 중반 트루먼 대통령은 국방 예산을 30퍼센트나 증액했다. 이에 대해 코프스키는 "역사상 어떤 대통령도, 심지어 군비 증강에 한창 열을 올리던 레이건 대통령조차, 평화 시기에 이처럼 엄청난 국방 예산 증액을 감행한 사례는 없다"고 지적했다.

(한국전이 한창일 때 군수산업체의 로비에 따라 증액된 국방 예산은 한국전 참전 군인들에게는 전혀 보탬이 되지 못했다. 증액된 국방 예산의 대부분이 첫 핵 폭격기로 불리는 B-47을 비롯한 전투력 증강 사업에 소요됐다. 그러나 B-47 폭격기는 전투기가 필요했던 한국전 상황에 전혀 도움이 되지 못했으며, 당시 구매한 각종 탱크도 유럽 전선으로 보내졌다. 이러는 사이 한국에서 싸우고 있던 미 지상군은 비참하리만치 장비 부족에 시달리고 있었다. 한국전에서 발생한 미군 사상자 가운데 절반가량은 동상으로 인해 죽거나 다친 것으로 알려졌는데, 이는 미 지상군이 제대로 된 전투화를 공급받지 못했기 때문이다. 미군 병사들은 세계에서 가장 가난한 나라에서 온 농민들의 발에서 신발을 빼앗아 신기 위해 중국군 참호로 돌진할 지경이었다. 전투 병력은 대전차용 무기가 절실히 필요했지만, 이 역시 제2차 세계대전 때 사용하던 무기에 만족해야 했다.)

국가 안보에 결정적인 위협이 없는 상황에서 탈냉전 시대와 함께 찾아온 군수산업계의 위기를 극복하기는 훨씬 더 어려웠다. 콜린 파월 장군은 1991년 의회에 출석해 "미국의 적수는 김일성이나 카스트로 정도가 남아 있을 뿐"이라고 말했다. 이에 따라 국방부와 군수산업체는 의회와 대중이 지속적으로 냉전 시대 군비를 유지하는 데 찬성할 수 있도록 위협할 만한 새로운 안보 위협을 찾아내기 위해 모든 노력을 경주했다.

한동안 군수산업 로비스트들은 세계의 안보 상황이 개선됐다는 점을 인정하면서도 미국은 러시아 군사력의 부활에 꾸준히 대비해야 한다는 논리를 폈다. 하지만 러시아군이 지난 십 년 동안 붕괴 직전의 상황으로 내몰리면서 이런 논리는 점차 설득력을 잃어 갔다. 1998년

여름에 이르면 러시아군의 상황이 워낙 열악한 나머지 러시아군 장교들은 사병들에게 버섯과 산딸기 등 들판에서 자라는 먹을거리를 채집하도록 지시하는 지경에 이르렀다. 그 이듬해 미 국무부는 의회에 제출한 국가별 군사비 관련 연차 보고서에서 러시아군이 '급격한 퇴락의 길'을 걷고 있으며, 러시아 병사들 역시 '제한적인 전투 능력만을 갖추고 있을 뿐'이라고 보고했다. 국무부는 또 1989년 370만에 달하던 러시아 병력은 1998년에 170만으로 줄었으며, 2000년까지 백만으로 줄어들 것이라고 내다봤다.

위협을 부풀리던 강경론자들은 북한과 이란, 이라크 등 이른바 '깡패 국가'의 위협에 대해서도 지적하고 나섰다. 그러나 깡패 국가 위협론은 미국 주도의 다국적군이 걸프전에서 사담 후세인을 궤멸시키면서 여론의 별다른 지지를 받지 못했다. 게다가 깡패 국가 가운데 가장 위험하다는 평가를 받은 이란의 국방비는 미국의 국방 예산의 약 1퍼센트에 불과하며, 북한은 새천년이 다가오는 시점에 기아선상에서 허덕이고 있는 상황이다.

그 다음으로 등장한 것은 국방부 관료들이 때로 '칸'(Khan, 칭기즈 칸)이라 부르는 중국 위협론이었다. 1998년 중반 미 국방대학 국가전략 연구소에서 나온 한 보고서는 "중국의 영향력 확대는 지역 안보를 해칠 우려가 있으므로, 중국이 적대적 의도를 가졌다는 증거가 없더라도 미국은 지속적으로 주의를 기울여야 한다"고 지적하고 있다. "2018년 안에 대만을 사이에 두고 미국과 중국이 충돌을 벌일 가능성이 있으며, 만약의 사태에 대비해 충분한 공격 및 방어 능력을 갖추는 것이 절실하다"는 것이다. 인권 상황이 끔찍한 수준이며 국민을 억압한다고는 하지만 중국 역시 미국에 군사적 위협이 되기에는 부족하다. 중국은 1970년 대 이후 줄곧 병력 감축 정책을 추진해 지금은 기존의 절반에 불과한 2백만 병력을 보유하고 있으며, 중국군 대부분이 한 세대 이상 지난 구식 무기로 무장하고 있는 형편이다. 시사 주간지『타임』은 1999년 6월 "중국 공군은 장거리 폭격기가 한 대도 없으며, 보유 핵무기의 파괴력은 미국이 트라이던트급 잠수함 한 대에 장착 가능한 수준에 불과하다"고 보도했다. 잡지는 또 "중국이 보유하고 있는 유일한 탄도탄 잠수함 역시 거의 일 년여 동안 해상 훈련을 하지 못하고 있으며, 미국 잠수함과 전투를 벌일 경우 몇 분 안에 침몰할 것"이라고 평가했다.

새로운 위협으로 내세울 만한 대안이 떨어지자, 미 국방부는 더욱 극단으로 치달았다. 최근 군사 전략가들은 '일반적인 위협 가능성'(GET)을 강조하기 시작했다. 일반적인 위협 가능성이란 아직 정확히 파악되지는 않았지만 이에 대처하기 위해선 미국이 무장 태세를 갖추고 있어야만 하는 위협을 가리킨다. 국방부 관료들은 또 '비대칭적 틈새 경쟁자'들이 안고 있는 위험에 대해서도 목소리를 높였다. 여기에는 소수 민족이나 마약 카르텔, 범죄 조직이나 테러 단체 등이 포함된다. 30년 경력의 국방부 관료 척 스파이니는 "현재로선 이들이 커다란 위협이 될 수 없으며 그저 가벼운 위험 요소일 뿐"이라며 "(이들의 위험을 강조하는 것은) 국방 예산 확보에 어려움이 없도록 하기 위한 것이라는 점에서 (여타 안보 위협을 강조하는 것과) 같은 맥락"이라고 말했다.

앤드루 마셜은 나이가 많지만 여전히 왕성한 활동을 벌이고 있는 전형적인 냉전형 인물로, 국방부 내에서는 군수산업체로 돈이 쉽게 흘러 들어갈 수 있도록 하는 데 중추적인 역할을 맡고 있다. 그는 향후 국가 안보에 위협이 될 만한 요인들을 분석해 미국이 이에 대처할 수 있도록 하는 임무를 띠고 있는 국방부 평가국장으로 재직했다. 국방부의 거대한 규모에 비춰 십여 명의 직원으로 채워진 평가국은 구멍가게 수준에 불과하지만 그 영향력만큼은 막강하다. 마셜 밑에서 일한 상당수 전직 관료가 군수산업체나 학계, 국방 관련 두뇌 집단의 고위직으로 자리를 옮겼다.

마셜은 이른바 '군사기술혁신'(RMA)의 주요 이론가로서, 1600년대 머스킷 소총이나 1945년 핵무기의 출현이 그랬던 것처럼 최첨단 무기가 전략 및 조직적 혁신과 맞물릴 경우 전쟁의 양상을 근본적으로 바꿔낼 수 있을 것이라고 주장한다. 따라서 탱크와 항공모함, 유인 항공기 등 현재의 군사력 기조는 절망적일 정도로 시대에 뒤쳐져 있으며, 전혀 새롭고 값비싼 21세기형 최첨단 무기 체계로 대체돼야 한다는 것이 마셜의 주장이다.

마셜은 언론에 자주 모습을 드러내진 않지만, 일단 언론에 등장하면 취임을 앞둔 대통령이나 미스 유니버스쯤에게나 어울릴 법한 극진한 대접을 받는다. 국방 전문지『디펜스뉴스』는 1998년 국방부 평가국을 "미래의 위협에 대처하기 위해 국방부 여타 부서는 감히 엄두도 못 낼 만한 혁신적 연구를 위한 자금을 대고 있는 기구"라고 평가했다. 또 몇 년 전『월스트리트저널』은 마셜에 대해 "냉전과 걸프전에서 잇따라 승리를 거두면서 자칫 무기력해질 수 있었던 미군을 구하기 위한 투쟁을 벌이고 있는 인물"로 묘사하기도 했다.

제이 위니크는 1999년 4월에 『워싱턴포스트』에 실린 글에서 이보다 훨씬 아부 섞인 평가를 늘어놓았다. (그는 냉전의 역사에 관한 자신의 만화책 『벼랑 끝에서』에서 레이건 행정부에서 활약했던 엘리엇 에이브러햄, 진 커크패트릭, 리처드 펄, 맥스 캠펄만 등이 소련을 패망시켰다고 주장하기도 했다.) 모두 열한 쪽에 이르는 글에서 위니크는 마셜에 대해 "당신이 한번도 들어보지 못한 가장 영향력이 큰 인물" "국가 안보 전문가들 사이에서 전설적인 인물" "다음 세대의 미군을 준비하기 위해 필요한 주요 인사이자 핵심 인물" "지난 세대 미국의 안보 및 국방 정책에 있어 가장 두각을 나타낸 인물 가운데 한 사람" 등으로 묘사했다. 위니크는 또 마셜이 이 시대 군사 분야에서 가장 뛰어난 천재일 뿐 아니라 통찰력이 워낙 탁월하다 보니 후천성면역결핍증(AIDS)의 위험성에 대해 세계에서 가장 먼저 인식한 몇 안 되는 사람 가운데 하나라고 치켜세우기도 했다. 위니크는 마셜이 1980년대 초반 평가국 직원들에게 "에이즈는 모든 사람의 예상을 뛰어넘을 만큼 큰 문제가 될 것"이라며 "대책을 마련하라"고 지시했다고 전한다. 이에 따라 국방부 평가국은 즉각 질병통제센터(CDC)에 전화를 걸어 에이즈에 대한 연구에 투자를 아끼지 말라고 촉구했다는 것이다.

마셜은 공식 인터뷰 요청을 거부했지만, 그의 전력을 자세히 들여다보면 그가 얼마나 효과적으로 군수산업체의 이익을 위해 활동했는지가 극명히 드러난다. 그를 오랫동안 지켜봐 온 한 전직 국방부 관료는 "앤드루 마셜이라는 인물 자체가 하나의 랜드 연구소인 셈"이라고 말했다. "마셜은 언제나 자리를 지키고 앉아 군수산업체가 필요로 하는 자금을 끌어다 줄 수 있는 아이디어를 제공하는 국방 전문가"라는 것이 그의 평가다. 또 다른 관료는 "군사기술혁신론이 나온 것은 결국 탈냉전기에도 국방 예산을 줄이지 않으려는 국방부 노력의 일환"이라고 말했다. 레이건 행정부에서 무기 디자이너로 일하다 선심성 예산이 쏟아 부어지는 데 염증을 느끼고 국방부에서 사직한 피에르 스프레이는 "군사기술혁신은 전투 자체와는 아무런 관련이 없으며, 오직 국방 예산을 따 내기 위한 방편일 뿐"이라고 강조한다. "말은 그럴싸하지만 전혀 새로운 차원의 최첨단 무기 도입 사업은 군수산업체에게 돈을 몰아주기 위한 변명에 불과하다"는 것이 스프레이의 지적이다.

마셜은 디트로이트 태생으로 시카고 대학 경제학과를 졸업한 뒤 1949년부터 랜드 연구소에서 허먼 칸, 앨버트 월스테터 등 핵무기 전문가들과 함께 일하기 시작했다. 랜드 연구소 시절, 마셜은 동료들과 함께 1960년 대통령 선거에서 중요한 비밀 임무를 수행했다. 존 케네디 후보의 고문으로 영입된 그는 이른바 '미사일 갭'이라는 기만적인 용어를 만들어 냈고, 케네디는 이를 이용해 닉슨을 공격했다.

1972년 헨리 키신저가 마셜을 국가안보회의(NSC)로 영입했다. 그리고 2년 뒤 마셜은 국방부가 소련에 의한 국가 안보 위험을 추정하고자 새로 설립한 평가국 국장에 임명됐다. 프레드 캐플란은 『아마겟돈의 마법사들』에서 "마셜은 신생 기구인 평가국을 국방부 예산을 따 낸 뒤 이를 첨단 무기 컨설턴트들에게 전달해 자신의 흥미를 끌 만한 무기 체계를 고안해 내도록 하는, 일종의 중개소로 만들었다"고 지적했다.

마셜은 국방부 평가국장으로서 자신의 임무는 상관을 위해 적절한 시점에 최악의 시나리오를 만들어 내는 것이라고 인식했다. 마셜의 초기 보고서를 보면, 중앙정보국이 소련의 국방 예산과 군사력을 심각하게 과소평가하고 있다고 주장하는 대목이 나온다. 당시 슐레진저 국방 장관은 즉각 이 보고서를 이용해 의회에 국방 예산 증액을 요구했다.

국방부 평가국의 또 다른 특기는 재래식 군사력을 비교하면서 미 군의 분명한 기술적 우위는 간과한 채 소련군의 수적 우세만을 강조하는 것이었다. 이에 따라 평가국 관료들은 시베리아 벌판 마을에 방치된 채 제2차 세계대전을 떠올리게 하는 탱크를 포함해 소련이 만들어 낸 모든 탱크 숫자를 일일이 합산해 서방이 소련의 기습 침투에 무방비 상태로 노출돼 있음을 강조하려는 증거로 활용하기도 했다.

(소련의 위협을 부풀린 강경론자들은 러시아산 T-72 탱크가 미국이 보유하고 있는 어떤 무기 체계보다 위협적이라고 주장했다. 그러나 이는 현실과 전혀 다르다. 실제로 이스라엘군은 1982년 시리아와 전투를 벌일 당시 T-72를 완파시킨 바 있다. 또 T-72는 작전 능력에 치명적인 타격을 줄 수 있는 몇 가지 문제점을 안고 있다. 대표적인 것이 탱크 화력을 획기적으로 높여 줄 것으로 기대했던 포탄 자동 장전 장치다. 유감스럽게도 T-72의 자동 장전 장치가 오작동을 일으키면서 포탄 대신 병사의 팔이나 다리를 '장전'하는 참극이 빈발했기 때문이다. 앤드루 콕번은 『소련의 위협』에서 한 미군 장교의 말을 빌려 "소련군 합창단은 T-72 자동 장전 장치를 이용해 소프라노 화음을 얻어 낸다"고 비꼬기도 했다. 사고가 이어지자 러시아군은 수동 장전도 나름대로 장점이 있음을 깨닫게 됐다. 이에 따라 T-72의 실제 화력은 나토군의 최정예 탱크에 비해 3분의 1 수준으로 떨어지게 됐다.)

마셜은 핵전략 수립에도 지속적으로 관여해 왔다. 평가국장으로 재직하는 동안 그는 미 해군의 해상 발사 미사일의 정확성을 공군이 보유하고 있는 대륙간 탄도미사일 수준으로 끌어올리기 위한 노력을 아끼지 않았다. 이런 그의 노력을 통해 미군 잠수함은 핵탄두 장착이 가능한 트라이던트-2 미사일을 장착할 수 있게 됐다. 레이건 행정부 시절에는 러시아와 핵전쟁을 벌여 미국이 승리를 거두기 위한 전투 능력을 개발해야 한다는 내용을 담은 비밀문서 작성에 참여하기도 했다. 그는 보고서를 통해 "가능한 최단시간 안에 미국에 유리한 방향으로 전쟁을 종료할 수 있도록 소련을 압박할 수 있어야 한다"고 주장했다. 그는 또 이른바 별들의 전쟁의 열정적 지지자이기도 했다. 지난 1998년 탄도미사일 위협을 평가하기 위해 소집된 럼스펠드 위원회가 자문을 구한 전문가 집단엔 마셜도 포함돼 있었다. 럼스펠드 위원회는 미국이 가까운 장래에 이라크나 북한 등의 탄도미사일 위협에 직면할 수 있다고 경고하면서, 다가오는 위험에 대처하기 위해 예산을 투입해 미사일 방어 체제 구축에 박차를 가해야 한다는 결론을 내렸다.

마셜의 지지자들은 그를 가리켜 "경쟁에서 언제나 한발 앞서 있는 인물"이라고 평가한다. 『월스트리트저널』은 "그는 대부분의 소련 연구자들보다 한발 앞서 소련 사회의 취약함을 인식했다"며 "그는 1977년부터 소련 사회를 좀 먹고 있는 환경 및 인구 위기에 관심을 기울였다"고 평했다. 하지만 마셜의 측근 가운데 그가 이와 같은 견해를 피력했다는 사실을 기억하는 사람은 아무도 없다. 전 국방부 관료 한 사람은 "냉전이 종식될 때까지도 마셜은 러시아의 위험성을 과장하는 데 전력을 다했다"고 말했다. 베를린장벽이 무너져 내린 뒤 고르바초프가 권좌에서 쫓겨나기 직전인 1989년 후반까지도 마셜은 높은 국방 예산이 어느 때보다 절실하게 필요한 시점임을 강조했다. 그는 "(냉전이 끝난 뒤) 얼마나 많은 변화가 벌어졌는지를 알아보기 위해서는 수년간에 걸친 주의

깊은 감시와 관찰이 필요하다"며 "미래에 대한 불확실성이 지금보다 높았던 때는 없었다"고 강조했다.

현실 사회주의가 무너진 뒤, 마셜은 러시아의 위협을 대체할 만한 새로운 위협을 찾는 데 대부분의 시간을 쏟아 부었다. 그가 제일 먼저 관심을 기울인 것은 북한으로, 국방부 평가국은 1991년 "한반도에서 전쟁이 벌어질 경우, 북한군은 이삼 일 내에 서울로 진격할 수 있을 것이며 미군은 이를 막아 내기 어려울 것"이라고 내다봤다.

북한이 붕괴 직전에 몰려 있음이 분명해진 뒤 마셜의 관심은 중국으로 옮겨 갔다. 1990년대 중반 평가국이 내놓은 보고서를 보면, 중국은 엄청난 속도로 군 현대화 작업을 추진하고 있어 조만간 중국 인민해방군(PLA)이 아시아 지역 분쟁에서 미군을 상대로 승리를 거둘 수도 있을 것이라는 평가가 나온다. 마셜이 내놓은 이런 최악의 시나리오는 2020년에 미국과 부활한 중국 간의 전쟁 가능성을 분석한 국방부 비밀문서와 함께『월스트리트저널』에 실렸다. 이 시나리오에 따르면 중국군은 놀랍게도 최첨단 무기를 앞세워 무자비하게 미군을 몰아붙이는 한편 위성 유도 대함미사일을 미 군함에 퍼붓는다. 해질 무렵에는 한때 막강한 위력을 자랑했던 미 함대가 남중국해 해저로 수장되고, 중국이 다시 한 번 세계의 중심에 우뚝 서게 되는 것으로 묘사됐다.

랜드 연구소가 작성한 국방부 평가국의 두 번째 중국 관련 보고서는 중국의 일 년 국방비를 1,400억 달러로 추정했다. 이런 수치는 기존 보고서의 일반적인 추정치보다 적게는 2.5배에서 많게는 7~8배가량 높은 수치다. 1997년에 나온 또 다른 평가국 자료를 보면, "중국은 미국을 '쇠락해 가는 강대국' 쯤으로 인식하고 있으며 이런 취약함을 적극 활용하려 할 것"이라는 불길한 결론을 내리고 있다. 한 가지 가능성으로 거론된 것은 대만의 공산화였다. 이 보고서를 작성한 국방 전문가 마이클 필스버리는 상원 정보위원회에 출석해 "중국 군부와 국방 전문가들은 미국에 대해 좋지 않은 점만을 부각시키고 있다"고 한탄했다. (필스버리의 보고서는 수많은 중국 군사 서적과 잡지를 토대로 작성됐다. 이들 자료 모두 중국 당국이 제공한 것들이다.『에이피통신』은 필스버리의 의회 증언과 관련해 조금 당혹스럽다는 듯 "중국 당국은 미 국방부가 요청한 자료를 숨기기는커녕 아무런 주저 없이 공개했으며, 추가 자료 공개도 약속했다"고 보도했다.)

군수산업체와의 관계에서 마셜이 얼마나 중요한 위치에 있는지를 극명히 드러내 준 사건이 1997년에 벌어졌다. 군산복합체와 관련한 마셜의 다년간에 걸친 경험에 대해 전혀 알지 못하고 있던 당시 윌리엄 코헨 국방장관 지명자는 국방부 평가국의 조직 규모를 축소하려는 움직임을 보였다. 일부 의회 강경파와 마셜의 보좌관을 지냈던 노스롭그러먼의 짐 로체를 위시한 군수산업체 중역들은 즉각 마셜의 영향력을 유지시키기 위해 강력한 대응에 나섰다. 언론계의 마셜 인맥들도 각종 기고문과 기사를『워싱턴타임스』『에이비에이션위크』『위클리스탠더드』『월스트리트저널』등에 싣기 시작했다. 보수 언론인 폴 지고는 기고문을 통해 "미국 국민들은 밤에 잠자리에 들면서 다음번 전쟁을 어떻게 승리로 이끌 것인가를 고민하지 않지만, 앤드루 마셜은 평생 그런 고민을 해 온 사람"이라며 "관료주의적인 국방부가 어처구니없게 마셜을 내쫓으려고 하는 것에 대해 미국인들이 우려할 수밖에 없는 것도 이 때문"이라고 주장했다. 결국 코헨 장관은 자신의 계획을 철회했고 마셜은 '군사적 위협 부풀리기'가 주요 업무인 국방부 평가국장직을 유지할 수 있었다.

최근 마셜의 주요 과업은 군사기술혁신과 첨단 무기 체계에 집중
돼 있다. 마셜은 1995년 의회에 출석해 "앞으로 20~50년 동안 군사기술
혁신을 통해 전쟁을 치르는 방식이 획기적으로 탈바꿈할 것"이라며 "적
과 맞서 싸우는 것이 아니라 원거리에서 적을 파괴하는 쪽으로 군사작
전 방식이 바뀌게 될 것"이라고 주장했다.

군사기술혁신론의 하위개념 가운데는 마셜이 '신속 장악력'(Rapid
Dominance)이라고 부르는 개념이 있다. 지난 1998년 마셜은 이 개념에
대한 연구 용역을 의뢰했는데, 당시 이를 위한 검토위원회에는 국방
관련 부처의 전·현직 강경파들이 망라돼 있었다. 그 해 미 국방대학
주최로 열린 회의에서 검토위원회의 일원인 할런 울먼은 '신속 장악력'
의 목적을 "충격과 공포심을 유발해 적의 의지와 인지를 통제하는 것"
이라고 정의한 바 있다. 다른 검토위원들도 흥분한 어조로 이른바 '베들
럼 여단'(Bedlum Brigades)을 창설해야 한다고 목소리를 높였다. 『디펜스뉴
스』는 이를 두고 "적 지휘부 깊숙이 침투해 혼란과 소요를 야기하는
것을 유일한 목적으로 하는 기동성이 높고 치명적인 부대"라고 설명했
다. 검토위원의 한 사람인 존 포스터 전 국방과학위원장은 "이를 위해선
무엇보다 차세대 운송 수단과 장비 등이 필수적"이라고 지적했다. 보고
서 검토위원회가 상정한 미래형 무기 가운데 '초장거리포'(very long-range
global artillery)라는 것이 등장한다. 정밀 조준 사격이 가능한, 중량이 5백
킬로그램에 이르는 거대한 탄두로 "적국의 주요 도시에 급작스런 포격
을 가함으로써 민간인들의 혼란과 불안을 야기하는 것"이 초장거리포
의 목적이다.

이후 몇 년 동안 군사기술혁신이라는 말은 국방부에서 가장 인기 있는 낱말이 됐다. 지난 1997년 클린턴 행정부의 국방자문위원회는 군사기술혁신을 위해 연간 50억~백억 달러를 지출하라고 권고했다. 코헨 국방장관은 이듬해 대통령과 의회에 보내는 보고서에서 "국방부는 궁극적으로 군사작전의 개념과 조직의 근본적 변화를 가져올 수 있는 군사기술혁신이야말로 미래의 안보 위협에 대처하는 데 필수적이라고 판단하고 있다"고 밝혔다. 이제 군사기술혁신은 개념 자체가 신성시되는 단계에까지 이르러 군 지휘관들은 군사기술혁신을 들먹이는 것이 예산을 확보할 수 있는 가장 효과적인 방안이라고까지 보고 있는 상황에 이르게 됐다. 국방부 평가국 출신으로 군사기술혁신 분야 전문가인 로드아일랜드 뉴포트의 해군전쟁대학 팀 멘켄 교수는 "국방부 일각에서는 미래의 안보 위협에 대처하기 위한 중요한 수단의 하나로 군사기술혁신을 추진하고 있지만, 그저 관료주의적 목적으로 활용하는 경우도 많다"며 "자신이 추진하고 있는 사업에 필요한 예산을 따 내기 위해 '군사기술혁신의 일환'이라고 주장하는 것이 유행처럼 돼 버렸다"고 말했다.

우주에 기반을 둔 위성 감시체계를 통해 전쟁터에서 멀리 떨어진 장소에 배치된 '탁월한' 무기의 정확도를 높인다는 계획은 군사 정책 담당자들에게는 꿈과 같은 일이다. 미래에는 지상군 병력을 배치하지 않고도 전쟁을 수행할 수 있는 가능성이 열리기 때문이다. 이를 통해 미 국방부는 군사 개입 능력을 떨어뜨리지 않고도 국외 주둔 미군의 병력과 사상자를 줄일 수 있다. 군수산업계 역시 마셜의 공상과학영화에나 나올 법한 각종 아이디어를 통해 막대한 이득을 얻을 수 있으니,

이를 마다할 이유가 없다. 익명을 요구한 어느 국방부 관료는 군사기술 혁신에 대해 "재래식 무기에 비해 군사기술혁신을 통한 고도 정밀 무기가 비싼 것은 사실"이라며 "하지만 효과 면에서는 훨씬 우월하다"고 강조했다. 군사기술혁신론은 미 의회에서도 상당한 지지를 얻고 있다. 뉴트 깅그리치 전 하원의장은 1999년 갑자기 정계 은퇴를 선언하기 전 연설을 통해 "2010년쯤에는 거의 모든 병사가 위성을 통해 전 세계 통신망과 연결되는 단말기를 몸 어딘가에 부착하게 될 것"이라며 "이 단말기는 컴퓨터, 팩스 등 개인 통신 장비로 손색이 없을 것이며, 병사들은 휴식 시간에 이를 이용해 데이트 약속도 잡을 수 있다"고 주장했다.

유감스럽게도 이런 첨단 무기 체계는 호언했던 대로 성능을 발휘하는 경우가 드물다. 게다가 단순하고 훨씬 값이 싼 대체 무기를 이용해 효과적으로 방어할 수도 있다. 예를 들어, 베트남전 초기 미 공군은 낙하산을 이용해 이른바 '호치민 루트' 전역의 밀림에 원격 감시 장치를 뿌렸다. 베트콩들의 이동을 감시하기 위한 것이었다. 그러나 일단 뿌려진 감시 장치는 사람과 야생동물을 구별해 내지 못했다. 북베트남 전사가 나무 위로 올라가 가지에 걸려 있던 낙하산과 감시 장치를 가지고 내려온 뒤 그 위에 소변을 보는 내용이 생생히 녹음되는 정도가 고작이었다. 최첨단 무기가 낭패를 당한 최근의 사례로는 유고슬라비아 공습 당시 세르비아 쪽이 1963년 모델인 러시아산 미사일로 미 공군이 그토록 자랑하는 F-117 스텔스 전투기를 격추시킨 사건을 들 수 있다. 적 레이더에 잡히지 않는 '비밀 병기'로 알려진 스텔스 전투기의 가격은 대당 4,500만 달러에 이른다.

마셜은 이라크 지상군 병력의 공격을 차단하는 최선의 방법이 150

킬로미터 이상 떨어진 거리에 배치한 잠수함에서 이라크가 보유하고 있는 러시아제 탱크의 엔진 소리를 탐지해 낼 수 있는 고도 정밀 미사일을 발사하는 것이라는 주장도 내놓은 바 있다. 음향 유도장치는 제2차 세계대전 때부터 논의됐으나, 다른 소음에 속기 쉽다는 치명적인 결함 때문에 배제돼 왔다. 마셜이 주창한 음향 유도미사일은 비록 실험실 조건에서는 효과가 있을 수 있으나, 포성이 오가는 전쟁터에서는 무용지물이다. 러시아 탱크 엔진 소리를 담은 녹음테이프를 틀어 놓은 백 달러짜리 스피커 한두 개에 쉽게 속아 넘어갈 수 있기 때문이다. 척 스파이니는 "군사기술혁신론은 역사상 위대한 군사 전략가인 손자나 클라우제비츠, 조지 패튼 같은 인물들이 무덤에서 벌떡 일어설 만큼 급진적인 가설에 기반하고 있다"며 "군사기술혁신 옹호론자들은 이를 통해 전쟁터에서 발생하는 불확실성과 공포, 혼돈과 불완전한 정보 때문에 발생하는 제약을 확실하고 예측 가능하게 만들 수 있다고 주장한다"고 지적했다.

군사기술혁신 마니아들의 흥분은 1998년 『뉴스위크』에 실린 기사를 통해 최고조에 이른 모습을 보여 줬다. 당시 이 잡지는 "컴퓨터 칩과 로봇이 조만간 군의 돌격대로 동원될 것"이라고 주장했다. 잡지에 실린 기사에서 묘사한 미래 전장의 모습을 들여다보자.

> 견고한 로봇 비행기가 며칠 동안 외딴 지역 상공을 선회한다. 장착된 감지 장치에 적 탱크 편대가 잡힌다. 이 정보는 곧 위성을 통해 송신되며, 다시 지상에 설치된 수신 시설로 이어진다. 정보를 전달받은 컴퓨터는 곧장 목표물 타격에 가장 적절한 장소에 배치된 포대를 선택한다. 대기권 밖에 설

치된 위성을 이용해 파악된 정확한 목표물의 위치가 포대에 장착된 컴퓨터에 인식되고, 이에 따라 적 탱크를 격파하기 위한 정확한 방위와 고도가 결정된다. 마침내 컴퓨터를 통해 적 탱크를 향해 로켓이 발사된다. 50킬로미터 이상 목표물을 향해 날아가는 동안 발사된 로켓에서 작은 발사체 다발이 분리된다. 각 발사체마다 감지 장치와 컴퓨터가 장착돼 있어 탱크에서 나오는 열을 감지해 함께 이동하는 적 트럭과 탱크를 구분한다. 목표물에 근접하면 발사체는 자체 추진체를 이용해 가속을 붙여 탱크의 가장 취약한 부분인 포탑 부근 해치에 명중한다. 여전히 상공을 선회하고 있던 로봇 비행기가 화염에 휩싸인 탱크를 감별해 낸다. 이 장면이 다시 위성을 통해 사령부에 설치된 스크린으로 전달돼 작전이 성공했음을 알린다.

이 같은 시나리오는 워낙 환상적인 수준이어서 심지어 마셜조차도 현실적으로 받아들이기 어려울 것이다. 어떤 감지 장치도 트럭과 탱크를 구분할 순 없다. 평화 시에는 물론 적이 각종 교란 수단을 강구해 낼 전시에는 말할 나위도 없다. 어떤 로봇 비행기도 적군이 식별하지 못할 정도로 높은 고도를 비행할 수 없다. 레이더에 포착될 수밖에 없으며 만약 실제로 정보를 송신할 경우 쉽게 감별해 낼 수 있다. 더구나 전면전이 벌어질 경우 적군이 별다른 방어 수단이 없는 위성 체계를 공격할 것은 자명하다. 피에르 스프레이는 "공상과학영화에서도 이처럼 과장이 심하지는 않을 것"이라며 "잡지에 나온 내용 가운데 어떤 것도 실현 가능성이 없으며 탱크가 어떻게 생겼는지, 감지기는 어떤 기능이 있는지조차 모르는 사람들이 만들어 낸 날조극에 불과하다"고 평가했다.

멘켄은 극단적인 군사기술혁신론자들에 비해 상대적으로 현실적인 평가를 내놓는다. 그는 "군사기술혁신을 둘러싸고 약간의 과장이 있는 것은 사실이지만, 정보혁명이 전투의 성격을 근본적으로 변화시킨 것만은 분명하다"고 주장했다. "역사적으로 더 많은 정보를 얻어 내는 것은 전쟁에서 승리하는 데 결정적인 요소였다. 전장의 상황을 100퍼센트 파악할 수는 없을지 모른다. 하지만 우리가 70퍼센트를 파악하고, 적이 50퍼센트만 파악하고 있다면 그 자체가 전투에서 커다란 이점이 될 것이다." 미 국방부의 최첨단 무기에 대항해 적국은 '당연히' 대응 전략을 마련할 테지만 대부분 경쟁을 버거워 할 것이며, 이전의 군사기술혁신이 그랬던 것처럼 적보다 한발 앞서는 일이 무엇보다 중요하다는 말이다. 이를테면 제2차 세계대전 당시 더 크고 잘 무장된 탱크를 앞세워 히틀러군이 감행한 '전격전'이라는 전술적 혁신을 적국이 따라 잡는 데는 여러 해가 걸렸다. 멘켄은 "나치 독일을 모델로 삼을 생각은 없지만, 1940년 독일에 무력하게 무너진 프랑스 역시 우리의 모델일 수는 없다"며 "군사기술혁신이 영원히 이어질 순 없겠지만, 상당 기간 미군이 우위를 점하는 데 실질적인 보탬이 될 것"이라고 말했다.

군사기술혁신론 추종자들에게 걸프전은 다가오는 미래 전장의 단면을 보여 줬다. 레이저 유도폭탄이 바그다드의 낙후된 건물에 투하되는 장면이 언론을 통해 끝없이 흘러나왔고, 노먼 슈워츠코프 장군은 미군 폭격기가 이라크의 스커드 미사일 발사 시설을 파괴하는 장면을 언론에 흘렸다. 마셜은 당시 F-117 같은 '스텔스' 폭격기가 사담 후세인을 무너뜨리는 데 특히 중요하다고 역설했다.

그러나 미군이 보유하고 있는 복잡 다양한 무기 체계는 걸프전을 승리로 이끄는 데 그저 부분적인 기여를 했을 뿐이다. 더 결정적인 원인은 미군 주도의 다국적군이 수적으로 우세한 데다 훈련도 잘 돼 있었다는 점과 이라크의 주요 무기 공급 루트이자 정치적 동맹국이었던 소련이 붕괴했다는 사실에서 찾을 수 있다. 또 이라크 지휘부는 보유 무기를 무방비 상태로 방치하는 치명적인 실수를 저질렀다. 이 때문에 다국적군은 이를 포착해 손쉽게 파괴할 수 있었다. (미군 폭격기들은 햇볕이 내리쬐는 광활한 사막 지형에서 목표물을 감춰 주는 어떤 방해물도 없는 최적의 상태에서 공습을 감행할 수 있었다.) 마지막으로 이라크군 지휘부는 유사 이래 가장 광범위한 집단 탈영에 시달려야 했다. 약 17만5천여 명에 이르는 이라크군이 지상전이 벌어지기 전에 이미 전선을 이탈했으며, 이 때문에 미국이 주도하는 40만 명에 육박하는 다국적군에 대항할 수 있는 이라크 병력은 고작 2만5천여 명에 불과했다. 멘켄은 1998년 미 해군 연구소가 발행하는 『프로시딩스』에 기고한 글에서 "걸프전은 어떤 장애물도 없는 상황에서 미군이 무엇을 할 수 있는지를 보여 줬을 뿐"이라며 "하지만 미래 전쟁에서 걸프전 당시처럼 아무런 어려움 없이 적국의 영토에 접근할 수 있을 가능성은 그리 크지 않아 보인다"고 말했다.

최첨단 무기 체계가 전투 시 발휘할 수 있는 위력이 상당히 과장됐다는 점은 공군을 위시한 군부의 반대에도 1997년 비밀 해제된 일반회계국의 보고서에 잘 나타나 있다. 보고서는 걸프전이 끝난 뒤 미 국방부와 군수산업체가 주장한 내용과 실제 발생한 상황을 자세히 비교하고 있다. 이를테면 국방부는 F-117 스텔스 폭격기가 투하한 폭탄 가운데 80퍼센트가 목표물에 명중했다고 발표했다. 폭격기 제작 회사인 록히드는 이를 "전례 없는 명중률"이라고 치켜세웠다. 그러나 일반회계국은 실제 명중률은 40~60퍼센트에 불과하다고 지적했다. 또 F-16 제작사인 '제너럴다이내믹스'는 "우리 전투기는 공대공이나 공대지 어떤 임무도 수행할 수 있으며, 날씨와 상관없이 밤낮을 가리지 않고 언제든 출격이 가능하다"고 공언했다. 그러나 일반회계국 분석 결과 F-16은 구름과 안개, 습도, 연기, 먼지 등으로 인해 공대지 정밀 타격 능력이 떨어지거나 아예 임무 수행을 못했던 것으로 밝혀졌다. 레이더를 이용해 정확도가 떨어지는 비유도폭탄만을 날씨와 상관없이 투하할 수 있었다는 것이다. 나중에 록히드와 합병된 '마틴마리에타'는 란티른(LANTIRN) 시스템이 "시계가 나쁜 상황에서 밤에도 목표물을 파악해 공격할 수 있다"고 자랑했다. 그러나 일반회계국은 이 시스템이 "구름 없이 맑은 날에는 효과적으로 작동했으나, 시계가 나쁜 날에는 작전 능력이 제한되거나 거의 제 기능을 하지 못했다"고 지적했다. 또 '텍사스인스트루먼트'는 자사 제품인 페이브웨이 레이저 유도 체계가 "목표물 하나에, 폭탄 하나"만 필요하게 만들 수 있는 정확성이 있다고 떠벌렸고, 국방부도 '사막의 폭풍' 작전에서 첨단 무기가 얼마나 위력을 발휘했는지 강조하기 위해 종종 이 표현을 사용했다. 그러나 보고서를 보면, 목표물 하나당 적어도 두 개의 유도 폭탄이 투하됐으며, 35퍼센트가량의 목표물에는 여섯 개 또는 그 이상의 유도폭탄이 퍼부어졌다.

일반회계국은 이에 따라 최첨단 무기와 재래식 무기 사이의 작전 수행 능력에는 별다른 차이점이 없다고 지적했다. 미 국방부는 이라크 군이 단 한 대의 F-117 스텔스 폭격기도 격추시키지 못했다고 강조하지만, 이는 F-117 폭격기가 일반 전폭기에 비해 출격 횟수가 훨씬 적은 데다 밤에 중고도에서만 비행했기 때문이라고 지적한다. 일반회계국은 "스텔스 폭격기든 재래식 폭격기든 비슷한 출격 횟수와 비행 조건이라면 격추될 확률은 거의 0에 가깝다고 밝혔다. 1977년 실전 배치된 A-10 전투기는 F-117 스텔스 폭격기 가격의 5분의 1에 불과한데도 걸프전에서 극적인 활약을 펼쳐 미 공군은 이런 내용을 보고서에서 삭제해 달라고 일반회계국에 압력을 넣기도 했다. 현재 미 국방부는 A-10 전투기를 단계적으로 퇴출시키고 있다.

이른바 '스마트' 폭탄과 재래식 폭탄 사이에는 단 한 가지 중요한 차이점이 있다. 후자가 전자에 비해 값이 훨씬 싸다는 점이다. 유도폭탄은 한 기당 약 3만 달러에 이르지만, 비유도폭탄은 649달러에 불과하다. 걸프전에서 사용된 전체 폭탄 가운데 유도폭탄이 차지한 비중은 8퍼센트에 머물렀으나, 비용은 무려 84퍼센트를 차지했다.

발칸전쟁도 또 다른 군사기술혁신 열풍을 불러왔다. 맹렬한 전투가 벌어지고 있는 상황에서 미 국방부 케네스 베이컨 대변인은 기자들과 만나 군사기술혁신이야말로 "지상군을 투입하지 않고도 전투에서 효과적으로 싸울 수 있는 이유"라고 주장했다. 웨슬리 클라크 장군도 군사기술혁신을 통해 획득한 첨단 무기 덕분에 "나토군은 역사상 가장 정확한 폭격을 가할 수 있다"고 강조했으며, 데니스 하인즈 중장도 1990년부터 미군 보유 폭격기 수가 반으로 줄었지만 정밀 유도폭탄 때문에 전투 능력은 같은 기간에 열 배나 높아졌다고 주장했다. 언론도 이런 열기에 동참했다. 『워싱턴포스트』는 나토군이 군사기술혁신을 통해 "강력한 대규모 군대를 압도했다"고 보도했다.

공군 전투 능력이 향상됐다는 점에는 의문의 여지가 없지만, 최첨단 무기의 효과에 대한 미 국방부의 주장은 상당 부분 과장된 것이다. 1990년 쿠웨이트에서 별다른 위험 요소 없이 비행했던 것과는 달리 유고슬라비아에서 조종사들은 산악과 언덕 지대를 비행해야 했고 때로는 짙게 낀 구름 때문에 어려움을 겪기도 했다. 개전 초기 비가 내려 목표물 식별이 불가능해 전투기가 출격을 하지 못하는 사태도 속속 발생했다. 날씨가 좋아지더라도 나토의 최첨단 감시 장비는 간혹 적군이나 장비를 감별해 내지 못하기도 했다. 발칸전쟁이 끝난 뒤『워싱턴포스트』가 인터뷰한 상당수 조종사들은 수천 피트 상공에서 화염에 휩싸인 코소보 마을을 볼 수 있었지만, 어디서도 유고슬라비아군을 발견하지는 못했다고 전했다.

발칸전쟁 당시 나토군은 적국의 민간 시설과 경제에 심각한 손상을 입힐 수 있음을 증명했다. 비록 유고에 대한 원유 공급을 중단할 수 있다고 위협한 러시아의 압력이 가장 결정적인 이유이기는 했지만, 이런 나토군의 폭격이 밀로셰비치의 항복을 이끌어 내는 데 중요한 역할을 했음은 물론이다. 그러나 나토군이 유고를 황폐화시키는 데 군사기술혁신은 전혀 필요치 않았다. 한 국방부 관료는 발칸전쟁에 대해 "발칸전쟁에선 과거와 마찬가지로 무차별적인 폭격이 가해졌다"며 "나토군은 그저 조그만 나라를 완전히 초토화시킬 수 있음을 보여 줬을 뿐"이라고 말했다.

공습 능력은 발칸전쟁을 끝내는 데 가장 효과적인 수단이었지만, 이는 코소보해방군(KLA)이 만7천 명의 지상군을 투입해 세르비아군을 노출시킨 뒤에야 위력을 발휘했다. 세르비아군이 코소보에서 철수할 당시 모두 4만7천여 명에 이르는 병력이 나토의 공습에 의해 파괴된 것으로 알려진 도로와 교량을 통해 질서정연하게 빠져나갔다. 이런 숫자는 나토군이 애초 예상한 병력보다 훨씬 큰 규모였으며, 5천~만여 명에 이르는 세르비아군이 전사했다고 주장한 미 국방부의 주장을 뒤엎는 것이기도 했다.

유고 방공망을 파괴하기 위한 나토의 엄청난 노력에도 세르비아 포병대는 전쟁 막바지까지 러시아제 지대공미사일을 쏘아 댔다. 미 국방부는 애초 나토군이 120대의 탱크와 220대가량의 장갑차, 450여 대의 포대를 파괴했다고 주장했다. 하지만 종전이 다가오면서 실제 수치가 이보다 훨씬 적다는 점을 시인해야 했다. 이런 사실은 세르비아군이 코소보에서 철수를 시작하면서 막대한 양의 중화기와 함께 나토군의 감시 장치를 피해 숨겨 놓았던 수십 대의 미그기를 철수시키면서 확인됐다. 세르비아군이 철수한 뒤 코소보로 진입한 나토군은 파괴된 탱크를 세 대만 발견할 수 있었다고 보고했다. 유고 당국은 탱크 열 대가 더 공습을 당하긴 했지만, 고쳐 쓸 수 있을 정도여서 회수했다고 밝혔다.

폭격의 성과를 과장했다는 것이 뒤늦게 드러나면서 한차례 망신을 당했던 나토는 유고군이 나토군의 최첨단 무기를 단순한 물체로 교란했다는 사실이 밝혀지면서 다시 한 번 체면을 구겼다. 파괴됐다던 '목표물' 가운데 상당수의 탱크와 교량, 도로가 나토군을 속이기 위해 만들어진 모형이었으며, 특히 들판에 펼쳐진 타르를 칠한 천 조각을 도로로 오인해 폭격을 퍼부은 경우도 있었던 것으로 확인됐다. 이 모든 사례는 이른바 최첨단 무기들이 이전에 나왔던 첨단 무기들과 마찬가지로 옛 방식의 정보력에 크게 의존하고 있음을 보여 줬다. (한 가지 예를 들어보자. 세르비아 군이 F-117 스텔스 전폭기를 격추시킬 수 있었던 것은 첩보 요원이 이탈리아 공군기지에서 스텔스기가 출격했음을 미리 알려 줬기 때문이다.) 이른바 '스마트' 폭탄 역시 이름값을 제대로 하지 못했다. 베오그라드 주재 중국 대사관 건물을 완파시킨 고도 정밀 유도미사일은 말할 것도 없고 나토군이 사용한 스마트 폭탄은 난민 행렬을 적군으로 오인해 폭격하기도 했다.

걸프전 때와 마찬가지로 발칸전쟁이 끝난 뒤 코소보에서 사용된 무기 체계의 성능에 대한 과대 포장이 이어졌다. 미 국방부는 특히 조인트스타즈(JSTARS) 감시체계의 우수성에 대해 찬사를 아끼지 않았다. 노스롭그러먼이 제작한 지상 감시 장치인 조인트스타즈는 전쟁터에서 '신의 안목'을 제공해 줄 것이라고 선전됐다. 미 육군 클라크 켈리 중령은 『디펜스위크』와 한 인터뷰에서 "세르비아군이 공격작전을 벌이기 위해 필수적인 중화기를 이동 배치할 수 없었던 것은 나토군이 조인트스타즈 감시체계를 구비하고 있었기 때문"이라며 "세르비아군도 이동을 할 경우 곧 폭격을 당한다는 사실을 알고 있었다"고 주장했다.

그러나 신무기 체계 개발 계획을 면밀히 검토해 온 퇴역 국방부 관료는 조인트스타즈 감시체계의 이른바 '초강력 기능'에 대해 헛웃음을 흘렸다. 그는 "조인트스타즈는 움직이는 목표물을 감별하고, 그 속도를 계측하는 데는 우수한 편"이라며 "그러나 감별해 낸 목표물이 바퀴로 움직이는 차량인지 궤도로 움직이는 탱크인지를 구별하지 못하기 때문에, 목표물이 민간용인지 군사용인지 절대 구분하지 못한다"고 강조했다.

발칸전쟁은 군사기술혁신론자가 주창하는 원격 조정에 의한 미래 전투라는 환상을 실현시켜 주지도 못했다. 나토군의 공습은 코소보에서 세르비아군들이 민간인을 상대로 전투를 벌이는 것도 막지 못했다. 지상군을 배치하지 않겠다는 클린턴 대통령의 발표가 나오면서 밀로셰비치는 나토 지상군의 공격을 막기 위한 병력을 국경에 배치할 필요가 없어졌다. 브루킹스 연구소의 마이클 오핸런 연구원은 "미래의 전쟁에서도 갈등을 조기에 종식시키고 폭력을 차단하기 위해선 여전히 지상군 배치가 필요하다"고 지적했다.

기술적인 측면에서 현 상황을 바꿀 만한 것은 보이지 않는다. 원격 감시체계는 군 지휘부가 중요하다고 판단하는 목표물을 감별해 내는 데 역부족이다 — 이를테면 한 나라의 지도자가 오늘 어디서 잠을 자는가라거나, 휴대전화 하나면 충분한 적의 지휘 통제소가 어디에 위치하고 있는지 알 수 있다거나 하는 일들 말이다. 대량살상무기 은닉 장소가 어디인지도 쉽게 파악할 수 없으며, 픽업트럭 뒷자리에나 실려 있을 법한 소형 무기를 찾아내는 기술 역시 존재하지 않는다. "감지 장치는 모두 한계가 있을 수밖에 없다. 그리고 이 한계는 가장 기본적이고 변화 불가능한 물리학의 법칙에 의한 것이다." 오핸런 연구원은 "가시광선이나 적외선 감지 장치는 짙은 구름에 막힐 수밖에 없고, 레이더에 보통 이상의 해상도는 있을 수 없다"며 "이들 감지 장치는 금속이나 물, 콘크리트나 토양을 관통해 사물을 감지할 수 없다"고 말했다.

그럼에도 미 국방부와 민주·공화 양당의 강경파는 자신들이 군사 기술혁신을 심화하기 위해 반드시 필요하다고 주장하는 무기 체계 도입을 위한 노력을 계속했다. 1999년 7월 국방부의 무기 획득 담당 책임자 자크 갠슬러는 "코소보 전투를 통해 국방부의 획득 업무 방향이 옳았다는 것이 증명됐다"며 "미국은 '전쟁의 디지털화'로 가기 위해 보다 속도를 높여야 한다"고 주장했다. 한 달 뒤 B-2 폭격기 제작사인 노스롭그러 먼의 켄트 크레서 회장은 『디펜스위크』에 기고문을 보내 발칸에서 최첨단 무기가 얼마나 훌륭한 역할을 수행했는지를 찬양했다. 크레서 회장은 "다음번 전쟁에서 군사력을 극대화하는 데 필요한 기술적 해답을 얻기 위한 투자가 어느 때보다 절대적으로 요구된다"고 주장했다.

미 국방부는 이미 적 레이더망을 교란하기 위한 전자전 장비의 필요성을 없앨 수 있을 것으로 기대되는 스텔스 기술 개발을 위해 6백억 달러 이상을 쏟아 부었다. 그럼에도 F-117이나 B-2 등 스텔스 전폭기들이 전투 지역으로 이동하기 위해선 여전히 레이더망 교란 능력을 갖춘 비행기의 호위를 받아야 한다. 국방부는 또 각종 유도폭탄 33가지를 획득하기 위해 비슷한 액수의 예산을 투자했으며, 30만 가지를 넘는 각종 무기의 재고량을 두 배로 늘리기 위해 향후 5년간 166억 달러를 사용할 예정이다. 1999년 12월에 나온 일반회계국 보고서를 보면, "미군은 현 국가의 안보 목표를 충분히 수행해 낼 수 있을 만큼 충분한 양의 무기를 보유하고 있다"고 평가하고 있다. 일반회계국은 오히려 국방부가 보유하고 있는 무기의 효율성과 신뢰성에 의문을 던졌다. 이에 따라 일반회계국은 "현재의 예산 및 안보 환경 아래서 국방부가 보유 무기를 두 배로 늘리겠다고 주장하는 것은 이해하기 어렵다"는 결론을 내렸다.

군사기술혁신을 통해 미 국방부는 이제까지와는 비교할 수 없을 정도로 기술적으로 복잡한 무기 체계를 선보일 계획을 가지고 있다. 그러나 이해하기 어려운 것은 현재 보유하고 무기 체계 역시 워낙 복잡하다 보니 실제 전투에서 거의 소용이 없다는 점이다. 한 무기 개발 전문가는 "첨단 무기에 사용되는 컴퓨터는 워낙 성능이 뛰어나다 보니,

엄청난 양의 데이터를 끝없이 쏟아 낸다"며 "실전 훈련을 통해 확인한 결과 우리 병사들은 이미 과도한 정보량에 허덕이고 있다"고 말했다. 1998년 육군 작전장교들을 대상으로 한 연설에서 러셀 호노어 준장은 이 문제를 더 직접적으로 표현했다. "국방부의 최첨단 무기는 실전에서 활용 불가능하다. 아무짝에도 쓸모없는 물건을 전쟁터에 배치하고 있는 셈이다. 이 정도로 말한다면 상황을 충분히 이해할 수 있지 않은가."

마셜을 비롯한 군산복합체 이익 대변자들의 엄청난 노력에도 신무기 획득 업무에 필요한 미국의 국방 예산은 무기 제조업체 입장에서 보면 여전히 부족했다. 1979년부터 1990년대 중반까지 록히드마틴은 미 국방부에 2천 대에 이르는 F-16 전투기를 팔았다. 이 회사 대변인 윌리엄 그리더의 말대로 "F-16은 역사상 가장 많은 이윤을 남긴 전투기"였다. 하지만 1999년에 이르면 록히드마틴이 국방부에 판매한 F-16 전투기는 단 한 대에 불과했다. 텍사스 주 포트워스에 있는 F-16 생산 공장 ─ 1990년까지만 해도 3만1천 명에 이르던 이 공장의 직원은 94년 만3천여 명으로 줄었다 ─ 을 폐쇄하지 않기 위해 록히드마틴은 외국에서 구매 고객을 찾아야 했다. 다른 업체 역시 마찬가지로 궁지에 몰렸다. F-15 전투기를 제조하는 보잉의 세인트루이스 공장은 약 5천 명의 노동자를 고용하고 있다. 1999년 말을 끝으로 보잉의 내수 물량은 멈춰 섰으며, 이 때문에 보잉은 F-15 전투기 국외 판매를 위해 이스라엘, 그리스, 터키, 사우디아라비아 등과 적극 접촉했다. 전투기 국외 판매가 워낙 중요했기 때문에 1999년 클린턴 행정부는 록히드가 미 공군이 보유하고 있는 것보다 훨씬 성능이 개량된 F-16 전투기를 아랍에미리트 연합에 판매하는 것을 허용했다.

미 정부는 군수산업체의 외국시장 확대를 돕기 위해 큰 노력을 기울였다. 무기 국외 판매와 관련이 있는 국방부, 상무부, 국무부 등 정부 부서에서 일하고 있는 공무원은 모두 6천여 명에 이르며, 예산만도 5억 달러에 이른다. 외국 주재 미 대사관 관계자들도 군수산업체의 외국 시장 공략에 일정한 역할을 수행한다. 레이먼드 매서스 전 사우디아라비아 대사는 1996년 『보스턴글로브』 기자와 만나 "대사로서 내 임무의 주요한 부분 가운데 하나는 외국에 상품을 판매함으로써 미국민의 고용을 돕는 것이다. 여기에는 당연히 무기 판매도 포함된다"고 말했다. 매서스 대사는 또 "외국 정부가 미국산 제품을 구매하도록 하기 위해 법 테두리 안에서 가능한 모든 방법을 동원하는 것이 우리의 임무"라고 말했다.

지난 1997년 클린턴 행정부는 무기 업체의 국외 판매를 돕기 위한 정부 보증에 수십억 달러를 사용했다. 이들 예산은 군수산업체에 보조금이나 세금 공제, 마케팅 및 판촉 활동에 쓰였다. 정부 차원의 노력을 통해 미국은 1996년 모두 235억 달러에 이르는 매출고를 올리며 세계 무기 시장의 55퍼센트를 장악했다. 미국산 무기 구입 국가는 알바니아에서 짐바브웨에 이르기까지 모두 165개국에 이른다. 미 군수산업체는 소말리아나 북한, 쿠바 등 미국이 적국으로 공식 규정한 일부 국가를 제외하고는 어느 나라에든 무기를 판매할 수 있다.

미국 정부는 냉전이 끝난 뒤 엄청나게 쌓인 무기 재고량을 국외 원조로 소화했다. 국방부는 무기 원조야말로 싼값에 우방국들과 동맹 관계를 굳건히 할 수 있는 길이라고 판단했다. (무기 원조는 의회의 동의나 통보 절차 없이 진행시킬 수 있다는 이점도 있다.) 전미과학자협회(FAS)의 로라 럼프 연구원은 미 정부가 1990년부터 1996년까지 탱크 3,900대, 전폭기 5백 대 등 모두 70억 달러 상당의 무기를 동맹국에 원조 물량으로 넘겼다고 지적했다. 이집트와 터키, 모로코 등이 미국의 무기 원조를 통해 현대식 기갑부대를 갖추게 됐다.

미 정부와 군수산업체는 동맹국에 대한 무기 원조를 통해 "인권 신장과 갈등 해소를 위해 노력하라"고 원조 대상국을 압박할 수 있는 좋은 방법이라고 주장한다. 하지만 현실은 이와 전혀 다르다. 알제리, 인도네시아, 우간다, 터키 등 미국으로부터 무기와 군사훈련을 지원받은 국가들은 이를 국내 갈등을 해결하거나 국민을 억압하는 데 활용해 왔다. 에리트레아와 에티오피아는 미국이 원조한 무기를 이용해 전쟁을 벌이기도 했다.

무기 원조의 핵심 조직은 미 국방부에서 정부 대 정부 무기 판매를 관할하는 국방안보협력청(DSCA)이다. (정부 대 정부 무기 판매는 군수산업체가 외국 군대나 경찰 조직에 무기를 직접 판매하기 위해 민간 차원에서 협상을 벌이는 직접상용판매(DCS)와는 반대되는 개념으로 이해하면 된다.) 1998년 말까지 국방안보지원청(DSAA)으로 불렸던 국방안보협력청은 전 세계 75개국의 미 대사관에 천여 명의 직원을 파견하고 있다. 이들은 무기 체계에 대한 설명회와 주요 전투기의 성능 시범 등 무기 판매와 관련된 다양한 업무를 수행하고 있으며, 무기 판매 계약 체결에 필요한 재정 문제 해결을 돕기도 한다. 이런 활동을 통해 무기 판매 계약이 체결되면 국방안보협력청은 계약 총액의 3퍼센트를 수수료 — 이를 통해 국방안보협력청 예산의 80퍼센트를 충당한다 — 로 받아 내며, 직원들의 승진 역시 무기 판매 능력에 따라 이뤄진다. 1991년 의회 기술평가국(OTA, 현재 존재하지 않음)은 "이런 역학 관계 때문에 국방안보협력청 직원은 가능한 한 국외 판매고를 높이기 위한 강한 동기부여를 받고 있다"고 지적했다. 3퍼센트의 수수료를 통해 벌어들인 수익이 턱없이 많아지자, 1992년 미 의회는 수익금 가운데 3억 달러까지만 국방안보지원청 예산으로 편입시킬 수 있도록 제한하는 조처를 취했다. 1998년 당시 국방안 보협력청은 추가 수익이 없더라도 2002년까지 부서 운영에 필요한 충분한 예산을 확보하고 있는 것으로 추산되고 있다.

미국이 세계 무기 판매 시장에서 부동의 1위 자리를 고수하고 있는데도, 국방부와 군수산업계는 미국산 무기 판매를 늘리기 위한 방안을 마련하기 위해 골몰하고 있다. 1998년 5월 국방부 존 해머 부장관은 국외 판매 분야에서 관료주의를 타파하기 위한 방안을 마련할 것을 지시했다. 같은 달 알링턴에서 열린 미 항공우주연구소(IAA) 주최 오찬에서 해머 부장관은 "미국 무기의 국외 판매 절차는 여전히 냉전적 사고방식에 가로막혀 있다"며 "좀 더 열린 사고를 바탕으로 국외 판매를 위한 새로운 제도적 정비가 필요하다"고 강조했다. 그는 이를 위해 군 관계자와 군수업계 중역, 동맹국의 무기 획득 담당자 등을 모아 연구팀을 꾸렸다.

1999년 초가 되면서 연구팀의 노력은 본궤도에 올라섰다. 당시 『디펜스위크』는 "국방부는 미국의 우방국이 다른 국가에서 무기를 도입하도록 만드는 각종 관료주의적 장벽을 제거할 수 있는 방법을 찾고자 희망하고 있다. […] 국방부 국방안보협력청 관료들은 비용이 많이 들고,

귀찮으며, 간혹 생색내는 듯한 무기 수출 체계를 재창출하기 위한 집중적인 자기 점검 작업을 벌이고 있다"고 보도했다. 이 잡지는 또 "냉전이 끝난 뒤 세계 무기 시장에 수많은 무기 체계가 쏟아져 나오면서 무기의 구매 조건에 대한 구매 국가의 요구 사항이 점차 까다로워지고 있다"며 "이에 따라 무기를 구입하는 국가를 과거 원조 대상국이 아닌 동등한 위치에 있는 국가로서 대우해 줄 수 있도록 국방부의 태도에 근본적인 변화가 필요하다"고 지적했다.

얼마 지나지 않아 해머 부장관은 무기 가격 및 재원 마련에 대한 더 탄력적인 접근법과 함께 계약 조건을 설정하는 과정에 구매 국가와 수출 업체가 더 적극적으로 참여할 수 있는 방안 등을 담은 무기 국외 판매 관련 개선책을 발표했다. 이와는 별도로 미 국방부는 무기이전정책검토그룹(ATPRG)을 구성해 무기 판매 계획, 특히 논란에 휩싸일 가능성이 있는 첨단 무기 판매 계획에 대한 정책 결정을 신속히 내리고 이를 바탕으로 국무부, 상무부, 중앙정보국, 국가안보회의 등 관련 부처에 무기 판매 승인을 내주도록 압력을 행사할 수 있게 하는 등의 개선책 마련에 나서기도 했다.

무기 수출과 관련해 직접상용판매 분야를 관장하는 국무부는 무기 수출 신청 건수에 대한 검토를 위해 국방무역자문그룹(DTAG)을 조직했다. 총액 1,400만 달러를 넘는 수출 건에 대해서만 의회에 보고하도록 규정하고 있어, 직접상용판매와 관련한 자세한 내용은 외부에 잘 알려져 있지 않다. 규정을 따르자면 국무부는 적대 행위를 하는 국가에는 무기 판매 승인을 내줘선 안 되며, 방어를 목적으로 하는 국가에 한해서만 승인을 내줄 수 있다. 그러나 실제로는 무기 구매 대금을 지불할 수 있는 사실상 모든 국가에 대해 무기 판매 승인을 내주고 있다. 1994년 2만여 건에 달하는 승인 신청 가운데 미 국무부가 허가를 내주지 않은 것은 겨우 209건에 불과하다.

이런 통계는 국방무역자문그룹의 면면을 살펴보면 그리 놀랄 일도 아니다. 1995년 당시 자문에 참여하고 있는 인사 60명 가운데 57명이 군수산업체 출신이다. 대표를 맡고 있는 윌리엄 슈나이더는 레이건 및 부시 행정부에서 안보 지원 담당 차관을 역임했다. 또한 정력적으로 활동하고 있는 조엘 존슨은 항공산업협회 출신으로, "외국에 무기를 판매하는 것보다 설탕이 코팅된 아침 식사용 시리얼을 판매해 아이들 치아를 썩게 만드는 것에 더 죄책감을 느낄 것"이라고 말하기도 했다. 중국 정부가 천안문 광장에서 무력으로 시위대를 진압한 뒤 존슨은 미국 정부가 대중국 무기 수출을 금지하지 않을까 우려했다. 그는 세계 정책연구소(WPI)의 군축 전문가 윌리엄 하퉁 연구원에게 "만약 미국이 현 상황에서 중국 시장에서 멀어진다면, 다음 세기까지 매출고를 회복 하지 못할 것"이라고 주장하기도 했다. 존슨은 "어쨌든 천안문 사태는 그리 심각한 일이 아니다. 중국인 입장에서 볼 때 2백 명이 죽든 2천 명이 죽든 그저 레이더에서 한 번 깜빡하고 지나칠 만한 사안이다. 무시 해도 좋을 만한 사안이라고 본다"고 말했다. 자문에 참여한 인사 가운데 군수산업체 출신이 아닌 인물은 두 명의 변호사와 브루킹스 연구소 출신의 중도파 진 놀란뿐이다. 아칸소 주 출신의 데이비드 프라이어 상원의원이 국방무역자문그룹의 역할에 대해 국무부에 질의하자, 국무 부 관계자는 놀란을 예로 들며 '균형을 유지하는 것'이라고 답변했다.

국방무역자문그룹이 정책 결정 기구는 아니지만, 클린턴 행정부 당시 무기 수출 관련 규정과 재래식 무기 이전 정책 등 자신들이 검토했던 정책 제안에 대해 정부에 권고하기도 했다. 로라 럼프는 "국방무역자문그룹은 고위 정책 결정자들과 긴밀한 관계를 유지하고 있다"며 "군축론자들은 이런 인맥에서 철저히 소외돼 있다"고 지적했다.

미 정부가 군수산업체를 지원하는 방안의 하나로 이용되는 것이 브라질에서 열린 디펜테크와 같은 국제무기박람회에 참가하는 업체에 보조금을 지급하는 것이다. 1991년까지만 해도 국제무기박람회에 참여하는 미국 군수 업체는 행사용 군 장비를 임대하고, 국방부에 운송비와 보험료 및 인건비까지 지불해야 했다. 하지만 당시 부시 대통령은 박람회 참가가 국가 안보에 도움이 된다고 주장하며, 국방부가 이를 위한 비용을 지불하는 것을 허용했다. 1992년 대통령 선거운동 기간 동안 빌 클린턴 후보는 무기 수출 정책을 재검토하겠다는 공약을 내걸었으며, 대통령 취임 직후인 1993년 파리 에어쇼에 미 국방부가 참가하는 것을 금지시켰다. 하지만 얼마 지나지 않아 클린턴 대통령은 자신의 정책을 뒤집고 부시 대통령이 결정한 정책을 그대로 시행하는 것을 허용했다. 미 국방부는 1991년 이후 군수산업계의 요청이 있을 경우, 박람회 전시용 군 장비를 제공하고 참가 비용을 보조하고 있다. 1998년 5월에 열린 베를린 에어쇼에 참가하는 미 군수 업체를 돕기 위해 국방부는 2백 명의 요원을 파견했으며, 이보다 두 달여 앞서 칠레의 산티아고에서 열린 무기박람회에서는 미 육군 낙하산 시범단 '골든 나이트'가 참가하기도 했다. 국방부는 또 박람회 현장에서 군수산업체에 마케팅 및 공보 업무를 지원해 준다. 1999년 아부다비 무기박람회에 참석한 미국 쪽 귀빈 명단에는 걸프 지역 미군 사령관이던 앤소니 지니 장군도 끼어 있었다. 또 다른 무기 판촉 행사에서는 미 공군 조종사가 미국산 전투기의 잠재 고객을 위한 시험비행에 나서기 위해 배치된 일까지 있다.

국제무기박람회 지원을 위한 정부 지출예산은 연간 7천만 달러에 불과하며, 미 국방부는 비용 대 효과 면에서 만족하고 있다. 국방부 대변인 출신의 클라크 애덤스는 "국제무기박람회를 지원함으로써 미군을 가까이 배치할 수 있으며, 미국산 무기의 성능이 탁월하다는 점을 널리 알릴 수 있고, 동맹국과 우호를 증진하는 데도 도움이 된다"고 말했다. 비판론자들은 물론 이와는 생각이 다르다. 지난 1999년 캘리포니아 주 출신 피트 스타크 하원의원은 군수 업체가 비용을 지불하지 않을 경우 국방부가 무기박람회에 참석하지 못하도록 하는 내용을 뼈대로 하는 법안을 의회에 제출했다. 스타크 의원은 "국제무기박람회는 군수 업체의 이익을 대변할 뿐 미국의 국익에는 전혀 도움이 되지 않는다"며 "무기박람회는 결국 살상 무기를 전 세계로 확산시키기 위해 열리는 것일 뿐"이라고 지적했다.

몇 년 전까지만 해도 중동 지역 국가들은 군수산업계에게 황금 시장이었다. 1987년부터 1994년까지 아랍에미리트 연합은 모두 60억 달러를 신무기 도입 사업에 쏟아 부었다. 사우디아라비아는 연간 수십억 달러를 무기 수입에 사용했다. (최근 자료를 보면, 사우디아라비아가 보유한 탱크는 모두 1,021대에 이르는 것으로 나타났다. 세계적인 군사 강국 프랑스는 906대를 보유하고 있다.) 하지만 원유 가격이 폭락하면서 중동 국가들은 무기 수입량을 대폭 줄였다. 이에 따라 1993년부터 1996년 사이 걸프 지역 국가의 무기 수입 총액은 147억 달러 규모에서 17억 달러 선으로 급락했다. 중동에 버금가는 무기 시장인 아시아 역시 경제 위기에 몰리면서 군수산업계의 시장 규모를 더욱 축소시켰다.

원자재 가격 하락과 아시아 금융시장 붕괴의 여파로 남아메리카 국가들 역시 무기 수입에 사용할 예산이 거의 없었다. 1980년대 대부분의 남아메리카 국가에서 군부독재가 물러가고 문민 통치가 부활하면서 무기 도입 사업이 급격히 줄었다. 남아메리카 디펜테크에 참석한 한 미 정부 관계자는 "군부가 남아메리카를 통치할 때하고는 사정이 많이 달라졌다"며 "그때만 해도 군수업계가 예산을 따 내기 위해 의회로 몰려갈 필요는 없었다"고 침울한 목소리로 말했다.

하지만 미 군수산업계는 여전히 남아메리카에 커다란 기대를 갖고 있다. 비록 1999년 초 칠레의 주요 수출품인 구리 가격이 하락하면서 연기되긴 했지만, 칠레 정부는 조만간 24대의 신형 전투기를 도입하겠다고 밝혔다. 1995년 브라질 정부는 벨기에산 레오파드-1 탱크 61대를 구입했으며, 이듬해에는 아르헨티나가 미국산 A-4 지상 공격용 전폭기 도입 사업에 1억2,500만 달러를 사용했다. 전체적으로 볼 때 남아메리카 국가는 1994년부터 1997년까지 모두 50억 달러 상당의 무기를 수입했다. 이는 개발도상국에서 무기를 구매하는 전체 액수의 6.7퍼센트에 이르는 것으로, 4.4퍼센트에 머물렀던 앞선 3년 동안의 상황과 비교해 볼 때 분명한 증가 추세다.

남아메리카 국가에 대한 무기 수출 증대 기회는 1997년 찾아왔다. 군수산업계의 맹렬한 로비에 견디다 못한 클린턴 대통령이 20년 동안 유지해 온 최첨단 무기의 남아메리카 수출금지령을 해제시킨 것이다. 이듬해 무기 관련 마케팅 업체인 '포어캐스트인터내셔널'은 보고서를 내어 "남아메리카 시장이 마침내 역동적으로 움직이기 시작하고 있다" 며 "앞으로 십 년 동안 남아메리카 국가들은 최대 8백억 달러 상당의 무기를 구매할 것으로 보인다"고 전망했다.

막대한 무기 수입은 남아메리카 국가들이 직면한 현실적 문제를 해결하는 데 아무런 도움이 되지 못한다. 상원 정보위원회의 요구에 따라 1997년 말 미 국무부가 작성한 보고서에선 빈곤과 부패, 사법권의 독립성 부재, 낙후된 교육 환경 등을 남아메리카 국가의 가장 커다란 위협으로 꼽았다. 이듬해 『월스트리트저널』과 남아메리카 지역 16개 신문이 공동으로 실시한 여론조사 결과 응답자의 65퍼센트가 첨단 무기 수입에 반대한다고 답했다.

브라질 리우에서 무기박람회 디펜테크가 열렸을 때, 브라질은 심각한 경제 위기에 빠져 있었다. 이 때문에 현지 언론들은 대규모 무기박람회 후원과 정부가 내놓은 수십억 달러 규모의 무기 도입 사업의 필요성에 대한 의문을 제기했다. 정부의 대형 무기 도입 사업의 목적은, 1964년부터 1985년까지 집권하면서 여전히 강력한 힘을 갖고 있는 군부를 달래려는 차원에서 추진되고 있다는 것이 일반적인 여론이었다. 군부독재 시절 정부 각료와 의회 의장 등을 지낸 마르코 마시엘 부통령이 남아메리카 디펜테크 첫날 공식 개막을 선언했다. 디펜테크가 진행되는 동안 이름을 밝히지 않은 한 군사 전문가는 리우에서 발간되는 『브라질저널』에 "군 출신이 아니라면 정부의 대형 무기 도입 사업을 한심하다고 여길 것"이라며 "하지만 브라질이 세계적인 국가가 되기 위해선 군의 현대화가 필수적"이라고 강조했다.

브라질은 탄약에서 전투기에 이르기까지 정교한 무기를 제조할 수 있는 능력을 갖춘 토착 방위산업체를 보유한 몇 안 되는 제3세계 국가 가운데 하나다. 냉전이 끝난 뒤 선진국 군수 업체와 경쟁하기가 더욱 어려워지면서 한때 세계 9위의 무기 수출국이던 브라질은 이제 국제 무기 시장에서 보잘 것 없는 신세로 전락했다. 브라질 군수업계의 암울한 전망에 대해 무기 제조사인 '임불'의 한 관계자는 "우리 회사가 제조하는 화약의 최대 고객은 전통 의식에 사용하기 위해 구매하는 아프리카 주술 종교인들"이라고 말하기도 했다.

리우 디펜테크에는 브라질 육, 해, 공군을 포함해 모두 31개에 이르는 브라질 군수 업체와 군 조직이 참가했다. 다른 참가 업체와 마찬가지로 최루가스 발사 장치와 휴대용 최루가스 분사기, 시위 진압용 고무 탄환 등 '비살상 무기' 제조업체인 '콘도르'도 관람객을 끌기 위해 현지 여성을 고용해 자사 전시장 입구에 배치시켰다. 이들은 검은색 민소매 드레스를 입고 하이힐을 신는 것이 비공식적 표준처럼 돼 버렸다. 콘도르의 전시장에는 도시에서 폭동이 벌어진 장면을 찍은 사진과 함께 "통제력을 잃지 말라"는 문구가 새겨진 포스터로 치장돼 있었다. 또 다른 포스터는 토지를 가지지 못한 농민들의 시위 장면과 함께 "사격은 하되 죽이지는 마라"는 구호가 적혀 있었다. 이 회사 영업 사원은 자사 상품을 선보이면서 "아주 특별한 물건"이라며 고무 탄환과 최루가스, 플라스틱 카트리지가 장착된 경찰봉을 보여 주기도 했다.

이스라엘 방위산업체 '헬로포인트'는 20만 달러짜리 비디오 저격 시스템을 선보였다. 조그만 서류 가방 크기의 이 장비에는 비디오 스크

린에 여덟 개의 가상 조준경이 표시된다. 이 업체 맨디 로젠즈바이크 기술 담당 부사장은 "이 영상 정보를 이용하면 여덟 곳에 각각 배치된 저격수 가운데 누가 가장 목표물 조준에 좋은 위치에 있는지를 판단할 수 있다"고 설명했다. 헬로포인트의 외국 고객으로는 폴란드와 터키, 그리스 등이 있다. 디펜테크 행사 기간 동안 리우와 브라질 북부 파라 주 경찰 당국이 이 제품에 관심을 나타냈다. 리우 경찰이 지난 1996년 한 해 동안 사살한 사람은 전 미국 경찰이 사살한 인원보다 훨씬 많은 숫자인 358명에 이른다는 점을 감안하면 이는 소름끼치는 일이 아닐 수 없다. 사상자 가운데 61퍼센트가 머리에 총상을 입었다. 파라 주에서는 경찰이 지방 도시 노조원들을 불러내 폭행하거나 농민 시위를 폭력 진압하는 일이 빈번히 벌어지고 있다. 1996년에는 정부의 토지개혁 실패에 대한 항의 시위를 벌이던 농민 19명이 파라 주 경찰의 사격으로 숨지는 사건이 일어나기도 했다.

디펜테크에는 주요 무기 수출 업체 모두 대규모 대표단을 파견했다. 영국 정부의 후원을 받은 한 전시회는 열대 지역을 주제로 열렸다. 두어 시간마다 한 번씩 보스니아나 북아일랜드 등지에서 전투 경험이 있는 군인들이 나와 정글 지역에서 대공포와 박격포, 통신 및 감시 장비를 갖춘 베이스캠프를 짓는 시범을 보였다. 독일에서는 12개 업체가 디펜테크에 참여했으며, 발터 콜보우 국방차관이 합류했다. 제3세계 국가 가운데 무기 제조 분야에서 선두를 달리고 있는 남아프리카 공화국 역시 대규모 대표단을 파견했다. 남아프리카 최대 방위산업체인 '데 넬'의 넓은 전시장에는 깔끔한 차림의 직원이 와인과 치즈, 각종 스낵을 제공하기도 했다. 러시아 방위산업체는 냉전이 끝나면서 매출고가 눈에 띄게 줄었다. 1998년 러시아의 전체 무기 수출액은 20억 달러에 불과했을 정도다. 디펜테크에 참여한 러시아 국영 방위산업체인 '로스부루제니에'의 전시장은 싸구려 모형 비행기와 탱크가 전시돼 있을 뿐 인적조차 드물어 러시아 방위산업체의 현실을 보여 주는 듯했다.

전투기 제조업체 '다소'를 필두로 한 프랑스 참가단 역시 대규모였다. 다소는 브라질 차기 전투기 선정 입찰 경쟁에서 선두권을 유지하고 있는 네 개 기종 가운데 하나인 자사 전투기 미라주-2000 홍보에 열을 올렸다. (나머지 세 개 기종은 보잉의 호넷과 록히드의 F-16, '사브'와 '영국 항공'이 합작해 제작한 그리펜 등이다.) 이 회사의 이브 로빈스 국제 담당 부사장은 디펜테크 참가자 가운데 군수업계의 미래에 대해 낙관적으로 전망하는 몇 안 되는 인물 가운데 한 명이었다. 지난 몇 년 동안 다소는 대만과 카타르, 아랍에미리트 연합 등과 대규모 전투기 판매 계약을 맺었다. 특히 아랍에미리트는 미라주-2000 30대를 구매했으며, 기존에 다소가 판매한 30여 대의 구형 전투기 현대화 작업에도 참여하기로 했다. 로빈스 부사장은 "냉전 시대에 비하면 계약도 적고, 판매량도 적어졌다. 그러나 전투기 성능이 훨씬 고도화됐으며, 탑재 무기 역시 광범위해졌다. 결국 전체 예산은 예전과 다름없이 거대한 규모를 유지할 수 있다"고 말했다.

디펜테크에 최대 대표단을 파견한 것은 개최국인 브라질보다 많은 참가자를 보낸 미국으로 모두 34개 방위산업체가 리우에 도착했다. 록히드와 유나이티드테크놀로지를 비롯해 보잉, 노스롭그러먼, 레이시온, '프래트앤위트니', '페어차일드디펜스' 등 굴지의 군수산업체가 대표단을 보냈다. 디펜테크 주관 업체를 통해 입수한 행사 자료에는 미 상무부에서 보낸 축하 서한이 실려 있었다. 상무부는 이 서한에서 디펜테크 참가를 통해 "성장을 거듭하고 있는 세계 무기 시장의 현황을 평가하고, 국외 매출 실적을 올리는 데 도움이 될 것"이라며, 리우 현지에 있는 미 대사관 무역 담당관들이 행사장에서 "남아메리카 무기판매상과 참가 업체의 교류를 도울 것"이라고 밝혔다.

디펜테크 개막식 날 밤, 브라질 주재 미 대사관은 코파카바나 해변에 있는 고급 스테이크 전문점에서 수백 명의 행사 참가자들을 초청해 만찬을 베풀었다. 만찬에 앞서 현지 미 영사관에 근무하는 무관이 참석자들에게 브라질 무기 시장의 현황에 대한 브리핑을 하기도 했다. 미 대사관은 또 디펜테크 행사장에 대형 전시장을 설치하고 상무부 관료들과 브라질리아에 있는 미 대사관 직원 및 현지 직원들을 배치해 잠재 고객들을 안내했다.

유나이티드테크놀로지의 자회사인 시콜스키 항공은 블랙호크 공격용 헬리콥터가 자유의 여신상 부근을 비행하는 장면 등 자사 제품의 활약상을 담은 사진을 전시장에 진열했다. 또 블랙호크가 참여한 다양한 형태의 전투 상황을 보여 주는 비디오를 상영하면서 이미 18개 국가에 이를 판매한 실적을 자랑하기도 했다. 공격용 헬리콥터 수입 국가에는 터키도 포함됐는데, 터키는 분리 독립을 추진하는 쿠르드족을 탄압하는 데 블랙호크를 활용했다. 1997년 시콜스키 항공은 브라질에 네 대의 블랙호크를 판매함으로써 그동안 이 지역 헬리콥터 시장을 장악하고 있던 프랑스의 독점 체제를 무너뜨렸다. 이 회사의 브라질 지사 올란도 피구에이레도 국제 담당 과장은 "브라질 정부와 블랙호크 수출 계약을 체결하는 과정에서 미 대사관은 우리 회사의 충실한 협력자가 됐다"

며 "회사가 원하는 일은 무엇이든 대사관에서 제공해 줬다"고 밝혔다.

시콜스키 항공의 전시장 바로 곁에 있는 레이시온의 전시장에선 영업 사원들이 토우-2 대전차미사일과 스팅어 대공미사일 등의 제품을 소개하느라 분주했다. 이 전시장에는 거대한 열대우림을 감시하기 위해 당시 구축하고 있는 14억 달러짜리 레이더 장비인 '아마존 감시체계'에 대한 광범위한 홍보물이 내걸려 있었다. '아마존 감시체계' 구입 계약은 1996년 한 주간지가 레이시온의 영업 담당 간부인 호세 아폰소 아숨카오가 대통령 보좌관인 고메즈 도스 산토스와 한 전화 통화 내용을 폭로하면서 무산될 위기에 처했다. 당시 공개된 통화에서 아숨카오는 "그놈의 빌어먹을 (상원의원 질베르토) 미란다가 사사건건 우리를 괴롭히고 있다"며 "미란다가 계약에 반대하고 있어, 문제가 계속되고 있다"고 불평했다. 이에 대해 도스 산토스는 "그럼 아직 미란다에게 뇌물을 먹이지 않았느냐"고 반문했다. (통화 내용이 공개되자 도스 산토스는 "뇌물 얘기는 농담이었다"고 주장했으며, 레이시온은 아숨카오를 해고했다.)

보잉은 6~7명을 리우에 보내 부품 등 후속 군수 지원 내역을 포함해 4천만 달러짜리 상품인 하푼 대함미사일과 대당 가격이 2,400만 달러에 이르는 아파치 헬리콥터 판매에 열을 올렸다. 물론 보잉이 심혈을 기울인 주력 상품은 F/A-18 C/D 전투기였다. 이 회사 영업 담당 직원은 비보도를 전제로 "발칸에서 F-15 전투기가 유고 전투기를 네 대나 격추시켰다는 소식이 전해지면서, 보잉의 이름값이 치솟고 있다"며 흥분한 말투로 전했다.

보잉은 F/A-18 C/D 전투기 제작 물량의 약 20퍼센트를 수출하고 있다. 이 회사 관계자는 전투기 국외 판매는 보잉과 미국민 모두에게 도움이 된다고 주장했다. 이 관계자는 "수출 물량 증가로 인해 대량생산이 가능해지면서 대당 생산비가 줄어들어 국방 예산을 줄일 수 있다"고 주장했다. 그는 또 "우방국에 미국산 무기를 판매함으로써 '상호 운용성'을 높일 수 있는 것도 장점"이라고 지적하며 코소보를 예로 들었다. "미군은 이제 더 이상 외국 분쟁 지역에서 단독 작전을 수행하지 않는다. 분쟁 지역 작전에 참가할 때 미군이 보유한 무기와 똑같은 첨단 무기를 동맹국이 보유하고 있는 것은 커다란 도움이 된다"고 강조했다. (전투기 수출이 군수산업체에게도 도움이 되는 것은 물론이다. 비용은 천정부지로 치솟으면서 애초 선전한 것에 비해 성능은 점점 떨어지고 있는 F-22 전투기 연구 개발 비용을 의회에서 따 내기 위해 록히드가 내놓은 자료를 보면, 미 공군의 압도적 우위를 위협하는 대상으로 이라크, 북한 등이 보유하고 있는 러시아제 미그-29를 비롯해 '적대적' 국가인 이스라엘, 한국, 캐나다 등에 판매한 자사의 F-16까지 거론하고 있다. 록히드는 심지어 F-22 전투기는 자사에서 제작해 이미 외국에 판매한 전투기에 탑재된 방공 레이더망을 무력화시킬 수 있다고 주장하기도 했다. 이 회사 제프 로드 대변인은 "앞으로 30년 뒤에 어떤 일이 벌어질지에 대해 아무도 예측할 수 없다"며 "(록히드가 제작한 전투기를 보유한) 동맹국에서 앞으로 군부 독재자가 정권을 잡을 수도 있을 것"이라고 말했다.)

다른 미국 군수 업체와 마찬가지로 보잉 역시 디펜테크 참가에 앞서 현지 사정에 밝은 인사들을 고용했다. 브라질 공군 출신 예비역 대령과 레이건 행정부 시절 브라질 대사를 지낸 랭혼 모틀리 등이 보잉의 자문위원 명단에 포함됐다. 편안한 복장에 폴로셔츠를 입고 나타난 모틀리 전 대사는 남아메리카 국가들이 보유한 무기 체계를 선진화할 필요성이 없다는 점을 시인했다. 남아메리카 전역에서 전쟁의 위협은 현저히 낮은 상태며 — 에콰도르와 페루는 최근 반세기 동안 쟁점이 돼 온 국경분쟁을 매듭지었다 — 콜롬비아만이 두드러진 게릴라 위협에 놓여 있다. 모틀리 전 대사는 "그동안 남아메리카는 국지적인 국가간 분쟁과 냉전 상황에서 기인한 반군 세력의 위협이 상존해 왔다"며 "하지만 이 모든 위협이 이제는 사라졌다"고 말했다.

록히드의 전시장에서 가장 중요한 전시물은 F-16 비행 시뮬레이터였다. 예비역 공군 중령 출신으로 록히드의 미주 대륙 담당 중역으로 일하고 있는 론 커바이스의 안내에 따라 시뮬레이터에 올라 시험비행을 해봤지만, 루스 호킨 부사장에 비해선 역부족이었다. 비디오 화면상으로 전투기를 사막 지역에 충돌시킨 뒤 브라질 법무부에서 일하는 여성 두 명이 차례를 기다리고 있어 조종석에서 일어나야 했다.

잠시 뒤 록히드의 전시장에서 얼마 떨어지지 않은 곳에 있는 미대사관 전시장에서 커바이스와 대화를 나눌 수 있었다. 그는 "국외 판매는 록히드 주요 매출 증가 요인"이라며, 클린턴 행정부의 대남아메리카 첨단 무기 금수 조처 해제를 칭찬했다. "금수 조처를 해제하고자 우리는 물론 다른 국가들까지 합세해 2년 반 동안 노력했다. 당시만 해도 남아메리카 국가들은 미국을 믿을 만한 동반자로 보지 않았다. 금수 조처가 해제되면서 미국 내는 물론 남아메리카 국가의 인식이 상당 부분 변했으며, 수많은 사업 기회가 창출됐다."

커바이스는 록히드가 브라질 전투기 사업에 선정될 것을 낙관하고 있었다. 보잉의 영업 대표와 마찬가지로 그는 영국 정부가 칠레의 독재자 피노체트를 구금한 것과 관련해 영국 항공이 합작사인 그리핀의 입찰 성공 가능성을 전무하게 만들 것이라고 믿고 있었다. 그는 또 칠레 군부 내의 반유럽 감정 때문에 프랑스 회사인 다소 역시 타격을 입을 것이라는 희망 섞인 전망도 내놨다. 구체적으로 말을 하지는 않았지만, 미국 정부가 장기간에 걸쳐 피노체트 정권을 지원하고 스페인 검찰이 영국으로부터 피노체트의 신병을 넘겨받고자 요청한 협조를 거부했다는 사실도 미국 군수 업체에 도움이 될 것이라고 판단하는 것으로 보였다.

군수산업계는 새천년을 맞아 돈도 없고, 무기도 필요 없는 제3세계 국가를 상대로 값비싼 무기를 판매함으로써 생산 라인을 유지하는 것을 주요 전략으로 삼고 있다. 디펜테크가 열리기 2주 전 브라질의 페르난도 엔리케 카르도소 대통령은 경제 위기로 인해 대폭 삭감된 사회복지 정책 가운데 "브라질 사회에 근본적으로 중요한" 일부를 부활시켰다. 이에 따라 카르도소 대통령은 어린이 노동을 줄이기 위해 3천만 달러의 예산을 마련했다. 디펜테크가 폐막된 지 2주일 만에 행사에 참가했던 스웨덴 방위산업체 '셀시우스'는 브라질 정부가 자사 고속 어뢰를 구입하기로 했다고 발표했다. 무기 거래 규모로는 적은 액수인 5,900만 달러짜리 계약이었지만, 카르도소 정권이 어린이 노동을 근절시키기 위해 투자한 3천만 달러의 두 배에 이르는 금액이었다.

디펜테크 무기박람회가 끝난 뒤 몇 달 동안 행사에 참가한 업체들은 무기 거래 계약에 열중하고 있었다. 브라질 공군의 전투기 도입 사업도 본격화됐다. 유고슬라비아에 미군의 성공적인 폭격이 계속되면서 보잉과 록히드의 계약 성사 가능성이 높아지는 사이, 다소는 브라질 방위산업체의 주식 20퍼센트를 사들인 프랑스 업체와 제휴를 맺으면서 반격에 나섰다. (무기 업계에서는 이를 통해 다소가 브라질 정부 관료들에게 상당한 영향력을 행사할 수 있을 것으로 전망했다.) 이웃 나라 칠레에서는 군수산업계를 위한 더 많은 희소식이 터져 나왔다. 1999년이 저물어 갈 무렵, 에두아르도 프레이 대통령은 칠레 경제가 충분히 회복됐으며 중단됐던 전투기 도입 사업을 위해 필요한 5억 달러에 이르는 예산을 마련할 수 있게 됐다고 밝혔다. 브라질 전투기 도입 사업에 뛰어들었던 네 개 업체는 즉각 칠레 전투기 사업 참여를 위한 사업 제안서를 보냈다.

2 무기와 죽음의 상인 I

투표를 하라고! 흥! 투표해 봐야 장관 이름이나 바꿀 수 있을 거 아냐. 하지만 총을 쏘면 정부도 전복시킬 수 있다구. 또 새 시대를 열어젖힐 수도 있지. 낡은 질서를 깨부수고 새로운 질서를 세울 수 있단 말이야!
　— 조지 버나드 쇼의 『바버라 소령』에 등장하는 거대 무기상 앤드루 언더샤프트의 말

무기와 죽음의 상인 Ⅰ
평화를 비웃는 민간 무기거래상, 글라트 ▮

샬러츠빌에서 약 50킬로미터 떨어진 거리에 있는 블루리지 산의 언덕 지대에 위치한 넬슨 카운티는 버지니아 주에서 아름답고 목가적인 마을로 손꼽는다. 차량 흐름을 막는 신호등 하나 없는 56번 고속도로를 따라 들어선 넬슨 카운티의 2차선 도로변에는 포도밭과 과수원, 농장이 늘어서 있다. 아름다운 풍광으로 인해 수많은 관광객과 주말 여행객들이 이곳을 찾는다. 이들은 미시시피 강 동쪽 지역에서 가장 큰 규모인 크랩트리 폭포를 구경하거나, 수백만 미국 시청자들이 지켜본 존 보이와 그 가족의 삶을 그린 텔레비전 시리즈를 기념하는 와튼 박물관을 방문하기도 한다.

넬슨 카운티는 미국 역사에서 극적인 장면이 연출된 곳이기도 하며, 식민지 시절에 지어진 거대한 대저택이 위치해 있기도 하다. 1802년에 지어진 독립 전쟁 영웅 토머스 매시 소령의 저택 '레벨그린'과 그보다 한 세기나 앞서 영국 왕 조지 2세가 내린 토지에 찰스 로즈가 지은 '벨베트' 등이 자리하고 있다. 벨베트에서 타이 강 건너편으로는 한때 토머스 제퍼슨의 손녀딸이 소유한 적이 있는 마크햄 농장도 있다. 오랜 세월 동안 마크햄 농장은 소유주가 여러 번 바뀌었는데, 가장 최근에는 에른스트 베르너 글라트라는 이름의 독일 인이 지난 1980년에 농장을 사들였다. 농장을 사들인 뒤 그는 인근 농토까지 매입해 시가 240만 달러짜리 현대식 목장으로 탈바꿈시켰다. 56번 고속도로를 달리다 마주치는 농장 안내 표지판에는 왕관을 쓴 검은 독수리(Black Eagle)가 그려져 있고, 농장 이름도 '블랙이글'로 불린다. 농장의 상징물인 블랙이글은 프러시아 제국의 휘장으로 사용됐으며, 청소년 시절 나치 병사로 참전한 바 있는 농장 소유주의 극우적 성향을 단적으로 드러내 준다.

넬슨 카운티는 워낙 작은 도시여서 대부분의 주민들이 글라트와 블랙이글 농장을 알고 있지만, 농장의 이름과 농장주의 정치적 성향 사이의 관계에 대해 알고 있는 사람은 많지 않을 것이다. 대부분의 시간을 유럽에서 보내는 글라트가 기실 무기 거래 분야에서 오랫동안 괄목할 만한 경력을 쌓아 왔다는 사실은 주민들에게 충격적일 수도 있다. 냉전 기간 내내 글라트는 미 국방부가 가장 신뢰하는 무기거래상이었으며, 미국이 지원한 반군 세력과 정권에게 비밀스럽게 무기를 공급해 줬다. 글라트는 또 냉전이 끝난 뒤에도 철저히 비밀에 가려진 채 여전히 유지되고 있는 이른바 '외국물자획득'(FMA) 프로그램을 통해 들여오는 막대한 양의 옛 소련 및 여타 '적성 국가' 무기 공급 분야에서 독보적인 존재이기도 하다. 최근 들어 건강상의 이유와 고령으로 인해 활동이 주춤해지긴 했지만 ─ 그는 2000년에 일흔두 살이 됐다 ─ 글라트는 여전히 미국 정부와 긴밀한 협력 관계를 유지하고 있다.

넬슨 카운티 주민들만 글라트의 색다른 과거에 대해 까맣게 모르고 있는 것은 아니다. 대부분의 사업가와는 달리 무기거래상들은 ─

적어도 비밀 작전을 위해 무기를 공급하는 업자들은 — 언론에 자신들의 이름이 오르내리는 것을 극도로 꺼린다. 그들의 활동이 외부로 알려지는 것은 정치적 스캔들에 휘말릴 때가 고작이기 때문에, 상당수 무기거래상들은 그들의 활동에 대해 아무도 알지 못하는 사이에 나타났다 사라지곤 한다. (이란-콘트라 사건 때 상당수 무기거래상의 존재가 외부로 알려졌다. 이에 앞서서는 1970년대 록히드의 뇌물 스캔들이 있었고, 제1차 세계대전 때도 무기거래상이 연루된 사기 사건이 공개되면서 파란이 일기도 했다.) 글라트는 무기거래상으로 25년 이상을 활동했으며, 제2차 세계대전 이후 미 정부가 진행한 극히 민감한 비밀 작전에 깊숙이 개입하기도 했다. 그럼에도 그의 활동에 대한 비밀은 철저히 지켜져 왔기 때문에 정보 관련 기관을 제외하고는 그의 존재에 대해 아는 이들이 거의 없다.

글라트를 처음 알게 된 것은 그와 미국인 무기거래상 찰스 페티 사이에 벌어진 보도되지 않은 소송 사건을 국가안보뉴스서비스(NSNS)로 접하게 된 1995년이다. 이 소송은 버지니아 주 알링턴 카운티 지방법원에 제기됐으며, 합의 조건이 외부로 알려지지 않은 채 법정 밖 협상을 통해 해결됐다. 헝가리산 박격포를 미 육군에 공급하려다 실패한 것이 원인이 돼 소송까지 가게 된 것으로 알려졌으나, 소송 사건 자체만으로는 그리 많은 정보를 알아낼 수 없었다. 그런데 본안 소송 준비 과정에서 페티가 글라트에게 관련자 십여 명에 대한 정보를 공개하라고 요구한 일이 있었다. 당시 페티 쪽이 공개하라고 요구한 명단에는 전·현직 장교와 함께 이란-콘트라 사건의 주역 올리버 노스, 무아마르 카다피에게 무기를 판매했다가 중형을 선고받고 복역 중인 전 중앙정보국 요원 에드 윌슨 등 악명을 떨친 인물들이 포함돼 있었다. 또 '아이슬란드 출신' 로프터 요하네손과 '마이애미의 미스터 마틴' 등 애매한 이름도 등장했는데, 나중에 이들 두 사람은 무기거래상으로 확인됐다. 소송은 답변을 들을 새도 없이 협상에 의해 타결됐지만, 공개된 명단만으로도 글라트의 경력을 취재하는 데 유용한 지침이 됐다. 명단에 포함된 인물 대부분을 접촉했고, 상당수 인사가 비보도를 전제로 하긴 했지만 기꺼이 취재에 응해 줬다.

그럼에도 글라트에 대한 취재는 별반 진척이 없었다. 무기거래상들은 유령 회사와 정보기관, 가명과 스위스 은행 계좌라는 미로를 오가며 활동하기 때문이다. 이란-콘트라 사건 청문회 당시 상원 자문위원으로 활동한 찰스 커는 "청문회 조사를 위해 만난 한 무기거래상은 '워낙 오랫동안 비밀에 가려진 채 생활해 오다 보니 스스로도 어느 것이 사실이고, 어느 것이 거짓인지조차 분명치 않아졌다'고 말하기도 했다"고 전했다. 게다가 글라트가 활동하고 있는 무기 거래 분야는 워낙 좁아서 얼마 지나지 않아 내가 취재하고 있다는 소문이 나고 말았다. 내가 글라트 관련 기사를 준비하고 있다는 소문을 들은 한 무기거래상은 자진해서 전화를 해 관련 정보를 제공하겠다고 나섰다. 또 글라트와 친분도 있고 1980년대 미 중앙정보국에 무기를 대 주었던 마이클 코킨에게 전화를 하자, 그는 대뜸 "당신 전화를 기다리고 있었다"고 말하기도 했다. 글라트가 미국 정부를 대신해 수행한 활동은 대단히 민감한 사안으로 여전히 비밀에 묶여 있었다. 이 때문에 상당히 협조적인 취재원들조차도 자신들이 알고 있는 사실 가운데 극히 일부만 공개했다. 모든 취재원이 협조적인 것은 아니었다. 한 취재원은 "국가 안보를 염려하는 사람들 중에는 당신이 이런 기사를 쓰지 않기를 바라는 사람도 있다"며 취재 요청을 거부한 사람도 있었다. 미 중앙정보국은 정보공개법(FOIA)에 따라 작성한 질의서에 대해 "글라트와 협력 관계를 유지해 왔는지에 대해서는 긍정도 부정도 할 수 없는 입장이며, 설령 협력 관계가 있었다 하더라도 그와 관련해 논의할 준비가 돼 있지 않다"고 답변했다.

글라트 자신도 보도를 전제로 한 인터뷰 요청에는 일체 응하지 않았지만, 그의 미국 내 법률 대리인인 로렌스 바셀라 변호사와 여러 달 동안 협상한 끝에 마침내 사업 관계로 출장을 가 있던 프랑크푸르트에서 만나 주겠다는 약속을 받아 냈다. 그러나 내가 유럽을 향해 막 출발하려는 순간 글라트는 건강상의 이유를 들어 인터뷰 약속을 취소했다. 그렇지만 전화상으로 몇 차례 대화를 나누기도 했으며, 내가 작성한 세 쪽짜리 질문서에 대한 답변서를 보내기도 했다. 그의 답변이 취재에 도움이 되기는 했지만 답변 내용은 대단히 불명확했으며 ── 그가 답변서에서 일시를 특정한 것은 독일군 복무가 끝난 날짜가 "만 열입곱 살 11일이 되던 날인 1945년 4월"이라고 밝힌 한 차례뿐이었다 ── 상당수 질문의 답변을 피해 갔다. (특히 외국물자획득 프로그램과 관련해서는 일체 언급을 거부했다.) 글라트가 제한적으로 취재에 응했기 때문에, 부분적으로 그를 알고 있는 사람들의 증언에 의존해야 했는데 이는 상당히 혼란스러웠고 때로 모순적이기까지 했다. 내가 접촉한 사람 중 일부는 글라트가 독일 인이 아니라 오스트리아 인이라고 주장했으며, 어떤 사람은 그를 나치라고 비난했다. 또 다른 사람은 그가 사실은 유대인이라고 말하기까지 했다. 한때 글라트의 사업 동료였던 인물은 그와 이름이 같은 친척이 뉴욕에서 랍비로 일하고 있다고 주장했다. 확인해 보니 뉴욕 워싱턴 하이트 지역에 허먼 글라트라는 인물이 랍비 명부에 등재돼 있기는 했다. 그러나 그는 건강이 나빠 전화 통화가 불가능했으며, 그의 부인은 에른스트 베르너 글라트라는 이름을 들어본 적이 없다고 말했다. 경비가 삼엄한 펜실베이니아 주 앨런우드 연방 교도소에 수감 중인 에드 윌슨은 "글라트에 대해 알고는 있다"면서도 "하지만 워낙 은밀한 인물이라 어느 누구도 그에 대해 자세히 알지는 못한다"고 말했다. 또 다른 취재원은 에른스트 베르너 글라트라는 인물은 존재하지 않으며, 미 정보기관을 위해 일하는 사람이 가명으로 사용하는 것일 뿐이라고 말하기도 했다.

결국 글라트의 인생과 무기거래상으로서의 엄청난 경력에 대해 확인할 수 있는 내용은 제한적일 수밖에 없었지만, 그럼에도 상당히 많은 내용을 파악할 수 있었다. 지난 몇 년 동안 취재한 결과, 글라트가 보다 전통적인 분야로 사업을 다각화하고 있다는 점을 발견할 수 있었다. 그는 유럽 전역과 중동 지역, 미국에 각종 공장과 농장, 부동산을 보유하고 있다. 블랙이글 농장과 함께 스위스의 알프스 산자락에 세 채의 별장을 가지고 있으며, 런던의 해러즈 백화점에서 두 구역 떨어진 거리에 아파트가 있다. 또 오스트리아와 그가 주로 머무는 곳인 룩셈부르크에도 각각 저택이 있는 것으로 확인됐다. 그는 지난 1980년대 전 런던 시장에게서 스코틀랜드 에든버러 근교에 위치한 녹음이 우거진 대저택을 막대한 금액에 사들이기도 했다. 이 저택은 20세기 초 팔레스타인 지역에 유대인 독립 국가 건설을 요구하는 유명한 선언서를 작성했던 영국 외교관 벨포어 경이 소유한 적도 있다. 전 세계 각지에 있는 글라트의 인맥 역시 그의 부동산 보유 현황만큼이나 다양하다. 그는 유럽의 귀족과 중동 지역의 고위 관료, 제3세계 국가의 국방장관 등과 두터운 친분을 유지하고 있다. 미국에서도 그의 인맥은 막강하다. 글라트는 별들의 전쟁을 실현시키기 위한 로비에 적극 나서고 있는 '하이프론티어' 재단에 자금을 지원하고 있다. 그의 절친한 친구인 대니얼 그레이엄 장군은 숨지기 전까지 이 단체의 대표를 맡았다. 그는 미국 군부와도 깊은 유대를 맺고 있다. 때문에 그의 경쟁자들은 그가 국방부 계약을 따 낼 수 있는 것도 군부 내 인맥 때문이라고 불평하기도 한다.

군인처럼 짧게 깎은 머리 모양과 얼굴에 난 상처, 최고급 양복을 차려입은 외모에 더해 사치품을 선호하는 취향과 거대한 무기 거래 실적으로 인해 그는 제임스 본드 영화에 나오는 비밀스런 악당의 이미지를 풍겼다. 하지만 글라트나 그의 동료들은 철저한 이윤 동기에 따라 007처럼 정부 요원으로 활동하거나 그 반대편에 언제든지 설 수 있는 인물들이다. 돈과 무기에 관련된 사항 말고도 글라트의 인생은 그 자체가 첩보 작전을 어떻게 수행하는가를 보여 주는 교본과 마찬가지고, 정부와 무기 밀거래상과의 상호 협조 관계를 극명히 보여 준다. 미국 외교정책에서 무력이 필요할 때마다 글라트는 모습을 드러냈으며, 무기 거래상으로서 경력은 제2차 세계대전 뒤 미국의 외국 분쟁 개입의 역사를 들여다볼 수 있는 프리즘 같은 구실을 한다. 반공주의와 국가 안보 등의 도그마가 민주주의라는 미명 아래 비밀 군사작전과 독재 정권 지원을 합리화하고, 국내법은 물론 국제법까지 어길 수 있도록 부추긴 역사 말이다.

'죽음의 상인'이라는 말은 20세기 초 거대 군수산업체가 상업적 이윤을 극대화하기 위해 전 세계 곳곳에 무기판매상을 보내던 때 만들어졌다. 이들은 분쟁의 양쪽 당사자에게 무기를 판매했으며, 정부 관료를 매수했다. 또 자신들의 힘을 이용해 국제무대에서 긴장을 고조시키기도 했는데, 이것이 수요를 창출하는 가장 효과적인 방법이었다. 1932년 무기 업체 '콜트' 사의 중역 한 사람이 남아메리카에 있는 자사 무기판매상에게 보낸 편지는 당시 상황을 극명히 보여 준다. "포스터 씨에게. 남아메리카에서 발생하고 있는 크고 작은 분쟁을 지켜볼 때, 콜롬비아·볼리비아·페루 영사와 긴밀한 관계를 유지하는 것이 필요하다고 보입니다. 이들 국가에서 향후 군수물자가 필요하다는 게 우리의 판단이며, 각국 영사들께는 필요한 협력을 아끼지 않겠다는 점을 전해 주십시오. 아시다시피, 이들 국가에서 벌어지고 있는 우스꽝스런 '혁명'이라는 것은 대부분 단기간에 끝나기 때문에 이번 기회를 최대한 활용해야 할 것입니다."

죽음의 상인 가운데 가장 유명한 인물은 바질 자하로프다. 그는 서방 굴지의 군수 업체 여러 곳에서 대표를 맡았으며, 조지 버나드 쇼의 『바버라 소령』에 나오는 거대 무기상 앤드루 언더샤프트의 모델이라고 전해지는 인물이다. "인간성이나 정치적 신념 따위와는 상관없이, 가격을 제대로 쳐주는 사람이라면 누구에게나 무기를 대 주라"는 것이 언더샤프트의 신조다. 자하로프는 군수업계에 '신용판매'를 처음으로 도입해 재정적으로 어려움을 겪고 있는 국가들 간에 군비경쟁을 유발시키기도 했으며, 특히 군사적 불안을 유발시키는 데 탁월한 능력을 발휘했다. 그의 가장 인상적인 '활약상'으로는 1800년대 말 스웨덴 군수 업체 '노르덴펠트'에서 일할 당시 자신의 어머니가 태어난 그리스에 잠수함을 판매한 것을 들 수 있다. 당시 그는 그리스 관료들에게 "첫째, 나는 당신들처럼 애국적인 그리스인이며, 그 다음으로 무기판매상"이라고 말했다고 한다. 잠수함 판매 계약이 체결되자마자 자하로프는 그리스의 최대 적국이었던 터키로 자리를 옮겨, 터키 군부에게 그리스 정부가 자신에게서 잠수함 두 척을 구입했다는 충격적인 소식을 전했다. 자하로프는 당시 웬만한 산업계 거물만큼이나 영향력이 막강했으며, 군사 문제에 대한 지식이 워낙 탁월해 군 장성들이 주요 작전을 계획하기에 앞서 그에게 자문을 구했다고 전해진다. 유럽에서 그의 명성이 워낙 자자해, 영국 정부는 그에게 기사 작위를 수여했고 프랑스 정부는 최고 영예인 레지옹 도뇌르 훈장을 두 차례나 수여하기도 했다.

직접 무기판매상으로 나서지는 않았지만, 자하로프의 절친한 미국인 친구 가운데 나이트클럽 지배인과 사설 권투 흥행주를 전전했던 윌리엄 쉬어러라는 인물이 있다. 제1차 세계대전 뒤 쉬어러는 여러 군수산업체의 비밀 선전 요원으로 활약했다. 쉬어러는 군수 업체에 고용돼 찰스 에반스 휴즈 ─ 미 연방 대법관을 역임하게 된다 ─ 등 온건파 핵심 인물들을 '반역자'라고 매도했다. 쉬어러는 정체불명의 소책자를 만들어 "휴즈가 군비축소를 주장하며 미국을 배반했다"고 주장하기도 했다. 노먼 커즌스는 쉬어러의 행태에 대한 생생한 사례를 담은 『권력의 병리학』이라는 책에서 "쉬어러가 만든 소책자를 읽고 충격을 받은 시민들은 군수산업체가 이 소책자의 제작비를 댔다는 사실은 까맣게 모르고 있었다"고 말했다.

커즌스의 책을 보면, 쉬어러의 최대 '업적'은 조선업체 '베들레헴스틸'과 '뉴포트뉴스'에 고용돼 1927년 제네바에서 열린 해군 회의에 참석하면서 시작된다. 군축 열기가 고조될 것을 우려한 회사 관계자는 쉬어러를 파견해 회의를 최대한 방해할 것을 주문했다. 커즌스는 당시 상황에 대해 "누구도 쉬어러의 정체를 알지 못했다. 하지만 그가 화려한 파티를 열고, 많은 미 정부 관료들이 눈에 띄게 그에게 찬사를 보내며 해양 군축 관련 전문가라며 언론인들에게 소개하기 바빠지자 많은 사람들이 그를 대단한 인물로 여기기 시작했다"고 적고 있다. "얼마 지나지 않아 언론인과 각국 정부 지도자, 대부분의 미국 해군 대표단이 쉬어러로부터 군축의 위험성에 대한 '경고'를 귀담아듣기 시작했다." 쉬어러에 의해 군축이 논의됐어야 할 회의는 외교적 학살극으로 변해 버렸고, 그는 후에 혼자 힘으로 회의를 파괴했다고 자랑삼아 떠벌리기도 했다.

자하로프와 쉬어러, 그리고 여타 무기판매상의 행태는 유럽과 미국에서 여론을 격분시켰다. 미 상원은 "전쟁터에서 이윤을 추구하는 것을 뿌리 뽑으라"는 국민적 분노가 폭발함에 따라 군수산업을 조사하는 특별 위원회를 구성했다. 위원장 제럴드 나이 상원의원(노스다코타주 출신)의 이름을 따 '나이 청문회'로 불린 위원회는 조사 활동을 통해 "무기 국외 판매는 공포와 적대감을 불러 일으켜 이웃 국가로 하여금 더 많은 무기를 사들이도록 함으로써 경제 상황을 압박해 파멸로 치닫게 하거나 전쟁을 야기한다"는 결론을 내렸다. (그의 젊은 보좌관 앨저 히스가 위원회 활동에 적극 참여했다.) 나이 청문회를 통해 무기 수출업자는 국무부 내에 신설되는 군수산업관리청의 허가를 받도록 하는 등 몇 가지 개혁 조처가 마련됐다. 그러나 이런 국민적 분노가 죽음의 상인들의 몰락을 가져온 것은 아니었다. 제2차 세계대전이 발생하기 전까지만 해도 정부는 공식 경로를 통해서만 무기를 수출할 수 있도록 군수산업계를 압박했으며, 이를 지키지 않을 경우 강력한 규제에 나섰다. 그럼에도 같은 기간에 군수산업은 미국 경제의 더욱 주요한 부분을 차지하게 됐다. 조지 세이어는 1969년 쓴 『전쟁 사업』에서 "제2차 세계대전 발발 전 10~20퍼센트의 공장 가동률을 보이며 '기근' 상황에 허덕이던 군수산업체는 1940년대 말에 이르면 80~90퍼센트의 가동률을 보이게 된다. 정부가 높은 생산 수준을 유지시켜 주고, 거의 대부분의 생산량을 구매해 주면서 군수산업계는 더 이상 자하로프 같은 죽음의 상인을 고용해 전 세계를 무대로 판매 경쟁에 나설 필요가 없어졌다"고 적고 있다.

정부의 군수산업에 대한 관리·감독은 업계 활동을 억제하기는커녕 오히려 이를 정당화시켜 주는 결과를 가져왔다. (군수산업관리청은 1990년 좀 더 정확한 명칭인 '국방무역센터'로 이름을 바꿨다.) 미국의 역대 대통령들은 무기 수출이 동맹 관계 및 자국 제조업 강화에 도움을 준다고 판단했다. 미 의회는 무기 수출 정책을 총괄·감독하는 권한을 가졌지만, 사실상 아무런 조치도 취하지 못하는 허수아비에 불과했다. 1986년 이후 미 행정부는 약 1,500억 달러어치의 무기 판매를 승인하면서 의회가 합법적으로 보유하고 있는 개별 계약에 대한 승인 절차를 거치지 않았다. 무기 수출 관련 각종 규제 조치 역시 강력한 권한을 보유하고 있는 주 정부 관료들에 의해 군수산업체의 활동을 합법화하는 결과를 가져왔을 뿐이다. 당시 무기 국외 판매를 위해 미 정부에 등록한 군수산업체는 5천여 곳에 달하며, 미 국무부 무기 직접상용판매 연차 보고서에 활동 내역 — 1997년 한 해 동안 약 4만6천 건에 달하는 무기 수출 건수를 기록했다 — 이 자세히 공개되고 있다. 세이어는 "정부 관료들은 투표로

선출되지 않았기 때문에 누구에게도 책임을 질 필요가 없다. 그들은 자하로프처럼 거물 무기판매상조차 상상하지 못할 만큼 큰 액수의 예산을 주무르고 있으며, 관료 조직은 규모가 워낙 크고 비밀스러운 데다 막강한 권력을 가지고 있다 보니 국민이 뽑은 대표자들조차 이를 통제하지 못한다"고 지적했다. "자하로프 등 과거 무기판매상들의 폐해가 극심하긴 했지만, 그들은 법의 테두리를 벗어날 수 없었다. 불법행위를 한 혐의가 있을 경우 소환될 수도 있었고, 장부를 압수당하는 등 가혹한 조사를 당할 수도 있었으며, 심한 경우 구속까지 될 수 있었다. 그러나 오늘날 정부 관료들은 이 모든 것들로부터 면제된 것처럼 보인다. 무기 판매와 관련한 이들의 업무가 설사 공개된다고 하더라도 전체 정부의 활동에 비하면 극히 일부분에 지나지 않는다. 관료들은 자하로프는 꿈꾸지도 못했을 만큼의 권력을 보유하고 있으며, 옛 무기판매상들과는 비교도 할 수 없을 만큼 강력한 법의 보호를 받는다. 게다가 과거 죽음의 상인들에게 부여된 약간의 규제 조치들보다도 훨씬 적은 장애물이 있을 뿐이다."

세계 무기 시장에서 판매되는 탱크와 전투기, 군함 등 각종 고가 무기는 대부분 각국 정부에 의해 판매가 이뤄진다. 그럼에도 민간 무기 판매상들의 역할은 여전히 필요하다. 특히 법적으로 무기 구매가 불가능한 반군 세력이나, 국제 무기 금수 조처를 받고 있는 정권, 인권침해로 악명을 떨치고 있는 나라 등 논란을 불러일으킬 만한 고객에게 비밀스럽게 무기를 판매하기 위해서는 이들의 활약이 절대적이다. 이런 점에서 볼 때, 1934년 엥겔브레히트와 하니겐이 『죽음의 상인: 국제 무기 업계 연구』라는 제목의 유명한 책에서 다음과 같이 지적한 것은 여전히 유효하다. "국제적인 무기 거래는 군수산업체의 '파렴치한 탐욕'을 뛰어넘는 깊은 뿌리가 있다. 만약 군수산업체에서 내일이라도 당장 국제적인 무기 판매를 중단한다면, 세계 각 나라 정부로부터 항의가 쏟아져 이런 움직임을 저지할 것이다."

국방 정보 전문지『제인스인텔리전스리뷰』는 지난 1997년 세계 무기 암시장의 거래액이 적게는 10~20억 달러에 이르며, '영업이 잘 되는 해'에는 이보다 다섯 배나 많은 무기가 거래되는 것으로 추산했다. 암시장에서 거래되는 무기의 대부분이 소총과 기관총, 박격포, 수류탄 투척기, 대전차용 로켓 등 소규모 분쟁에서 사용되는 것들이기 때문에, 민간 무기판매상들이 실제로 세계 무기 시장에서 차지하고 있는 비중은 드러난 것에 비해 훨씬 막대한 규모다. 무기중개상들은 유령 회사와 역외 은행 계좌를 이용해 거래 흔적을 남기지 않는다. 무기의 최종 도착지를 명시한 문서로 구매자가 수입한 무기를 제3자에게 재판매하지 않겠다는 일종의 서약서 역할을 하는 '최종수요자증명서' 등 주요 문서는 철저히 보관한다. 또 무기 수출입 관련 공무원 및 세관 직원을 매수하는 민감한 업무도 처리한다. 이들의 활동 가운데 보다 중요한 것은 비밀 무기 거래가 발각되거나 자칫 무산되더라도 정부가 이와 관련이 없음을 주장할 수 있는 근거를 마련해 준다는 점이다. 한 무기중개상은 "영화『미션 임파서블』에 나오는 것처럼, 문제가 발생할 경우 정부 고위 관료는 '아는 바 없다'며 아무런 관련성이 없다고 주장할 것"이라고 말했다.

무기 구매국, 특히 국제적으로 문제가 많은 국가들 역시 무기 거래 계약을 성사시킬 수 있는 전문성이 없기 때문에 무기중개상을 고용한다. 특히 무기를 사고파는 양쪽이 모두 비밀스런 일 처리를 원하는 경우,

적합한 무기를 살 수 있는 국가를 물색하고, 가격을 조정하고, 선적과 비용을 지불하는 업무를 처리하는 데는 상당히 복잡한 절차가 필요하다. 뉴저지 주 리지필드에서 해군 관련 무기 업체를 운영하고 있는 밸 포제는 "왜 무기를 구입하는 쪽에서도 무기중개상이 필요 한가?"라는 질문에 "집을 살 때 부동산 중개인이 필요한 것과 같은 이유"라고 설명했다. 예순아홉 살의 나이에 아직도 왕성하게 활동하고 있는 그는 백발에 짙푸른 두 눈 가운데 한 쪽을 백내장으로 잃었다. 조지워싱턴교 건너편으로 맨해튼이 바라다 보이는 그의 회사 사무실 1층에는 여러 가지 총기류가 전시돼 있었고, 지하에는 제3세계 국가에서 사들인 각종 소형 무기가 상자에 담겨 보관돼 있었다. 3층 사무실은 구식 권총과 카테리나 대제가 자신의 연인이었던 러시아 야전군 장군에게 내렸던 것을 포함한 의전용 검으로 치장돼 있었다. 또 세계에서 가장 인기가 있는 경기관총인 AK-47을 만든 미하일 칼라시니코프 등 군수산업계 거물과 찍은 사진도 여기저기 걸려 있었다.

포제는 십대 때 자하로프의 무용담에 대해 읽은 뒤 무기거래상이 되기로 결심했다고 말했다. 인터뷰 도중, 그는 책꽂이에서 1948년 고등학교 졸업 당시 "무기 제작 및 판매업자가 될 것"이라고 적어 넣은 앨범을 꺼내 보여 주기도 했다. 그만큼 무기에 대한 열정이 남달랐던 것이다. 지금은 주로 수집가를 상대로 무기를 판매하지만, 과거의 고객 가운데는 칠레의 독재자 피노체트를 포함해 논란을 끌 만한 인물이 다수 포함됐었다. 그는 "당신이 무기를 판매하지 않을 정권이 있는가?"라는 질문에 "그럴 수도 있겠지만, 쉽게 특정 국가를 떠올리지는 못 하겠다"고 대답했다. "우리 정부야말로 세계 제1의 무기판매상 아니냐. 그런 정부가 내게 무기 판매 승인을 내준다면 당연히 나도 무기를 팔 것이다."
포제는 웬만한 정보기관이라면 무기 판매 계약이 진행되는 동안 이를
쉽게 파악할 수 있다고 말한다. 무기는 선박이나 항공기를 이용해 국경
을 넘나들며, 대금 지불을 위해 엄청난 액수의 금액이 이체되기 때문이
다. 하지만 국제적인 무기 금수 조처가 내려졌음에도 발칸전쟁 때 약
20억 달러어치의 무기가 이 일대에 유입됐다. 독일 정부는 크로아티아
를 도왔고, 러시아 기업가들은 세르비아를 무장시켰다. 또 미국의 협력
아래 이란은 보스니아에 무기를 공급했다. 포제는 "이른바 '국제 무기
암시장'에 대한 얘기 가운데 90퍼센트는 작가나 정치인의 상상의 산물"
이라며 "무기 거래에 관한 한 비밀은 존재할 수 없으며, 만약 무기가
'밀매'됐다면 정부 기관이 배후에 있다고 보면 된다"고 잘라 말했다.

글라트보다 많은 돈을 벌어들인 무기판매상도 상당수 존재한다.
그 중에서도 수년간 록히드를 비롯한 여러 미국 군수 업체를 대신해
사우디아라비아 정부에 무기를 판매한 애드넌 카쇼기와 레바논계 미국
인으로 미 중앙정보국의 요청으로 레바논 내 기독교 반군 세력에게
무기를 공급하면서 업계에 뛰어든 뒤 1980년대 사담 후세인의 주요
무기 공급원이었던 사키스 쇼가내리언이 유명하다. 하지만 '비밀스런'
작전에 관한 한 자하로프가 20세기 전반부를 지배한 인물이라면, 글라
트는 그 후반부를 장악한 인물일 것이다.
    생일에 대한 기록이 1849년에서 1851년까지 다양할 정도로 자신의
개인사를 성공적으로 조작한 자하로프와 마찬가지로 글라트 역시 자신

의 과거를 의도적으로 지운 흔적이 나타난다. 정보공개법에 따라 미육군정보국이 공개한 한 장짜리 자료 — 육군정보국에 자료를 수없이 요청했지만 달랑 이 자료 하나만 얻어 낼 수 있었다 — 에는 글라트가 1928년 4월 13일에 출생한 것으로 돼 있다. 글라트는 스위스 바젤과 국경을 맞대고 있는 독일 남서부 삼림지대의 작은 마을 로라크에서 어린 시절을 보냈다. 그의 가족은 섬유와 타이어, 부동산업을 통해 부를 축적했으며, 히틀러의 나치 정권을 열렬히 지지했다. 한 육군정보국 출신 퇴역 장교는 "글라트의 미 중앙정보국 파일에는 그의 아버지가 나치군에서 대령으로 복무했으며, 러시아 전선에서 큰 부상을 당했다고 적혀 있다"고 전했다. 글라트 역시 당시 대부분의 독일 젊은이들이 그랬던 것처럼 나치군에 입대했으며, 제2차 세계대전 말 방공 대대에 편입돼 프랑스 점령지로 파견된다. 그리고 글라트의 소속 부대는 전쟁 막바지에 연합군에 붙잡혔으며, 그는 약 일 년 동안 프랑스군 포로수용소에 수감되기도 했다. 그가 속했던 부대 사령관은 전범으로 기소됐으나, 결국 연합군 군사 법정에 의해 석방됐다. 글라트와 함께 일하면서 그에 대해 잘 알게 됐다는 이 퇴역 장교는 "글라트는 어린 시절 철저히 세뇌된 나치당원으로 길러졌다"고 덧붙였다. "독일의 패망과 연합군의 점령 및 분단은 글라트에게 큰 충격이었다. 이 때문에 극우적 성향을 지닌 극단적 민족주의자가 됐다. 하지만 문제를 일으킬 만한 일은 하지 않았다." (혼란을 피하기 위해 여기서 언급한 '퇴역 장교'를 '라이언 대령'이라고 부르겠다. 그는 이 책 전체에 걸쳐 자주 등장할 것이다.)

독일로 송환된 뒤 글라트는 하이델베르크 대학에 입학해 경제학과 정치학, 법학, 사학을 전공했다. 전쟁 전만 해도 하이델베르크 대학은 자유주의적 학풍으로 유명했지만, 나치가 정권을 장악한 뒤 좌익 성향의 대다수 교수들은 망명을 떠났다. 맹렬 반공주의자였던 글라트는 당시 독일 사회에서 극우파의 산실이었던 대학 내 격투기 클럽에 가입했다. 그는 한 차례 시합에서 볼에 상처를 입었는데, 이를 명예의 상징으로 여겼다.

글라트의 정치 성향은 시간이 지나도 그다지 변한 것이 없어 보인다. 그는 파시즘과 나치즘이 공산주의에 비해 훨씬 낫다고 본다. 그는 내게 보낸 편지에서 이렇게 밝혔다. "대학에 다니던 젊은 시절, 나는 왜 공산주의를 미워하지 않는 사람들이 아직도 있는지 알고 싶었다. 1939년 전까지(그 해에 히틀러가 폴란드를 침공하면서 제2차 세계대전이 시작됐다), 공산주의 때문에 4천만 명이 목숨을 잃었다. [···] 언론이 왜 국민들에게 이런 사실을 알리지 않는지, 공산주의자 가운데 몇몇 인물이 왜 다시 정치권에 복귀해 권력을 장악할 수 있는지에 대해 알 수가 없었다. 무엇보다 사람들이 내게 '당신은 왜 반공주의자가 됐느냐'고 묻는 것을 이해할 수 없었다."

그럼에도 글라트의 게르만 민족주의가 — 적어도 제2차 세계대전 뒤에는 — 한번도 반유대주의의 형태로 나타나지 않았다는 점은 주목할 만하다. 그의 친구들은 글라트의 부인 베라 그멜린이 1930년대 오스트리아에서 탈출한 유대인 귀족 가문 출신이라고 전한다. (그멜린은 나중에 글라트를 따라 개신교로 개종했다.) 무기중개상으로 나선 뒤 얻은 친구와 경쟁자들은 글라트가 "독일이 다시 초강대국이 되는 모습을 보고 싶다"거나 "독일-폴란드 국경선은 바뀌어야 한다"고 주장하는 모습을 본 일은 있으나, 유대인 대학살의 정당성을 주장하는 모습은 한번도 본 일이 없다고 기억한다. 오랫동안 글라트는 이스라엘에 막대한 투자를 했으며, 많은 친구를 사귀었다. (보수 강경파로 국방장관을 지낸 아리엘 샤론 — 전 이스라엘 총리 — 이 글라트와 친분을 유지하고 있다는 얘기도 있다.) 한 퇴역 미군 장성은 "글라트는 독일이 최고인 줄 아는 사람으로 독일이 저지른 일에 대해 절대 사과할 인물이 아니다. 하지만 그에게 유대인을 말살하는 것이 옳은 일이냐고 묻는다면, '아니다'라는 대답이 나올 것"이라고 말했다. 실제 글라트 자신도 이에 대한 내 질문에 "내가 반유대주의자라는 말은 엉터리"라고 대답했다.

하이델베르크 대학을 졸업한 뒤 독일에서 은행원으로 일하던 글라트는 "국제 무역 분야에서 성공을 거두려면 어학 공부가 필요하다"는 판단을 내린다. 이에 따라 그는 제네바 대학으로 건너갔으며, 이곳에서 한 영국 친구의 소개로 스위스 지사 설립을 준비하고 있던 당대 최고의 무기판매상인 샘 커밍스를 만나게 된다. 미 육군 사격교관으로 제2차 세계대전에 참전했던 커밍스는 1950년대 초반 미 중앙정보국과 연계된 '웨스턴암스코퍼레이션'에서 일하고 있었다. 그는 할리우드의 한 제작실에서 사용할 무기류를 구입하기 위해 유럽에 출장을 온 것으로 내세웠지만, 그의 실제 임무는 중앙정보국이 미국의 국익에 보탬이 되는 조직과 동맹국에 지원해 줄 잉여 전시 물자를 매점하는 것이었다.

커밍스는 1953년 사업가로 변신해 '인터암'의 전신이 되는 무기 업체를 차리게 된다. 그의 회사에는 사원이 전혀 없었지만, 자신을 회사의 부사장으로 불렀다. 커밍스는 나중에 "한 사람이라도 더 근무하고 있는 것으로 보이게 하기 위해서였다"고 이유를 밝혔다. 그는 각국 대사관과 경찰서장, 국방장관 등에게 쓸모없이 버려진 구형 무기를 현금을 주고 사거나, 신형 무기로 교환해 주겠다는 내용의 편지를 보냈다. 이렇게 사들인 무기는 제3세계 국가나 수집가들에게 되팔았다. 1950년대 말까지 커밍스는 막대한 부를 축적하게 됐으며 — 그는 자신의 이미지를 높이기 위해 자하로프가 무기판매상으로 전성기를 날리던 때 살았던 몬테카를로에 있는 집 부근에 고급 저택을 사들이기도 했다 — 세계의 민간 무기 시장을 장악하기에 이른다. 커밍스는 미국 버지니아 주 알렉산드리아에 대형 창고를 마련했으며, 영국의 맨체스터에도 5층짜리 창고를 지어 막대한 양의 무기를 보관했다. 오랜 기간에 걸쳐, 커밍스는 미국 정부와 협력 관계를 유지했다. 그는 1954년 미 중앙정보국이 주도한 과테말라 쿠데타에 무기를 공급했고, 니카라과의 아나스타시오 소모사나 도미니카 공화국의 라파엘 트루히요 정권 등 미국과 동맹 관계에 있는 제3세계에 무기를 판매했다. (그는 "독재자들은 질서 의식이 있고, 무기 대금을 제때 지불한다"고 말하기도 했다.)

커밍스는 전 세계에 걸쳐 협력자를 고용해, 현지 관료들에게 환심을 사고 경쟁 업체가 나서기에 앞서 잉여 무기를 구입하도록 했다. 앤소니 샘슨은 『무기 시장』에서 커밍스가 고용한 사람들 가운데는 러시아-핀란드 전쟁의 영웅인 쿠트 투리 핀란드군 소령과 타이 정부에 무기 구입과 관련해 자문을 해 온 미군 출신 데이비드 컴버랜드 등이 포함돼 있었으며, 이란에서도 샤 왕조와 절친한 사이인 알리 다쇼우를 고용했다고 밝혔다.

글라트는 1959년 커밍스의 회사에 입사했다. 6개 국어를 구사하는 유럽인으로서 공산국가에도 쉽게 들락거릴 수 있었던 그는 능력을 인정받아 고속 승진을 하게 된다. 그는 1961년 부사장으로 승진했으며,

커밍스가 세계에서 가장 막강한 민간 무기중개상으로 활약하는 향후 십 년 동안 특히 중동과 동유럽을 중심으로 인터암의 핵심 인물로 성장한다.

물론 사업이 언제나 순조로운 것만은 아니었다. 한번은 사우디아라비아 출장길에 공항에서 내리자마자 현지 보안 요원들에게 붙잡혀 구금된 일도 있었다. 글라트는 곧 자신이 사우디아라비아에 입국한다는 정보를 미리 알아낸 경쟁자 — 이 사람은 또 다른 독일 출신 무기중개상 게르하르트 메르틴스로 다음 장에서는 그에 대해 다룬다 — 가 그가 유대인 여성과 결혼했다는 사실을 비밀경찰에 신고했다는 것을 알게 됐다. 글라트는 하루 동안 감금된 뒤 파이살 국왕의 친척인 사우디아라비아 친구의 도움으로 풀려났다.

글라트는 1970년대 초반 커밍스의 휘하를 떠났지만, 이후로도 몇 년 동안 협력 관계를 유지했다. 그러다 커밍스가 중요한 계약에서 글라트가 횡령을 했다고 비난하면서 격렬한 말다툼을 벌인 끝에 둘은 결별하게 된다. 1984년 『시엔엔』이 제작한 다큐멘터리에 출연한 커밍스는 "내 개인적인 견해로 볼 때, 글라트는 사소한 것 하나도 훔치지 않았을 것"이라고 말했다. (『시엔엔』은 이 프로그램에서 글라트를 비밀리에 촬영해 방영했다. 비록 주요 등장인물은 아니었지만, 글라트가 미국 언론에 모습을 드러낸 것은 이 프로그램이 유일하다.) 글라트는 커밍스와 결별한 이유에 대해 "미 국방부가 커밍스를 기피 인물로 간주하고 '비밀' 작전에 참가하는 것을 금지해 버렸기 때문"이라고 주장했다. 글라트는 커밍스가 낙마한 원인을 두고 "그가 쓸데없이 눈에 띄기 좋아했기 때문"이라고 말했는데, 실제로 커밍스는 군수산업체와 관련해 언론에 자주 모습을 드러냈다. 그는 "이 때문에 무기 거래와 관련된 정부 부서에 여러 가지 어려움이 생겼으며, 내 수입에도 영향을 미쳤다"고 말했다. (글라트는 커밍스가 미 군부 내에서 영향력을 잃게 된 또 다른 이유로 그가 1970년대 초 세금 문제로 미국 국적을 포기한 일도 주요 원인이라고 설명했다. 악명 높은 나치 전범에서 과테말라 암살단에 이르기까지 미 중앙정보국이 협력하는 인물들의 면면을 볼 때, 탈세 목적으로 국적을 포기했다고 해서 중앙정보국이 거래를 끊었다는 주장을 처음에는 받아들이기 어려웠다. 그러나 상당수 정보기관 관계자들은 커밍스가 국적을 포기한 일이 실제로 누군가를 화나게 했을 것이라고 입을 모았다.)

커밍스와 글라트 사이의 다툼이 단순한 직업적 경쟁의식에서 비롯됐을 가능성도 있다. 무기판매상들은 냉혹한 사업가들로 경쟁자의 치부를 정보기관에 알리는 것을 좋아하며, 이윤이 걸렸을 때는 상대를 파괴하려고 하기 때문이다. 이와 관련해 유명한 일화가 있다. 한번은 커밍스가 무기 경매에 참석하기 위해 유럽 출장길에 올랐는데, 공교롭게도 경쟁 업체 관계자도 같은 비행기에 타고 있었다. 비행기에서 내리면서 커밍스는 세관원에게 경쟁 업체 사람이 테러리스트에게 공급할 무기를 찾고 있다고 신고했다. 당국이 그를 붙잡아 구금한 것은 당연했다.

이유야 어쨌든, 글라트와 결별한 뒤 커밍스는 국제 무기 시장에서 내리막길을 걷게 된다. 1970년대 중반 이후부터 1997년 숨질 때까지 커밍스는 무기 수집가들을 주로 상대했다. 하지만 그의 시대가 막을 내린 뒤에도 언론은 여전히 그를 최고의 무기판매상이라고 평가했다. 커밍스는 언론과의 인터뷰에서 "창고에 보관하고 있는 무기로 40개 사단 정도를 무장시킬 수 있다"는 등의 충격적인 주장을 늘어놓기도 했다.

그의 휘하에서 30여 년 동안 일했던 딕 윈터는 이와 관련해 "조금 과장된 주장이 아니겠느냐"며 웃음을 터뜨리기도 했다. 현역에서 물러난 뒤 워싱턴 근교에서 소규모 무기 회사를 운영하고 있는 라이언 대령은 이보다 훨씬 가혹한 평가를 내놨다. "커밍스는 무기 시장에서 서커스판의 광대와 같은 인물이었다. 커밍스 소유의 창고에는 고물이나 다름없는 구식 무기와 한 개 사단 정도가 무장할 수 있을 만한 소총 등이 보관돼 있었을 뿐이다. 나라도 소총 수천 정 정도는 별다른 어려움 없이 하루 만에 구할 수 있다. 커밍스가 한 일이라고는 아무도 거들떠보지 않는 아프리카 국가에 어쩌다 한 번씩 소총 몇 천 정을 팔아넘긴 게 고작이었다."

커밍스와 결별한 뒤 글라트는 그를 따라잡는 데 골몰했다. 글라트는 커밍스와 마찬가지로 중고 무기를 판매업에 뛰어들었으며, 한동안 버지니아 주 교외에서 수집가들을 겨냥한 총기 회사를 공동 운영하기도 했다. 커밍스가 미들버그에 대규모 농장을 소유한 것처럼, 글라트도 블랙이글 농장을 사들였다. 당시 글라트와 친하게 지냈던 한 인사는 "그는 무엇보다 세계 무기 시장에서 커밍스를 뛰어넘는 거물이 돼, 서독 정부가 자신에게 국방장관직을 제의하기를 바란다는 말을 가끔 했었다"고 말했다. 서독 정부는 끝내 글라트를 부르지 않았지만, 1970년대 말 그는 세계 무기 시장에서 몇 안 되는 독보적인 거물로 성장했다.

전체적으로 볼 때 무기판매상에게 이때보다 환경이 좋았던 시절은 없었다. 오랫동안 나토 동맹국과 일부 혈맹국에게만 무기를 판매해 왔던 미국은 냉전이 본격화되면서 정치적 지지를 얻기 위한 수단으로 제3세계 국가에 정교한 무기를 판매하기 시작했다. 이에 따라 첨단 전투기를 포함해 미국이 보유하고 있던 여타 값비싼 무기 체계가 이란의 샤 왕조나 사우디아라비아 황실 등 미국과 우호 관계를 맺고 있는 국가로 팔려 나가기 시작했다. (닉슨 행정부에서 안보 보좌관을 지낸 헨리 키신저는 이란의 샤 왕조에게 원하는 무기 체계를 판매함으로써 원유 값을 싸게 유지하는 데 있어 이란의 지지를 얻어 낼 수 있을 것으로 판단했다. 그러나 샤 왕조는 석유수출국기구(OPEC) 안에서도 원유 인상을 주장하는 강경파였을 뿐만 아니라, 얼마 지나지 않아 아야톨라 호메이니가 이끄는 혁명 세력에게 정권을 빼앗기게 된다.) '닉슨 독트린'으로 알려진 이런 일련의 정책 변화에 대해 당시 국방부 부장관 데이비드 팩커드는 이렇게 설명했다. "미국의 개입과 그에 따른 비용을 줄이는 최선의 방법은 동맹국들이 자국 방어에 보다 적극적으로 나서도록 하는 데 있다. 이를 위해선 그들이 우리가 원하는 만큼의 국방을 책임질 수 있도록 그들에게 필요한 각종 무기를 계속해서 제공해야 한다."

게다가 무기 구매자도 충분했다. 아프리카와 중동 지역에서 신생 독립국들이 탄생하면서 그동안 영국·프랑스·포르투갈 등이 책임지고 있던 지역 안보 문제를 이들이 떠맡게 됐다. 석유수출국기구가 창설되면서 한때 가난에 허덕이던 국가에서 오일달러가 넘쳐 났으며, 이들 가운데 상당 부분이 무기 대금으로 서방국가로 되돌아왔다. 이런 과정을 통해 국제 무기 시장은 일대 호황을 맞았다. 1970년 50억 달러에도 미치지 못했던 미국 정부의 무기 판매고는 1982년 270억 달러 이상으로 치솟았다.

반공 게릴라를 지원하려는 미국 정부의 첩보 작전이 확산되면서, 무기 밀거래 시장도 붐을 맞았다. 이에 따라 민간 무기중개상의 수요가 높아졌다 — 특히 미 중앙정보국 스탠스필드 터너 국장이 1977년 중반 8백여 명에 달하는 요원을 해고하면서 이들의 수요는 급속도로 팽창됐다. 칠레에서 피노체트가 정권을 장악하기 위해 일으킨 쿠데타에 미 중앙정보국이 개입한 사실과 피델 카스트로 암살 음도 등 각종 추문이 드러나면서 이뤄진 대량 해고 사태로 미 중앙정보국은 국제 무기 시장에 대한 정보에 극도로 취약해졌다. 앞서 글라트와 벌인 소송 사건에서 페티가 '아이슬란드 출신'으로 거론한 로프터 요하네손과 함께 일했던 존 마일리 — 그는 베트남전에 참전했으며, 런던 미 대사관에서 무관으로 잠깐 근무하기도 했다 — 는 "터너 국장이 해고한 옛 요원들은 무기 거래상들의 신상을 꿰뚫고 있었지만, 신참 요원들은 이들의 연락처조차 파악하지 못하고 있을 정도였다"고 말했다.

탐파 교외에서 살고 있는 마일리는 무기거래상으로 활동하던 때의 추억을 더듬는 것을 즐겼다. 그는 자신의 조그마한 서재에서 문을 닫아 건 채 거의 이틀에 걸쳐 옛 자료를 넘겨 가며 당시의 일을 자세히 설명해 줬다. 그는 끊임없이 담배를 피워 물었고, 방 안 가득히 담배 연기가 피어올라 한 귀퉁이에 놓여 있는 공기 청정기는 아무 쓸모가 없어 보였다. 민간 항공기 조종사를 거쳐 적십자사 조종사로 일하기도 했던 요하네손은 런던에서 파나마 국적의 탄피 회사 '테크에이드'를 운영했다. 그는 가끔씩 글라트와 팀을 이뤄 활동하기도 했는데, 마일리는 런던의 한 술자리에서 글라트를 만난 일이 있다고 말했다. 글라트와의 만남에 대해 마일리는 "그는 전형적인 나치로 성장했으며, 죽기 전에 나치의 제3제국이 부활하기를 소망했다"고 기억했다. "그는 미국과 소련이 핵전쟁을 벌인다 해도 별반 신경 쓸 사람이 아니었는데, 그럴 경우 생길 권력 공백을 독일이 메우면 된다고 여겼다." 마일리의 이런 발언은 글라트 같은 주요 인물이 말했다고 하기엔 너무 직접적인 언급으로 여겨진다. 물론 글라트가 사람을 자극하는 발언을 많이 한 것은 사실이며, 무기판매상들이 일상적으로 주고받는 냉소적인 농담은 (보통 사람들에겐) 조금 지나친 면이 없지 않았다.

1979년 테크에이드는 이제껏 가장 큰 규모의 무기 거래에 나서게 된다. 마일리와 요하네손은 당시 미 중앙정보국이 아프가니스탄 반공 게릴라들에게 제공할 소총 등 무기류를 공급했다. 그들의 중앙정보국 연락책은 버지니아 주 메리필드 우체국 사서함을 주소로 하는 유령 회사인 해크먼의 '조 라이언'이라는 인물이었다. 무기중개상과 미 정보 기관 사이의 간극은 거의 존재하지 않았다 ─ 만일의 사태에 대비해 무기중개상과 미 정부 사이에 아무런 관련이 없다고 부인할 수 있을 만큼의 간극만 존재했다. "당신이 무기중개상이라면 당신 사업의 최대 고객인 미국 정부를 소외시킬 수 있겠느냐"고 마일리는 말했다. "무기 중개업 자체가 대단히 공세적인 업종이다. 사람들이 서로에게 총질을 해대기 시작하면 총과 탄약이 필요해지기 마련이고, 결국 어떤 형태의 무력 분쟁이든 사업의 가능성을 열어 준다."

테크에이드는 아프가니스탄의 무자헤딘 전사들에게 중국제 무기를 공급해 줬는데, 당시 중국제 무기에 손을 대게 된 데는 마일리의 역할이 컸다. 대사관 근무 시절 마일리는 런던 주재 중국 대사관 무관으로 근무하던 우청링과 안면을 익혔다. 런던의 한 인도 식당에서 점심 식사 자리를 마련한 마일리는 중국 정부가 아프가니스탄 게릴라에게 무기를 공급할 수 있는지 여부를 조심스럽게 타진했다. 중국이 미국만큼이나 러시아에 적대적인 것은 사실이었지만, 며칠 뒤 우청링이 전화를 걸어와 베이징의 중국 공산당 상급자를 연결해 주겠다고 말하자 마일리는 상당히 놀랐다고 말했다. (마일리는 모르고 있었지만, 당시 카터 행정부도 같은 목적으로 해롤드 브라운 국방장관을 거의 비슷한 시기에 베이징으로 보냈다.) 중국 관영 무기 업체인 '북방공업공사'의 고위층과 만나기 위해 여러 차례 중국을 오가는 동안 마일리에게 구아퐁웨이라는 통역 요원이 배속됐다. 마일리는 "개혁·개방에 나서기 전까지 상당수 중국 젊은이들은『플레이보이』나『펜트하우스』같은 잡지의 최신판을 구해 보는 것을 좋아했다"고 말했다. "당시 중국에서 사업을 했던 대부분의 사람들이 그랬던 것처럼 나도 중국에 갈 때마다 성인 잡지 한두 권을 구아퐁웨이에게 건네곤 했다. 내 호텔 방에서 서방세계의 타락한 생활 양식에 대한 토론이 벌어지는 동안 상당량의 칭다오 맥주가 소비되곤 했다." 서방의 도색잡지 때문이든, 아니면 보다 중요한 경화 확보를 위해서든 간에 중국 정부는 무자헤딘을 비롯해 여타 미국의 영향력 아래 있는 정권에게 무기를 대 주기로 합의했다. 마일리는 1980년 가을 미 육군정보국에 제출한 보고서에서 "북방공업공사와의 관계에서 커다란 진전을 이뤘다는 점은 결코 과장이 아니다"라면서 "(이를 통해) 중국과의 관계가 급속도로 가까워지는 데 도움이 된 것은 물론이고 중국 공산당 최고위층과의 연계망까지 갖추게 됐다"고 밝혔다.

물론 중앙정보부를 비롯한 여타 미 정보기관은 미국제 무기를 원하는 대로 손에 넣을 수 있다. 하지만 '첩보 작전'에 사용할 무기로는

'적국', 특히 소련제 무기를 선호했다. 값이 싸고 성능도 좋을 뿐 아니라, 이를 사용할 경우 미국의 개입 사실을 감출 수 있기 때문이다. 러시아제 무기를 사용하면 미국이 지원하는 세력이 전투에서 소련의 지원을 받는 적에게서 빼앗은 무기로 재무장을 할 수 있다는 이점도 있다. 특전사 출신 한 퇴역 미군 장교는 "특정 국가로 무기를 반입하는 것은 택배로 소포를 보내는 것처럼 쉬운 일이 아니다. 반입 경로가 워낙 까다롭기 때문에 언제든 원할 때 미국제 무기를 보내 주기란 결코 쉽지 않다"고 설명했다.

냉전 시대 동구권 국가 관료들이 충분한 뇌물만 주면 기꺼이 러시아에서 지원 받은 무기를 서방 쪽 밀매상에게 넘겼다는 사실은 이미 잘 알려져 있다. 러시아의 동맹국들은 워낙 경화에 굶주려 있었기 때문에, 이런 거래는 정부 최고위층의 허가를 받고 이뤄지는 경우도 있었다. 심지어 이들 무기가 반공 세력에게 넘겨질 것이 불을 보듯 뻔한 경우에도 무기 거래는 이뤄졌다. 마일리와 요하네손을 비롯해 미국 출신 무기 거래상들도 동구권 국가의 여러 나라들과 다양한 경로를 통해 접촉을 유지했지만, 커밍스 밑에서 무기 거래를 시작할 때부터 동유럽 국가들과 폭넓은 유대 관계를 맺어 온 글라트만큼 조용히 동구권 국가의 무기를 빼낼 수 있는 사람은 없었다. 지난 1980년대 글라트와 함께 활동했던 퇴역 장성 존 싱글러브는 "그는 공산당 관료에게 뇌물을 주고 그들이 만든 무기를 가져다 공산주의를 무너뜨리는 데 사용할 수 있다는 사실을 좋아했다. 그야말로 멋진 일이라고 생각한 모양이다."

글라트가 원하면 언제고 소련제 무기를 빼낼 수 있다는 점은 외국 물자획득 프로그램을 통해 첩보 작전을 수행하는 특히 미 육·해·공군

정보부대와 국방정보국(DIA)에게 대단히 유용한 일이었다. 제3세계 동맹국으로 소련제 무기를 넘겨주던 중앙정보국과는 달리 군 정보 기구들은 동구권 무기의 성능을 실험하고 대응책을 마련하기 위해 동구권 무기를 활용했다. 외국물자획득 프로그램은 1973년 이스라엘이 욤키퍼 전쟁에서 이집트와 시리아로부터 다량의 소련제 무기를 빼앗으면서 시작됐다. 당시 골다 마이어 이스라엘 총리는 닉슨 대통령이 전쟁 기간 동안 도와준 것에 대한 고마움을 표하기 위해 빼앗은 무기 일부를 미국과 나누기로 결정했다. 이를 통해 미 국방부는 자체적인 러시아제 무기 공급 경로가 필요하다는 판단을 내렸으며, 몇 년 뒤 외국물자획득 프로그램을 도입했다. 한 전직 중앙정보국 요원은 "글라트를 비롯한 미국 정부와 연계돼 있는 무기거래상들이 해내는 일은 상상도 못할 일이다. 공산주의 국가 최고 권력층과 접촉해 동구권의 무기 공장에서 금방 나온 신무기를 손에 넣고 있기도 했다. 그들에게 돈으로 살 수 없는 것은 전혀 없었다."

글라트가 국제 무기 시장에서 급속도로 부를 축적하게 되면서, 그는 언제나 경쟁 업체에 비해 한발 앞설 수 있었다. 라이언 대령은 막대한 양의 러시아제 무기 구입을 위해 글라트와 경쟁을 벌인 경험이 있다고 말했다. 당시 거래를 위해 먼저 움직이기 시작한 것은 라이언 대령이었지만, 계약을 체결하기 위해 필요한 7백만 달러 상당의 신용장을 자금 부족으로 개설하지 못하고 있었다. 그가 은행을 통해 대출을 신청하고 있는 사이 글라트가 경쟁에 뛰어들어 개인 자금으로 신용장을 개설한 뒤 계약을 앞두고 있던 무기를 손에 넣었다.

비밀리에 무기를 유통하기 위해 필요한 최종수요자증명서 등 가짜 서류를 작성하는 데도 자금력은 필수적이다. 비엔나 출신의 무기중개상 하인츠 바우만은 인터뷰에서 "가짜 증명서의 통상 가격은 미화 약 5만 달러 선에 이르며, 서류를 꾸며 주는 페루 정부 관료들이 상황에 따라 천차만별의 값을 요구했다"며 "지금까지 페루 정부가 만들어 준 최종수요자증명서가 모두 합법적인 것이었다면, 페루는 지금쯤 미국보다 훨씬 강한 군대를 보유하고 있어야 한다"고 말했다. 한 전직 중앙정보국 요원도 차드 공화국과 관련된 비슷한 추억담을 전했다. "가난한 국가인 데다 정부는 부패했고, 통신수단이라고는 거의 전무한 상태였다. 그리고 오랫동안 소련은 차드에 외교 대표부를 두지도 않았다. 아주 이상적인 상황이었다." 글라트 역시 여러 제3세계 국가를 통해 가짜 최종수요자증명서를 발급 받았는데, 이 가운데는 페르시아 만 지역 국가들과 시리아, 나이지리아가 포함된다.

이 밖에도 글라트가 무기거래상으로 성공을 거둘 수 있었던 데는 빈틈없는 지식과 강한 성격, 지칠 줄 모르고 경쟁에 나서는 사업 방식 등을 꼽을 수 있다. 인터뷰에 응한 상당수 무기거래상은 글라트의 최대 강점에 대해 국제 무기 시장에서 살아남기 위해 가장 필요한 것으로 여겨지는 "강철 같은 성격"이라고 말했다.

인터암에서 물러난 직후 글라트는 몬테카를로에 있는 커밍스의 사무실에서 만난 적이 있는 한 남자에게 점심 식사를 함께 하자는 전화를 받았다. 미국 정보기관 소속인 그는 미국 정부를 대신해 동구권 국가 무기 시장에서 계속해서 일할 생각이 있는지를 물었다. 글라트와 미 정보기관 사이에 40년이 넘도록 유지되고 있는 관계는 이렇게 시작됐다.

처음에는 소량의 저가 무기를 제공하기 시작했지만, 점차 거래 규모가 커지면서 1977년에는 소말리아의 독재자 시아드 바레에게 무기를 공급해 주고 상당한 돈을 벌어들이기도 했다. 그 해 소말리아와 에티오피아는 두 나라 국경 지역의 황량한 사막지대인 오가든 지역을 놓고 전쟁을 벌였다. 바레는 오랜 기간 소련과 밀접한 동맹 관계를 맺고 있었지만, 소련은 1974년 좌파 군부의 쿠데타로 미국의 영향권에서 벗어난 에티오피아를 지원하기로 결정했다. 카터 행정부의 공식 입장은 전쟁과 관련해 어떤 개입도 하지 않는다는 것이었다. 당시 미 합참의장이던 조지 브라운 장군은 『뉴스위크』와 한 인터뷰에서 "중요한 전략적 요충지이긴 하지만, 미국이 무력 개입을 할 이유가 전혀 없다"고 말했다. 글라트는 인터뷰에서 "당시 이란의 상황 역시 나빠지기 시작하던 무렵이어서, 소말리아를 지원하는 것이 필요해졌다"고 당시 소말리아-에티오피아 분쟁에 관여하게 된 배경을 설명했다.

카터 행정부는 '베트남 쇼크'가 계속되고 있는 상황에서 미국의 개입 사실이 알려지면 자칫 정치 쟁점으로 떠오르면서 여론의 비난이 터져 나올 것을 우려했다. 이에 따라 외국의 연계망을 동원해 이 문제를 풀어 나갔다. 미국의 첩보 활동을 적극 지원하고 있던 사우디아라비아는 이를 위한 비용을 기꺼이 지불했다. 글라트와 리히텐슈타인에 거점을 두고 있는 무기 중개업체 '아이시더블유'(ICW)가 필요한 무기를 확보했다. 이들은 580톤에 달하는 자동소총과 여타 소형 무기를 헝가리 국영 무기 업체인 '테크니카'를 통해 구했다. 글라트는 소말리아 국방장관

모하마드 알리 사만타 중장과 친분 관계를 형성했으며, 이들 무기의 최종 도착지가 나이지리아라고 표시된 가짜 서류를 손에 넣었다.

로프터 요하네손은 이들 무기를 아프리카로 옮기는 책임을 맡았다. 이를 위해 그는 보잉 707기를 소유하고 있던 프리랜서 비행사 행크 와튼을 고용해 헝가리에서 소말리아로 무기를 운반했다. 독일계 유대인인 와튼은 나치 정권을 피해 미국으로 건너온 뒤, 제2차 세계대전에 지원병으로 참전한 인물이다. 전쟁이 끝난 뒤 한때 이런저런 직업을 전전했던 그는 원호법(참전용사지원제도)을 통해 조종사 면허증을 취득했다. 그 뒤 심장마비 증세로 의사들이 조종을 그만두게 하기 전까지 20여 년 동안을 그는 거의 언제나 창공에서 보냈다. 그는 자신이 유대인이라는 사실을 감추는 데 주의를 기울였기 때문에 아랍권 전역에서 활동하는 데 아무런 문제도 없었다. 라마단 기간 동안 이슬람 순교자들을 메카로 실어 나르기도 했고, 시리아 항공사에서 민간 비행기를 조종하기도 했다. 또 수단에서 예멘까지 소 떼를 몰고 가는 일을 하기도 했으며, 1960년대 콩고 내전 당시엔 유엔군을 수송하는 등 군사 업무에 참여하기도 했다. 와튼이 악명을 떨치기 시작한 것은 1967년 이보족이 나이지리아에서 분리·독립해 비아프라 공화국 수립을 선포한 뒤 이들에게 식량과 무기를 공급해 주면서부터다. 나이지리아 정부는 비아프라와 바깥 세계의 연계망을 차단함으로써 이보족의 반란을 잠재웠으며 — 와튼에게는 25만 달러의 현상금이 붙기도 했다 — 이 때문에 백만 명가량이 기아와 질병으로 숨을 거뒀다.

이제 여든두 살이 된 와튼은 마이애미 해변이 내려다보이는 고층 아파트의 자기 집 거실에서 소말리아—에티오피아 전쟁 당시의 상황을 회상했다. 그는 당시 비행기를 제공한 것 외에도 예비역 미 공군 래리 랍, 피그만 작전에 참여했던 쿠바 망명객 출신의 알베르토 알베르티, '리어제트' 창업주의 아들인 존 리어 2세 등을 포함한 팀을 구성해 무기 수송에 참여했다. 부다페스트에서 제다를 거쳐 모가디슈까지 무기를 실어 나르는 작전 기간 동안 ― 사우디아라비아 정부는 급유를 위해 이들 비행기의 중간 체류를 허용했다 ― 조종사들은 잘츠부르크에 머물 렀으며, 글라트는 이들을 위해 교외에 위치한 자신의 집에서 가까운 폴러호프 호텔에 방을 마련해 줬다. "당시 무기 수송기 조종사 대부분은 미국 출신으로 철의 장막 뒤에 있던 공산권 국가인 헝가리 입국이 불가 능했다. 하지만 글라트는 '미 중앙정보국이 입국을 허가했으며, 실제로 중앙정보국의 작전을 수행하는 것이니 걱정할 필요 없다'고 말했다." 1977년 8월부터 12월까지 와튼이 주도한 수송단은 모두 28차례나 모가 디슈로 무기를 실어 날랐다.

글라트와 아이시더블유 사이에 이익 분배를 놓고 갈등이 빚어지기 전까지는 모든 일이 순조로웠다. 옛 상관이었던 커밍스와 마찬가지로 글라트는 '네 이웃을 내팽개쳐라'는 무기 거래 업계의 제1계명을 철저 히 준수했다. 아이시더블유가 자신을 배제시키려 하자, 글라트는 거래 와 관련된 사실을 스위스와 영국 언론에 흘렸다. 파장이 커지면서 무기 공수는 중단됐고, 리히텐슈타인 당국은 아이시더블유의 사업 면허를 취소했다. (인터뷰 도중 글라트에게 "경쟁자들은 당신을 잔인한 사업가라고 부른다"고 말해 줬다. 이에 대해 그는 "기본적으로 그들의 말이 맞다. 적어도 나는 내 이익이 위협을 받을 때 이를 지켜 낼 수 있다"고 답했다.)

그러나 미국의 입장에서 보면, 무기 공수작전은 대단한 성공작이었다. 소말리아는 서방 진영으로 들어왔으며, 시아드 바레는 미국이 원하던 아프리카 북동부 전략 거점에 해군 및 공군 기지를 제공했다. 물론 소말리아가 원하는 방향으로 사태가 매듭지어지지는 않았다. 에티오피아군은 소말리아군을 괴멸시켰으며, 민간인을 포함해 모두 십만여 명이 목숨을 잃었다. 전쟁 패배로 군사 반란이 이어졌으며, 바레는 전쟁에 대한 책임을 묻는 80여 명의 장교를 처형하고서야 이를 진압할 수 있었다.

행크 와튼에게도 소말리아-에티오피아 전쟁은 상처를 남겼다. 그가 비행기 격납고가 있는 마이애미로 돌아오자, 세관 직원들이 와튼의 비행기에 있는 항공일지를 정밀 조사해 그가 철의 장막을 넘어 헝가리에 들어갔던 사실을 밝혀냈다. 와튼은 소말리아 작전에 대해 알고 있는 미 국방부 관계자들을 거명했으나, 그들 모두 아는 게 없다고 발뺌했다. 와튼은 국방부 관계자들이 "정부는 무기 공수와 관련돼 있다는 사실을 절대 공개할 수 없으며, 앞으로 중앙정보국과 관련된 계약을 줄 테니 유죄를 인정하라"고 자신을 설득했다고 주장했다. 이에 따라 와튼은 유죄가 확정돼 징역 1년 6개월에 11만 달러의 벌금형에 처해졌다. 하지만 미 중앙정보국이 제공하기로 한 계약 건은 실현되지 않았다.

글라트는 외국물자획득 프로그램 참여 초기에 요하네손과 함께 일하기도 했다. 테크에이드의 런던 사무실에서 비서로 일하는 니나 베어링은 베어링스 은행(싱가포르 주재 젊은 브로커가 아시아 주식시장에서 15억 달러의 투자 손실을 낸 뒤 망한 영국계 은행) 상속자의 별거 중인 부인이었다. 테크에이드는 가끔씩 이란에서 망명해 캔자스시티에서 미 중앙정보부와 연결된 항공업체를 운영 중인 파라드 아지마에게 일을 맡겼다. (최근 들어 아지마는 민주당에 거액을 기부하기 시작했으며, 1995년과 1996년에 걸쳐 세 차례 백악관 간담회에 초대되기도 했다.)

공작 작위를 가진 집안의 딸과 결혼해 왕가의 일원이 된 앤소니 사이크스는 해외여행을 다니며 테크에이드의 잠재 고객을 만났다. 무기 거래 분야에서 잠깐 경력을 쌓은 뒤 닉슨 행정부 아프리카 담당 차관보를 거쳐 하버드 대학 국제인권법 담당 교수가 된 클라이드 퍼거슨 역시 마찬가지였다. 테크에이드의 또 다른 조력자로는 술에 빠져 막대한 유산을 탕진해 버린 귀족 출신의 윌리엄 린지-호그를 들 수 있다. 그는 런던의 히드로 공항에서 테크에이드가 무자헤딘을 통해 입수한 소련제 로켓을 미국으로 밀반출하려다 공항 당국에 적발된 적도 있다. 당시 이 사건으로 영국과 미국 사이에 작은 분쟁이 빚어졌는데, 양쪽 모두 상대국에서 첩보 작전을 수행할 경우 해당국에 사전에 통보해 주는 것이 불문율이었기 때문이다.

이들 외에도 런던 로벅 하우스를 거쳐 간 사람들 가운데는 무기 거래 분야에 종사하지 않더라도 이에 도움이 될 만한 인사들이 상당수 포함돼 있다. 이들 가운데 한때 야간 업소 무용수였던 쉘라 페트리는 소형 수송기를 이용해 우간다의 독재자 이디 아민에게 위스키를 공급했으며, 프랑스산 기관차를 판매하기도 했다. 취재를 위해 전화 통화를 시도했을 때 그녀는 내게 "이디 아민에 대해 어떻게 생각하느냐"고 물은 뒤 "나는 그와 아주 좋은 관계를 유지하고 있다"고 말했다.

취재 결과 확인한 첫 번째 외국물자획득 사례는 요하네손이 불가리아에서 소형 무기를 사들인 1977년의 일이다. 당시 행크 와튼은 불가리아의 수도 소피아에 있는 공군기지에서 메릴랜드에 있는 미 육군 에버딘 훈련소로 이들 무기를 실어 날랐다. 2년 뒤, 글라트와 요하네손은 루마니아에서 러시아제 장갑차를 구매하려는 계획을 세웠다. 루마니아에서 일을 성사시키기 위해서는 최소한 독재자 니콜라이 차우셰스쿠의 두 동생에게 뇌물을 줘야 했다. 비엔나 주재 루마니아 무역 대표를 역임함 마린은 1989년 차우셰스쿠가 권좌에서 쫓겨나 살해되자 스스로 목숨을 끊었다. 또 다른 동생인 일리에는 차우셰스쿠 정권 시절 국방차관을 역임했으며, 현재 부쿠레슈티에서 수감 생활을 하고 있다. 동구권에서 가장 강경한 공산주의 지도자였던 니콜라이 차우셰스쿠 역시 자기 몫의 뇌물을 챙겼다. 이로 인해, 수백만 달러에 이르는 미 국방부 예산이 스위스 은행의 차우셰스쿠 일가 계좌로 흘러들어 갔다.

이와 관련한 첩보 보고서를 접한 한 군부 고위 관료는 글라트가 1979년 루마니아에서 소련제 장갑차를 빼내기 위해 후한 값을 치르고 마린 차우셰스쿠를 통해 일을 진행시켰다고 증언했다. 가짜 최종수요자 증명서를 만들어 준 페루군 장군도 같은 증언을 했으며, 루마니아의 한 항구에서 장갑차를 실어 나른 유고 여객 및 화물선에 탑승했던 관료의 증언도 이와 일치한다. 이 화물선은 애초 미국 남부 항구에 정박해 승객이 모두 내린 뒤 장갑차는 미 육군에게 넘겨져 샬러츠빌에 위치한 군부대로 향할 예정이었다. 그런데 무슨 이유에선지 뉴저지 주 얼에 위치한 미 해군기지에 정박해 장갑차를 내렸다. 승객들은 어이없는 표정으로 장갑차 하역 작업을 바라봤으며, 항해가 늦어지는 데 분통을 터뜨렸다. 이에 따라 승객 가운데 일부가 이런 사실을 언론에 제보했고,

그 해 8월 2일『에이피통신』은 다음과 같은 기사를 내보냈다. "미스터리에 휩싸인 채 미 육군은 이름이 밝혀지지 않은 민간 업체를 통해 바르샤바조약기구 회원국인 공산권 국가에서 군수물자를 도입했다. 미 국방부는 이와 관련한 질문에 대해 답변을 거부했다." 심지어 한 승객은 러시아 장갑차의 사진까지 찍었으며, 이 사진은 어떤 경로를 통해선지 동구권 국가 고위 관료에게까지 흘러 들어갔다. 군 관계자는 "루마니아에서는 난리가 났겠지만, 어떻든 장갑차는 결국 샬러츠빌에 도착했다"고 말했다. 이 사건에 대해 백악관이 군을 호되게 질책하면서 국방부에서는 거센 논란이 벌어졌다. 이 과정에서 책임 문제가 불거지면서 요하네손과 글라트 사이에 심한 갈등이 생겨나 결국 둘은 결별하기에 이른다. (한 차례 거래로 수백만 달러가 오가는 상황에서 무기거래상들은 과도한 집착과 탐욕에 사로잡히기 마련이다. 이 때문에 동업자 관계는 오래가지 못하는 게 대부분이다. 마일리는 "막대한 액수의 뇌물을 뿌리기 때문에 동업자끼리도 실제 비용이 얼마나 들어가는지에 대해 확실히 알지 못한다. 뇌물로 25만 달러를 줬다고 말하고 영수증까지 제시하더라도, 그 가운데 10만 달러 정도를 뒷돈으로 챙길 수 있다"고 말했다.) 어찌됐든 이 작전은 루마니아를 외국물자획득 프로그램의 최대 공급원으로 만들어 내는 중요한 성과를 거뒀다.

비슷한 시기에 글라트는 에드 윌슨과의 몇 차례 거래에서도 전반적으로 좋지 않은 결과를 맛봐야 했다. 미 중앙정보국 출신으로 해군정보국에서도 일했던 윌슨은 1976년 같은 중앙정보국 출신의 프랭크 터필과 함께 리비아의 무아마르 카다피와 무기 공급과 헬리콥터 조종술 및 테러 전술 훈련까지 시키는 대가로 수백만 달러짜리 계약을 맺었다. 그로부터 6년 뒤 미 법무부는 정보원을 활용해 윌슨을 트리폴리에 있는 자신의 저택에서 도미니카 공화국으로 유인해 내는 데 성공했다. 그곳에서 체포된 윌슨은 미국으로 압송돼 서로 다른 죄목으로 세 차례 기소됐으며, 리비아에 20톤가량의 플라스틱 폭약을 공급한 혐의 등이 유죄로 인정돼 징역 52년형에 처해졌다.

윌슨을 인터뷰하기 위해 그가 수감돼 있는 앨런우드 형무소를 찾았다. 소련 스파이로 악명 높은 중앙정보국 출신의 앨드리치 에임스와 세계무역센터 폭파범들도 앨런우드 형무소에 수감돼 있다. 윌슨은 재판 당시 찍은 사진과는 사뭇 다른 모습이었다. 더 이상 예전처럼 큰 키에 햇볕에 잘 그을린 구릿빛 피부를 가진 건장한 모습이 아니었다. 이미 일흔한 살이나 돼 백발이 성성했으며, 나이 때문인지 조금 구부정해진 채 그는 담당 교도관에게 이끌려 면회 장소에 나타났다.

윌슨과 네 시간여를 얘기하는 동안 십여 개의 탁자가 마련된 면회장은 텅 빈 채였다. 새로 칠한 페인트와 밝은 조명도 앨런우드 특유의 침울함을 없애 주기에는 역부족이었다. 면회에 따라온 아이들을 위해 마련한 듯한 책과 장난감이 마련돼 있었고, 수감자와 면회객이 함께 사진을 찍을 수 있도록 마련된 어두운 벽면 등이 오히려 우울함을 더하게 했다.

윌슨은 글라트를 가리켜 "내가 만나 본 무기중개상 가운데 가장 탁월한 인물"이라며 "그를 무척 좋아했다"고 말했다. 그와 글라트를 처음 소개한 사람은 군 출신으로 윌슨의 제네바 사무실에서 일하던 딕 우즈였다. 윌슨은 글라트에게 리비아로 무기를 수출하는 것에 대해 관심을 가져 달라고 여러 차례 권했으며, 잘츠부르크에 있는 글라트의 저택 '필러호프'를 방문하기도 했다. 윌슨의 노력에도 글라트는 카다피와 거래를 하는 데 전혀 관심을 보이지 않았다. 윌슨은 "글라트는 리비아와 엮이는 것을 절대 원하지 않았다. 나도 그랬어야 했다"고 후회했다. (윌슨은 자신이 글라트와 함께 외국물자획득 계약에 참여한 적이 있다고 말했지만, 이를 객관적으로 확인할 수는 없었다. 윌슨이 글라트에 대해 존경심을 느낀 것과 달리 글라트는 윌슨에 대해 결코 호의적이지 않았던 것으로 보인다. 글라트의 변호사이자 윌슨을 기소한 검찰 팀의 일원이었던 로렌스 바셀라는 윌슨의 유죄를 입증하는 데 필요한 중요 정보를 글라트가 제공했다고 밝혔다.)

여전히 비밀로 묶여 있는 미 법무부의 한 서류를 보면, 글라트가 윌슨과 접촉한 이유는 간접적으로나마 미 국방부의 사업과 관련이 있어 보인다. 1982년 작성된 이 서류는 플라스틱 폭탄을 리비아 쪽에 넘긴 혐의로 윌슨에 대한 재판을 진행하는 과정에서 미 정부가 작성한 것으로, 리비아에서 윌슨 밑에서 일했던 더글라스 슐라이처가 제공한 정보를 인용하고 있다. 서류의 내용을 보면, 슐라이처는 1977년 윌슨과 친분이 있는 중앙정보국 요원 토머스 클라인이 자신에게 접근해 동구권 나라를 통해 러시아산 소형 화기와 수류탄, 탄약 등을 구해 달라고 부탁했다고 정부 조사관들에게 말했다. 어떤 용도로 사용될지 알 수 없는 이들 무기의 최종 목적지는 남아메리카와 아프리카였다. 이에 따라 슐라이처는 글라트에게 도움을 청했지만, 윌슨과 관련이 있다는 사실을 알게 된 국방부가 거래를 중단시켰다. 당시 윌슨은 정식으로 기소되기 전이었지만, 이미 업계에서는 그에 대해 상당한 논란이 일고 있었던 때였다. 얼마 뒤 클라인은 슐라이처에게 "글라트가 워싱턴을 방문해 국방부와 중앙정보국 고위층을 여러 차례 만났으며, 글라트 자신이 중앙정보국과 국방정보국이 필요로 하는 무기를 공급하겠다고 합의했다"

고 전했다. 클라인은 1978년 중앙정보국을 그만둔 뒤 개인적으로 외국 물자획득 사업에 뛰어들었으며, 이후 이란-콘트라 사건 때 '프리랜서'로 참여해 중요한 역할을 수행하게 된다. 윌슨 밑에서 일했던 굴딩도 법무부 증언을 통해 글라트가 1978년 러시아산 ZPU 대공포를 중앙정보국에 공급했으며, 이와 함께 "소련제 고폭탄 2만 발과 장갑차 파괴용 탄약 2만 발"도 추가로 구해 줬다고 주장했다. (굴딩과 슐라이처 모두 글라트가 이들 무기를 어디서 어떻게 구했는지에 대한 정보는 내놓지 않았던 것으로 보인다.)

글라트가 미국 군부에서 일방적으로 지지만 받는 것은 아니다. 일부에서는 그를 신나치주의자라고 보기도 한다. 한 퇴역 장교는 "나는 지나친 낙관론자는 아니다. 친구로 삼고 싶지 않은 사람과도 거래를 해야 하기 마련이다. 정보기관에서 근무하다 보면 이를 받아들일 수밖에 없다. 하지만 글라트의 정치적 관점은 어느 누구라도 쉽게 받아들이기 어려울 것"이라고 말했다. 글라트와 안면이 있다는 한 인사는 "그는 거만하고, 독단적이며, 고집스럽다. 독일 인이 가지는 민족적 특성이 있다면, 글라트는 그 모든 것을 지니고 있다"고 말했다.

그러나 글라트에 대해 나쁘게 말하는 사람은 극소수에 불과하다. 글라트는 상당수 군 고위 인사와 개인적인 친분 관계를 유지하고 있다. 때로 그는 이들을 버지니아 주의 자신의 목장 블랙이글나 유럽 곳곳에 있는 저택으로 초대하기도 한다. 글라트는 싱글러브 장군이나 국방정보국장을 지낸 에드 소이스터 등 퇴역 군인이나 첩보 요원들과 오랫동안 사업을 벌여 왔다. 한 정보기관 고위 관료의 딸은 글라트의 손자의 대모가 되기도 했다. 또 글라트는 그레이엄 장군과의 친분을 이용해 한 퇴역 장성의 딸을 '하이프론티어' 재단에 취직시켜 주기도 했다.

1981년 로널드 레이건이 대통령에 취임할 무렵, 미 정보기관들은 글라트를 자기편으로 끌어들이기 위한 경쟁을 벌이게 됐다. (육군정보 국이 이 경쟁에서 승리했고, 이 때문에 육군에서 그와 가장 많은 거래를 했다.) 같은 해 국방부는 워싱턴의 조지타운 클럽에서 글라트의 생일 파티를 성대하게 열어 줬다. 정부 고위 관료들과 저명인사들이 모여 국정을 논하는 곳으로 유명한 이 클럽은 철저하게 개인 회원제로 운영된다. 위스콘신 가에 위치한 3층 벽돌 건물인 이 클럽은 후에 유명한 로비 업체인 '힐앤놀튼' 대표를 지낸 로비스트 로버트 그레이와 루즈벨트 대통령 보좌관 출신인 토머스 커크란, 워싱턴에서 활약하는 유명한 사업가인 밀튼 노팅엄 등이 설립했다. 공동 설립자 가운데 한 사람으로 주요 자금 공급원이던 한국인 박동선도 이곳에서 수많은 연회를 주최 했다. 이 때문에 카터 행정부 시절 정부 차원의 조사 결과 박동선이 한국 정보기관의 스파이로, 미국의 대한반도 정책에 영향을 미치기 위해 일부 의원들에게 거액을 건넸다는 사실이 드러나면서 문제가 되 기도 했다.

이날 생일 파티는 글라트의 절친한 친구이자 때때로 그의 '화물'을 수송해 주기도 하는 노팅엄의 주최로 열렸다. 같은 날 밤 클럽의 다른 장소에서는 당시 부통령이던 조지 부시의 후원 행사가 열리고 있었다. 이날 글라트의 생일을 축하하기 위해 몰려든 하객 가운데는 정보기관 고위 인사와 관료, 외국물자획득 프로그램에 사용될 자금을 세탁해 주는 은행가들도 포함됐다. 클럽 자체가 워낙 비밀스럽다 보니, 회원들은 부고 기사에서나 자신이 회원임을 드러낼 정도였다. 여전히 조지타운 클럽에서 막강한 영향력을 행사하고 있는 노팅엄은 방문 취재 요청을 정중히 거절했다. 당시 생일 파티에 참석했던 라이언 대령은 조지타운 클럽이 우아하면서도 기품이 있고, 오래된 가구가 여기저기 분산 배치 돼 있어 은밀한 대화를 나누기에 적당한 장소라고 설명했다. 그는 "클럽을 둘러보는 것만으로도 세련된 취향과 권력, 격조 높은 안목을 느낄 수 있다"며 "과시하기 위해 화려하게 치장했다는 느낌은 전혀 들지 않으며, 최고급 수제 양복을 입은 사람도 찾아볼 수 없다"고 말했다.

여러 차례 라이언 대령이 운영하는 정체불명의 사무실을 찾아 대화를 나눠 봤다. 사무실에 들어서기 전 방문 목적이 비밀에 부쳐져야 하는지 여부를 방명록에 기재하는 것이 인상적이었다. 글라트의 극우적 정치 성향이 문제가 되지 않느냐는 질문에 라이언 대령은 "정부 안에는 글라트가 좋은 사람이 아니라고 생각하는 부류도 있다. 하지만 그런 게 무슨 문제가 되느냐"고 반문했다. 글라트가 자신의 버지니아 목장을 나치의 상징인 블랙이글이라고 이름 붙인 것에 대해 반감은 없느냐는 질문에 대해서도 라이언 대령은 "전혀 없다"고 잘라 말했다. 그는 "서방 진영은 글라트의 능력이 필요하다. 글라트는 중요한 공급책이다. 아마도 러시아산 무기를 가장 많이 공급해 줄 수 있는 무기거래상일 것이다. 글라트에게 미국 시민권을 줄 것도 아니고, 그저 미국에게 중요한 군사적 가치가 있는 소련제 무기를 공급해 줄 것을 바랄 뿐이다. 오히려 그가 극우적일수록 그에 대해 안심할 수 있다. 적어도 그가 러시아와 내통하지는 않을 것이기 때문이다. 제2차 세계대전 직후처럼 나치 잔재

청산 작업을 벌이는 때도 아닌데, 그가 자기 목장을 블랙이글이라고 부르고 싶다면 그건 글라트 마음이다. 그의 목장 이름에 대해 이러쿵저러쿵 간섭할 이유가 없다"고 말했다.

글라트가 일차적으로 미 정보기관의 '자산'이기는 하지만, 개인 사업가로서 그는 다른 나라 정부와도 거래를 하고 있다. 인종 분리 정책을 고수해 온 남아프리카 공화국과 오만의 왕실도 그의 주 고객 가운데 하나다. 특히 오만 왕실과는 개인적으로 돈독한 관계를 맺고 있다. 글라트는 1970년 영국의 지원을 받아 쿠데타를 통해 아버지를 몰아내고 왕위에 오른 뒤 오만을 서방 진영의 첩보전과 군사 작전의 전초기지로 만든 술탄 카부스 빈자이드와 개인적 친분을 맺고 있다. 글라트는 또 술탄에게 막대한 영향력을 행사하는 영국 군사고문단과도 절친한 사이다. 특히 술탄의 안보 보좌관 역할을 하고 있는 영국군 준장 출신의 티모시 랜던과는 각별한 사이다. 1984년 술탄이 미국을 방문해 레이건 대통령과 밀담을 나눌 때 유일한 배석자가 랜던이었다. (미국을 비롯한 친이스라엘 국가를 대상으로 한 아랍권의 원유 금수 조처 기간 동안, 미국 정유 회사 '애슐랜드오일'은 오만에서 사업을 지속하기 위해 수백만 달러의 뒷돈을 지불했는데, 이 가운데 일부가 랜던에게 흘러 들어갔다. 미 증권거래위원회와 법무부 모두 이 문제를 조사했으나, 양쪽 모두 조사를 심도 있게 진행하지 않았다. 당시 조사 내용을 잘 알고 있는 한 소식통은 결국 이 문제는 미국의 첩보전에 대한 오만의 협조에 감사한다는 뜻으로 '잊혀지게 됐다'고 말했다. 랜던은 현재 런던에 거주하고 있다. 그는 인터뷰 요청에 대해 글라트를 알고는 있지만, 그에 대한 얘기를 하고 싶지는 않다는 뜻을 비서를 통해 전해 왔다.)

레이건 행정부 당시 윌리엄 케이시 중앙정보국장이 정부가 주도하는 첩보 작전의 폭을 급격히 확대하면서, 글라트의 외국 인맥이 빛을 발했다. 카터 행정부 당시 시작된 아프가니스탄의 반소련 이슬람 전사 무자헤딘에 대한 중앙정보국의 지원은, 수십억 달러 규모로 커지면서 제2차 세계대전 뒤 중앙정보국이 진행한 최대 작전이 됐다. 미국은 또 남아메리카의 니카라과와 아프리카의 앙골라에서 좌파 정권을 몰아내기 위해 반군 조직에 막대한 지원을 했다. 글라트는 게릴라 조직을 무장시키는 데 직·간접적으로 모두 참여했다. 글라트는 "단일체였던 소비에트 제국에 수리가 불가능할 정도로 커다란 균열이 생겨나고 있었다. 역사 학도로서 공산주의가 무엇을 의미하는지 잘 알고 있는 입장에서, 이 균열을 더욱 크게 만드는 것도 의미 있는 일이라는 생각을 하게 됐다"고 당시를 회고했다.

앙골라를 예로 들면, 글라트는 소련제 무기를 구해 남아프리카 군부에 전달했으며, 최종적으로 조나스 사빔비가 이끄는 우파 게릴라 조직인 유니타 반군에게 넘겨졌다. 사빔비를 따로 돕고 있던 미 중앙정보국은 글라트의 이런 활동에 대해 잘 알고 있었다.

글라트는 친소 정권과 이들을 지원하기 위해 소련이 파견한 병력과 맞서고 있던 아프가니스탄 반군 세력을 무장시키는 일은 하지 않았다고 주장했다. 그는 "무자헤딘과 관련해 어떤 사업도 벌이지 않았다. 국제 무기 거래 업계의 전문가들이 그들을 상대했던 것으로 알고 있다"고 주장했다. 그의 주장이 꼭 틀린 것은 아니었지만, 취재 과정에서 속임수였음이 드러났다. 최소한 세 명의 정보기관 출신 인사들이 글라트가 폴란드 국영 무기 업체인 센짐에서 막대한 양의 지뢰와 수류탄, 소총과 기관총 등 소형 화기를 구입했으며, 이들 무기가 무자혜딘에게 전해졌다고 밝혔다. 그러나 글라트의 진짜 고객은 무자혜딘이 아니라 미 육군정보국이었다. 육군은 글라트가 구해 온 무기를 중앙정보국에 넘겼고, 중앙정보국은 이들 무기를 파키스탄에 마련한 창고로 옮겼다. 그곳에서 파키스탄 정보 요원들은 글라트가 준비한 무기를 국경 너머 아프가니스탄으로 가져가 게릴라 세력에게 분배해 줬던 것이다.

글라트가 무자혜딘을 위해 마련한 무기 가운데 가장 효과적이었던 것은 견착해서 발사가 가능한 러시아산 스트렐라-1 이동식 대공미사일 이었다. 글라트가 마련한 계획에 따라 폴란드 수송기가 오만의 공군기 지로 대공미사일을 실어 왔다. 여기서 미군 수송기로 옮겨진 미사일은 인도양의 디에고가르시아 미 해군기지로 옮겨졌고, 다시 파키스탄에 있는 미 중앙정보국 창고로 수송됐다. 무자혜딘 전사들은 스트렐라-1 대공미사일을 이용해 소련의 전투용 헬리콥터를 공격했다. 1986년 중앙 정보국이 제공하기 시작한 미국산 스팅어 미사일에 비해 성능이 뛰어나 진 않았지만, 스트렐라-1 미사일 공격으로 소련 헬리콥터 몇 대가 격추 되기도 했다. 무엇보다 중요한 것은 이 때문에 헬리콥터 조종사들이 맘 놓고 작전에 나서지 못했다는 점이다. 당시 스트렐라-1 미사일 공급 작전에 가담했던 한 인사는 "스트렐라-1 대공미사일 때문에 러시아군 이 겁을 먹기를 바랐고, 실제로 자기들이 만든 무기로 공격을 당하고 있다는 사실이 러시아군의 사기를 크게 떨어뜨렸다"고 전했다.

글라트는 또 레이건 행정부 최대의 스캔들인 이란-콘트라 사건에 도 가담했다. 그러나 정보기관에서 그를 보호하기 위해 워낙 적극적으로 노력하는 바람에 그의 이름은 당시 거의 언급되지 않았다. 그와 미국 정부와의 관계가 워낙 민감한 사안이기 때문에 이란-콘트라 사건을 조사하는 과정에서 연방수사국(FBI)은 비밀리에 글라트의 진술서를 받아 낸 뒤, 이를 영구 비밀문서로 분류했다. 글라트가 이란-콘트라 사건에 참여하게 된 것은 마이애미에서 라디오 토크쇼를 진행하는 우익 인사 바버라 스터들리와의 친분 관계에서 비롯됐다. 괴팍한 성격의 미인 대회 출신인 스터들리는 군부와 정치권의 극우 인사들과 친밀한 관계를 맺어 왔으며, 워싱턴에서 '지오밀텍'(GMT)이라는 국방·안보 분야 자문 업체를 운영했다. 세계반공연맹 총재인 싱글러브 장군과 극우 성향의 제시 헬름스 상원의원 수석 보좌관을 지낸 존 카버 등이 이 회사 이사로 일하고 있다. 또 이란-콘트라 사건의 주역 올리버 노스 중령이 1982년 러시아가 폴란드 침공을 준비하고 있다고 기자들에게 떠벌여 해고되기 전까지 국가안보회의에서 그의 상관이었던 육군 장성 출신 로버트 슈바이처도 이사진에 포함돼 있다. 이란-콘트라 사건 진상조사위원회에 출석한 자리에서 슈바이처는 지오밀텍의 속뜻은 "하나님의 강력한 일꾼"(God's Mighty Team)이라고 증언하기도 했다.

스터들리는 지오밀텍에서 클레오파트라를 뜻하는 '클레오'로 통했으며, '남작'으로 불린 글라트가 주요 무기중개상이었다. (지오밀텍에서는 자신들이 거래하는 무기에 대해서도 별명을 붙였다. 이 회사 내부 메모를 보면, 로켓 발사대는 '어머니'로 불렸으며, 로켓은 '아이들'이라고 불렸다.) 스터들리는 글라트와 안면이 있는 스위스 출신 은행가이자 당시 제네바의 파리 국립은행장이던 에디 메조누브를 통해 비밀 계좌를 만들어 지오밀텍의 국외 자금을 관리했다.

(이란-콘트라 사건 진상조사위원회는 지오밀텍 사무실에서 무슨 일이 벌어졌는지에 대해 구체적으로 조사하지 않았다. 다만 지오밀텍의 '텔아비브' 지사를 운영했던 이스라엘 공군 장교 출신 론 하렐이 1992년 이란-콘트라 사건과는 별개로 스터들리를 상대로 벌인 소송에서 내놓은 증언에서 이와 관련된 상당한 정보가 나왔다. 하렐은 당시 자신의 증언을 뒷받침하기 위해 십여 건의 내부 문서를 제출했으며, 지오밀텍이 인도네시아, 남아프리카 공화국, 페루, 베네수엘라, 이란을 포함한 수많은 국가에 무기를 수출하려 했다고 폭로했다. 당시 제출된 1984년치 메모를 보면, 싱글러브 장군 주도로 윌리엄 케이시 중앙정보국장과 올리버 노스 중령 등이 포함된 미국 관료들과 이란의 반체제 지도자 샤푸어 아달란이 여러 차례 논의를 했다는 기록이 있다. 미 중앙정보국이 호메이니 정권을 붕괴시키고 샤 국왕의 아들을 복위시키기 위해 그를 활용할 계획이었다. 몇 차례 만나는 과정에서 한번은 중앙정보국 요원 한 명이 현금이 가득 든 가방을 꺼내 아달란에게 주려 했다는 기록도 있다. 청렴한 사람이었기 때문이었는지, 아니면 뇌물을 다른 사람들이 지켜보는 자리에서 받기가 부담스러웠는지는 알 길이 없지만, 어쨌든 메모에는 아달란이 자기 단체에 지원되는 자금은 모두 스위스 은행에 마련된 단체 명의의 계좌로 넣어 달라고 부탁한 것으로 적혀 있다.)

지오밀텍은 올리버 노스 중령과 공군 소장 출신의 리처드 시코드가 운영한 '엔터프라이즈'와, 미 중앙정보국과 긴밀한 관계를 맺어 온 마이애미 출신 무기중개상 로널드 마틴이 온두라스에서 운영한 '암즈 슈퍼마켓'과 함께 니카라과 콘트라 반군의 3대 무기 공급원이었다. 스터들리는 공식 인터뷰 요청을 거절했지만, 싱글러브 장군과는 대화를 나눌 수 있었다. 1998년 라스베이거스에서 열린 밀리터리 마니아 전문지『솔저오브포츈』지 주최 행사장에서 자신의 자서전『위험천만한 임무』의 저자 사인회를 하고 있는 싱글러브 장군을 만났다. 그는 자서전에서 독일계 무기거래상 한사람을 '샘'이라고 언급해 놨다. 그는 샘이 글라트의 가명이라는 점을 시인했다. 그에 따르면, 글라트는 미 중앙정보국과 국방정보국 양쪽에서 고위직을 지낸 데니얼 그레이엄 장군과 윌리엄 케이시 중앙정보국장 등 두 명의 오래된 친구에게 추천을 받아 지오밀텍에 접근해 왔다고 말했다. (싱글러브 장군은 이란-콘트라 사건 진상조사위원회에 출석해 증언하는 자리에서도 글라트의 신변을 보호하고자 노력하기도 했다. 당시 하원의 케네스 밸런 조사관은 싱글러브 장군에게 무기중개상의 이름을 밝힐 것을 요구했고, 이에 대해 그는 이름은 클로츠이며 철자는 'C-L-O-T-S'라고 말했다. 기대했던 것과는 다른 이름이 나오자 밸런 조사관은 자신이 알고 있기로 무기중개상의 이름은 베르너 로트이며 철자는 'L-O-T-T'가 아니냐고 반문했다. 잠시 뒤 싱글러브 장군은 다시 한 번 자신의 무기거래상 이름을 공개할 것을 요구받았다. 그런데 이번에는 이름의 철자를 'K-L-O-T-S'라고 말해 버렸다. 밸런 조사관이나 그 밖의 어느 누구도 싱글러브의 '실수'를 알아채지 못했다.)

싱글러브 장군은 1985년 초 워싱턴 중심가 쉐라톤 칼튼 호텔의 팜 코트에서 글라트를 처음 만났다고 했다. 그의 자서전『위험천만한 임무』를 보면, 이 자리에는 스터들리와 콘트라 반군 고위 인사인 아돌포 카레로도 함께 했다.

나와 (콘트라 지도자) 엔리케 베르무데즈가 마련한 주문서에 적힌 무기목록을 꼼꼼히 살펴보면서, 샘은 조용히 고개를 끄덕이며 금도금을 한 샤프

펜슬로 메모를 했다. 가격을 가늠하고 있는 것으로 보였다. 샘이 고개를 들더니 폴란드산 AK-47 소총을 한 정당 135달러에 다량으로 구해 줄 수 있다고 말했다.

바버라와 나는 서로 쳐다봤다. 우리가 알기로 AK-47은 보통 소매가격이 무기 시장에서 한 정당 2백~3백 달러에 달했다. 샘이 제시한 가격은 우리가 들어본 최저가였다.

"중고가 아니라 신품으로 말입니까?"

"공장에서 바로 나온 걸로 구할 수 있습니다."

샘은 우리를 안심시켰다.

"게다가 성능은 소련산보다 월등하지요."

"어떻게 그 정도로 값이 쌀 수 있지요?"

샘은 별일 아니라는 듯 말했다.

"저는 우수 고객이거든요."

여기서 언급된 무기 거래는 의회가 콘트라에 대한 지원을 중단한 지 십여 개월 만인 1985년 5월에 이뤄진다. 싱글러브의 기억으로는 글라트가 조작된 최종수요자증명서를 시리아를 통해 손에 넣었고, 그리스 화물선이 폴란드의 그단스크 항구에서 무기를 선적했다. 그곳을 통해 AK-47 소총을 포함해 기관총과 유탄 발사기, 견착용 대공미사일 등 무기류가 콘트라 반군의 기지가 있는 온두라스로 옮겨졌다. 카레로는 당시 거래에 대해 민간 무기거래상이 콘트라 반군에게 제공한 무기로는 "양적으로 가장 많고, 질적으로 최고였다"고 기억했다. 이 거래는 콘트라 반군에게 군사 지원을 중단하라는 의회의 결정을 위반한 것이다.

비록 법조문 자체를 어기지 않았을지라도 명백히 의회가 금지하고자 했던 일이 벌어졌기 때문이다. 당시까지도 미 검찰에 몸담고 있던 바셀라는 이름을 밝힐 순 없지만 정부 관료 한 명이 자신을 찾아와 당시 무기 거래에 대한 법적 의견을 구했다고 말했다. 바셀라는 그때나 지금이나 이 거래가 어떤 법조항도 어긴 것이 없다고 주장했다. "당시 거래된 무기는 외국의 항구에서 선적돼 외국 화물선에 실려 외국 조직에게 보내졌다. 글라트 자신도 외국인이었다. 불법적인 것은 하나도 없었다."

올리버 노스 중령은 글라트가 워낙 낮은 가격으로 무기를 공급하기 때문에 자신이 운영하는 업체 엔터프라이즈의 이익에 위협이 된다고 생각했다. 이에 따라 그는 즉각 케이시를 찾아가 글라트가 소련의 이중 첩자라고 거짓말을 꾸며댔다. (노스 중령은 글라트에 대해 들어본 적도 없다고 주장했지만, 이런 말은 당시 정황을 놓고 볼 때 액면 그대로 받아들이기 어렵다. 더구나 그가 국가안보회의에서 근무할 때 기록해 둔 메모장에도 글라트의 이름이 여러 차례 언급돼 있다.) 론 마틴 역시 기분이 좋을 리 없었다. 글라트가 콘트라에 무기를 공급했다는 사실을 알게 된 직후 그는 자기 회사 직원이던 쿠바계 미국인 마리오 델라미코를 워싱턴 주재 폴란드 대사관으로 예고 없이 보냈다. 델라미코는 암즈슈퍼마켓에도 글라트와 똑같은 가격에 무기를 공급해 달라고 요구해 대사관 직원들을 당황하게 했다. 싱글러브는 『위험천만한 임무』에서 "폴란드 대사관 쪽의 화를 달래기 위해 글라트는 (상당한 액수의 뇌물 제공을 포함한) 외교적 노력을 기울여야 했다"고 적었다.

같은 해 8월, 싱글러브 장군은 케이시 중앙정보국장에게 글라트도 관련이 있는 뜻밖의 제안을 한다. 당시는 의회가 중앙정보국의 콘트라 반군 지원을 위한 예산을 다시 편성하기로 한 때였지만, 실제 자금이 지원되기까지는 여러 달을 기다려야 했다. 결국 글라트는 폴란드에서 구한 천만 달러 상당의 소련제 무기를 중앙정보국에 제공했을 뿐 아니라, 무기 대금까지 대신 지불해 주게 됐다. 싱글러브 장군은 케이시 중앙정보국장에게 보낸 비밀 서한에서 "우리가 거래하는 은행장(여기서는 메조누브의 이름을 밝히지 않았다)이 워싱턴으로 가서 당신이 지정하는 은행과 직접 접촉해 신용장 문제를 매듭지을 것"이라고 전했다. 그의 메모에는 이렇게 적혀 있다. "그렇게 해야 통상 거래가 있을 때 은행 사이에 오가는 텔렉스나 각종 서류 등 흔적을 남기지 않을 수 있다. 대출금은 당신이 지정하는 회사 명의로 제공될 것이다. 은행 쪽에서 당신이 누구인지 알 필요도 없으며, 당신의 거래 은행만 알면 된다. 우리 거래 은행은 그동안 대단히 신중하게 일을 처리해 왔다. 거래가 모두 끝나면, 은행 서류에는 회사 이름과 숫자로 표기된 거래 품목 및 수량만 남게 된다. 거래 당사자나 실제 거래 주체에 대한 어떤 내용도 기록에 남지 않을 것이다." 그러나 케이시는 올리버 노스 중령의 글라트에 대한 험담 때문인지 이 제안을 거절했고, 이에 따라 이란-콘트라 사건과 관련된 지오밀텍의 흔적은 여기서 사라졌다.

그럼에도 눈에 띄지는 않았지만 무기 중개업체였던 지오밀텍은 또 다른 악명 높은 스캔들이었던 '저축대부조합' 파문에서 일정한 역할을 하게 된다. 메조누브가 지오밀텍의 스위스 계좌를 관리한 것과 달리, 마이애미의 플로리다 국립은행 책임자 루이스 페트릴로는 지오밀텍의 미국 내 자산을 관리했다. 미국은행장협회 고위 인사였던 페트릴로는 지오밀텍의 사업 내용을 드러내지 않기 위해 대출을 포함한 여타 거래

내역을 장부에 기재하지 않았다. 1986년 마이애미의 베이쇼어 은행 회장에 오른 페트릴로는 자기 멋대로 지오밀텍에 2백만 달러를 대출해 줬다. 지오밀텍은 이를 갚지 않았고, 이 때문에 베이쇼어 은행은 이듬해 파산하게 된다. 1994년 페트릴로는 금융사기 혐의에 대해 유죄를 인정하고 징역 일 년에 추징금 2백만 달러 형을 선고받았다. 당시 재판을 맡은 클라이드 애트킨스 판사는 법무부 쪽에 스터들리와 지오밀텍에 대한 혐의를 "최선을 다해 밝히라"고 주문했다. 그러나 레이건 행정부의 국외 첩보 활동을 적극 지원한 스터들리의 공로 때문인지 법무부는 아무런 조처도 취하지 않았다. 스터들리는 버지니아와 테네시 주에 있는 자신의 집과 지오밀텍의 지분 등을 담보물로 베이쇼어 은행에 제공했지만, 이들 담보에 대한 압류 조처는 이뤄지지 않았다. 페트릴로의 변호사 루벤스 올리비아는 스터들리에게는 왜 책임 추궁을 하지 않느냐는 반복되는 질문에 대해 법무부 쪽으로부터 한번도 확실한 답변을 들은 적이 없다고 말했다. 그는 "마치 주택 담보대출을 한 다음 대출금을 상환하지 않는데도, 은행 쪽에서 집의 소유권을 그대로 인정해 주는 것과 마찬가지다. 페트릴로가 잘 했다는 건 아니지만, 그는 처벌을 받는데 스터들리는 버젓이 거리를 활보하는 건 옳은 일이 아니다"고 말했다.

글라트가 레이건 행정부의 '자유의 전사들'에게 무기를 공급하는 데 중요한 역할을 했다면, 외국물자획득 프로그램을 운영하기 위해 러시아산 무기를 확보하는 데 있어 그의 역할은 거의 절대적이었다. 『워싱턴포스트』가 일련의 기사를 통해 밝혀낸 내용 ─ 비록 미 국방부에 무기를 공급했던 글라트를 비롯한 무기중개상의 이름을 밝히지는 않았지만 ― 을 제외하고는 외국물자획득 프로그램의 실체에 대해 알려진 것은 거의 없다.

미 국방부는 외국물자획득 프로그램이 소련제 무기와 미국제 무기의 성능을 비교할 수 있는 유일한 통로였기 때문에 이를 대단히 중요하게 생각했다. 국방정보국을 포함한 군 관련 기관도 동구권 무기를 자체적으로 구입하긴 했지만, 정보기관과 밀착된 몇몇 무기 중개업체에서 이들의 일을 대행해 줬다. 국방장관 출신 프랭크 칼루치가 이끄는 '비디엠'(BDM), 전 국방정보국장 레오나드 퍼루츠가 경영하는 '벡터마이크로웨이브', 중앙정보국장을 지낸 윌리엄 콜비가 1997년 숨지기 전까지 이사로 활동했던 '일렉트로닉워페어' 등의 업체가 대표적이다. 이들 미국 업체들은 다시 유럽에 있는 무기거래상들을 통해 원하는 동구권 무기를 조달했는데, 이는 미국인들이 외국 정부 관료를 매수하는 것을 금지하는 이른바 '국외부정행위방지법'을 피하기 위한 전략이었다. 글라트 외에도 미국 업체와 손잡고 활동한 유럽 출신 무기거래상으로는 하인츠 바우만, 독일 출신 귄터 라인하우저, 올리버 노스의 '엔터프라이즈'가 콘트라 반군에게 첫 번째 무기를 공급할 때 일을 맡았던 캐나다 출신의 마니 와이젠버그, 글라트와 결별한 뒤 동독 고위 인사와 각별한 관계를 맺게 된 요하네손 등이 있다. (요하네손의 최대 거래 실적으로는 1987년 동독과 체코에서 T-72 탱크 십여 대를 구해 미 중앙정보국에 넘겨준 일을 꼽는다. 당시 요하네손은 입수한 탱크를 카타르로 옮긴 뒤 ― 그는 구입한 탱크를 카타르 대통령 경호실에서 사용할 것이라고 동독 관료들에게 말했다 ― 사흘 뒤 이를 다시 미국으로 보냈다. 국방부에 무기를 공급해 주면서 축적한 막대한 재산으로 그는 바베이도스에 집을 마련했고, 프랑스 남부의 포도원과 재벌가인 듀폰 가문이 소유했던 메릴랜드 동부 해안가의 대저택을 사들이기도 했다.)

미 국방부의 자체 '비밀 계좌'를 통해 관리되기 때문에 외국물자획득 프로그램의 정확한 예산 규모를 파악하기란 불가능하다. (이 프로그램에 관련된 한 인사는 이를 두고 "민주주의 사회에서도 창의력을 발휘할 수 있는 방법은 많다"고 표현했다.) 하지만 그동안 모은 정보를 놓고 볼 때, 1980년대 전반에 걸쳐 최소한 한 해 1억 달러 이상의 예산이 투여된 것으로 보인다. 프로그램에 사용되는 비밀 자금은 '아메리칸시큐리티' 은행(현 아메리카 은행)의 워싱턴 지점에서 세탁됐으며, 미 국방부와 무기 중개업체가 각각 자신들이 만든 유령 회사 명의로 계좌를 개설했다. 아메리칸시큐리티 은행에서 이들 자금을 관리했던 제임스 클라인다인스트는 "우리는 당시 미국 정부를 위한 일을 한다는 생각으로 이들 계좌를 관리했다. 말하자면 일종의 애국적 의무를 다한다고 생각한 것"이라고 말했다. "정부가 그 돈으로 뭘 구매하는지는 알지도 못했고, 알고 싶지도 않았다. 그저 기분이 좋았던 건 1991년 걸프전이 끝난 뒤 정부 고위 인사가 전화를 걸어왔을 때였다. 이름을 밝힐 수 없지만, 아무튼 그 분이 '여러분 덕분에 사담 후세인이 어떤 무기를 가지고 있는지 알 수 있었다'며 고맙다고 했을 때는 정말이지 기뻤다."

글라트가 외국물자획득 프로그램의 최대 공급원이라는 사실은 재론의 여지가 없다. 페티와 벌인 소송 과정에서 글라트는 1983년부터 1993년 사이에 약 1억5천만 달러에서 2억 달러 규모의 계약고를 올렸다고 밝힌 바 있다. 하지만 프로그램과 직접 관련이 있는 한 인사는 이런 추정치가 상당히 축소된 것이며, 글라트가 미 국방부를 상대로 벌인 사업의 규모는 약 5억 달러에 이를 것이라고 추정했다. 글라트가 워낙 높은 실적을 올렸기 때문에, 그의 경쟁자들은 그가 자신의 군부 내 인맥을 동원해 외국물자획득 프로그램에 지나친 영향력을 행사하고 있다고 불평했다. 특히 1985년부터 1991년까지 육군의 외국물자획득 프로그램을 총괄했던 래리 케일러 중령이 전역한 뒤 곧바로 글라트 휘하로 들어간 게 우려를 자아내기도 했다.

물론 러시아는 외국물자획득 프로그램의 직접적인 공급원은 아니었지만, 미 국방부는 동구권을 통해 러시아산 무기를 대량으로 구할 수 있었다. 체코슬로바키아에서 탱크를 가져왔고, 불가리아에서는 장갑차를 들여왔다. 헝가리를 통해 대공 감시 시스템을 입수했고, 이동식 로켓 발사대와 레이더 시스템을 구할 수 있었다. 또 폴란드에서는 방공 시스템과 헬리콥터를 사들였다. 이 밖에도 미국과 우호 관계에 있는 제3세계 국가를 통해 여타 무기 체계를 구할 수 있었다. 이를테면 1988년 미 국방부는 리비아와 교전 중 나포한 러시아제 MI-25 헬리콥터를 차드 정부로부터 넘겨받기도 했다.

(법무부 조사관과 나눈 대화에서 더글라스 슐라이처는 1977년 클라인이 자신에게 소련제 무기를 구할 수 있도록 리비아 관료를 매수하라고 지시했다고 말했다. 비밀로 분류된 법무부 자료에는 이렇게 적혀 있다. "클라인은 슐라이처에게 소련제 미그-25 전투기를 공급해 주기만 한다면 어떤 리비아 관료에게든 7백만 달러를 줄 용의가 있다고 말했다. 클라인은 또 협조하는 리비아 관료에게는 미 중앙정보국이 미국 시민권과 리비아에서 빠져나올 수 있는 교통편을 제공할 수 있으며, 미국에서 새로운 신상 정보도 만들어 줄 수 있다고 약속할

것이라고 슐라이처에게 말했다. 클라인은 심지어 슐라이처에게 중앙정보국 판단으로 접근하기 용이한 리비아 관료 명단도 전해 줬다. 그들이 왜 접근하기 쉽다고 판단하는지, 그들이 미국에 매수되기 쉬운 이유가 무엇인지에 대한 이유와 함께……." 결국 슐라이처는 리비아 고위 관련 몇 사람과 친분 관계를 맺는 데 성공하지만, 소련제 무기를 빼내는 데는 실패했다.)

외국에서 들여온 소련제 무기는 간간이 미국제 무기 체계에 커다란 결함이 있다는 사실을 드러내 주기도 했다. 1984년 육군 외국물자획득 프로그램 담당 부서는 이스라엘 무기중개상을 통해 소련제 공격용 헬리콥터를 구해, 이를 앨라배마 주 포트 럭커로 보냈다. 들여온 헬리콥터로 국방부는 막대한 예산을 투자해 만든 첨단 대공포인 '디바드'의 성능을 실험하기로 했다. 디바드 시스템은 '포드'의 자회사가 만든 것으로, 탱크 위에 받침대를 만들어 세운 두 개의 레이더가 조준하는 대공포로 구성돼 있다. 실험 결과, 소련제 공격용 헬리콥터의 사정거리가 디바드의 사정거리보다 훨씬 길다는 사실이 밝혀졌다. 즉 디바드 시스템으로는 지상군 병력을 적의 헬리콥터 공격으로부터 막아 낼 수 없다는 결론이 나온 것이다. 더욱 심각한 것은 당시 실험을 통해 디바드 시스템의 유도장치에 치명적인 결함이 드러났다는 점이다. 실험을 참관하기 위해 군 고위 인사가 포트 럭커에 도착하기로 돼 있어, 실험 당일 기지에 이동식 화장실을 준비했다. 장군들이 들어갔을 때 불쾌한 냄새가 나지 않도록 하기 위해 화장실에는 환풍기가 설치됐다. 평가 실험이 진행되는 동안, 디바드 시스템의 유도장치는 화장실 환풍기 소리를 헬리콥터의 날개 소리로 오인해 아무도 없는 화장실을 날려 산산조각 내 버렸다. 당시 국방장관이던 캐스퍼 와인버거는 실험이 끝난 뒤 디바드 시스템 개발을 취소시켰다.

미 국방부가 운영하는 여타 프로그램과 마찬가지로 외국물자획득 프로그램 역시 낭비되는 부분이 많았다. 한 가지 사례를 들어보자. 한 미국인 무기거래상이 육군 외국물자획득 프로그램 담당 부서에 동구권에서 구해 왔다며 소련제 '스텔스 페인트' 한 통을 2백만 달러에 팔았다. 계약을 매듭짓기 전 육군은 페인트 통에 들어 있는 내용물을 실험실로 보내 성분 분석을 의뢰했다. 분석 결과 '스텔스 페인트'라던 제품은 다름 아닌 수은이었다. 또 다른 사례도 있다. 국방장관 출신 프랭크 칼루치가 운영하는 무기 중개업체 비디엠은 유럽계 무기중개상에게서 러시아산 해상 기뢰를 사들였다가 낭패를 봤다. 기뢰의 내용물이 콘크리트뿐이었기 때문이다. 이런 사례가 있었음에도, 외국물자획득 프로그램 담당자들은 비용에 대해 그다지 신경을 쓰지 않는다. 국민이 낸 세금으로 무기거래상들은 최소한 10~20퍼센트에 이르는 이익률을 보장받았다.

비디엠과 일렉트로닉워페어의 무기 거래를 대행해 줬던 하인츠 바우만은 현업에서 물러나 비엔나 외곽의 온천 지역인 바드피샤우에서 살고 있다. 한때 그와 동업했던 존 마일리를 통해 바우만과 접촉할 수 있었다. 바우만을 인터뷰하기 위해 오스트리아로 출발하기 전 마일리가 전자우편을 보내왔다. "바우만은 정말 좋은 사람입니다. 그를 만나게 되면 술을 엄청나게 마시게 될 겁니다. 돌아올 때 후회하더라도 비엔나에 있는 동안에는 그가 원하는 대로 술을 같이 마시는 게 좋을 겁니다." 마일리의 충고는 적중했다. 바우만은 비엔나 국제공항에 오전 11시에 가죽 잠바와 청바지 차림으로 마중을 나왔는데, 만나자마자 공항에 있는 바로 가서 위스키를 안주 삼아 맥주 세 잔을 연거푸 들이켰다.

비엔나는 지난 천여 년 동안 동·서양의 교차로 노릇을 해 왔다. 외국물자획득 프로그램의 주 활동 무대로 비엔나가 떠오른 것은 어쩌면 당연한 일이었다. 지리적인 여건 외에도 오스트리아의 엄격한 금융 거래 비밀 보호 규정이 무기거래상을 유혹했을 것이다. 지금도 오스트리아는 신분증 없이 익명으로 은행 계좌를 만들 수 있는 유일한 국가로 남아 있다. 계좌를 만들 당시 정한 비밀 번호만 대 주면 입출금을 자유롭게 할 수 있다. 부르그 극장 건너편에 있는 란트만 카페와 유로파 카페, 1900년대 초반 트로츠키와 스탈린이 체스를 두곤 했다는 센트럴 카페 등 비엔나 시내의 안락한 카페 곳곳에서 무기 거래를 위한 협상이 벌어진다.

어두침침한 그의 집 서재에서 맥주를 마셔 가면서 바우만은 무엇보다 소련의 동구권 위성국가 고위 관료들과 돈독한 상부상조 관계를 맺는 게 비밀 무기 거래를 제대로 해내는 데 관건이라고 설명했다. 그는 "동구권 국가에선 고위 관료에게 뇌물을 주지 않고는 나사 하나 빼내오기 어렵다"고 말한 뒤, '추가 지출'을 무기 거래 분야에서 흔한 사업 관행이라고 황급히 덧붙였다. 처음에는 '추가 지출'의 형태가 비디오나 소형 텔레비전, 녹음기 등이었으나, 나중에는 현금을 선호하기 시작했다. 바우만은 "뇌물이라고 말하긴 그렇고, 일종의 노력 봉사에 대한 대가라는 게 정확한 표현이다. 일을 잘 처리해 주면, 돈을 받는 게 당연하다"고 말했다. 바우만은 항상 공산당 관료들에게 잘 보일 방법을 찾기에 골몰했다. 언젠가 바우만은 루마니아의 차우셰스쿠 정권을 통해 미 국방부가 원하는 무기를 구해 준 뒤, 일을 도와준 군부 관리에게 고아원에 갖다 주라며 초콜릿이 가득 찬 열차 한 량을 제공하기도 했다. 이런 호의가 이어지면서 바우만은 열 차례나 루마니아의 수도 부쿠레슈티를 방문하면서도, 공항 건물에는 한번도 들어가지 않아도 됐다. 기사 딸린 리무진이 언제나 활주로에서 대기하고 있었기 때문이다.

1990년대 초반 바우만은 180만 달러짜리 적외선 추적 미사일 탄두를 우크라이나에서 빼내 오는 데 성공하기도 했다. 그러나 무기 거래 사업이 일반적으로 그렇듯 외국물자획득 프로그램 역시 이른바 '모 아니면 도'였다. 한 차례 성공을 거둔 뒤에는 — 착수 시점에서 매듭지을 때까지 일 년 이상이 소요된다 — 대개 몇 차례 우여곡절을 겪기 마련이다. 바우만은 "안정적인 수입이 거의 없었다. 그렇다 보니 무기 거래 업계에서 살아남기 위해서는 꿈을 먹고 살아야 한다"고 푸념했다.

바우만은 글라트를 개인적으로 알지는 못했지만, 그가 동구권 무기를 구하는 데 탁월하다는 사실은 익히 알고 있었다. 바우만을 포함해 상당수 무기거래상들은 글라트가 동구권 전역에 걸쳐 인맥이 있었지만, 주요 활동 무대는 폴란드였다고 말했다. 글라트가 사실상 폴란드 국영 군수 회사 센짐의 창고 열쇠를 가지고 있는 거나 마찬가지였다는 것이다. 글라트가 센짐의 총책임자로 '볼로'라는 애칭으로 불린 보레소 라카브스키 장군과 절친한 사이가 됐기 때문이다. 바우만은 "볼로는 센짐의 무기 창고를 여는 열쇠 같은 존재이자, 미 국방부의 외국물자획득 프로그램에서는 유럽 지사의 관리 이사 역할을 했다"고 말했다. 바우만은 또 "볼로가 내일 새벽 3시까지 불가리아에서 물건이 도착할 것이라고 말하면, 실제로 3시 5분 전까지 물건이 그 자리에 배달됐다. 그는 모든 거래를 꿰뚫고 있었고, 관련 인물은 누구이며, 문제가 생기면 어디로 전화를 해야 하는지까지 소상히 파악하고 있었다"고 덧붙였다. 1980년

대 말 루카브스키는 교통사고로 숨졌지만, 즈비그뉴 타르카와 타두츠 코페르바스 등 센짐의 여타 핵심 관리와도 친분을 쌓고 있던 글라트의 영향력은 여전했다.

오랜 세월 동안 글라트는 바르샤바를 통해 총기류와 방공 시스템, 공격용 헬리콥터 등 다양한 무기를 빼내 왔다. 1992년 글라트는 사업 동료들과 함께 센짐에서 350만 달러짜리 러시아산 어뢰를 구하는 데 성공했다. 사들인 어뢰는 그단스크 부근 비행장에서 민간 항공업체인 칼리하를 통해 미국의 앤드루스 공군기지로 옮겨졌다. 같은 해, 타르카와 코페르바스는 프랑크푸르트에서 미 관세청 요원들의 함정 단속에 걸려 붙잡혔다. 이들은 1,500만 달러 상당의 불법 무기류를 이라크에 판매하려 했다는 혐의를 받고 있었다. 그러나 미 중앙정보국의 요청으로 이들에 대한 혐의는 취하됐다. 그들이 미국 정부에게 협조해 온 공로를 중앙정보국이 높이 평가했기 때문이다.

무기거래상으로 일하면서 글라트가 동구권을 통해 빼돌린 무기류는 소련이 생산해 낸 거의 모든 무기 체계를 포괄한다. 업계 전문가들은 1999년 유고슬라비아군이 나토와 대치할 당시 지니고 있던 모든 무기를 글라트가 이미 오래 전에 서방세계에 공급했을 것으로 보고 있다.

냉전이 끝난 뒤 국제시장에서의 무기 거래는 급격한 변화를 겪었다. 미 중앙정보국은 여전히 첩보 작전을 지속했지만, 레이건 행정부 때처럼 큰 규모는 아니었다. 1990년대 말 발칸반도의 분쟁도 사그라지면서, 전쟁의 조짐은 어디서고 찾아보기 어려워졌다. 러시아군은 뼈를 깎는 자구 노력의 일환으로 막대한 양의 소형 무기를 국제시장에 내놓았고, 군 현대화에 박차를 가하고 있는 중국도 최근 2백만 정에 달하는 구형 소총을 매물로 내놨다. 이렇게 쏟아져 나온 물량에다 체코와 파키스탄, 이스라엘 등에서 급증하는 생산량으로 인해 국제시장은 경제학 교과서에 나오는 전형적인 '초과 공급, 수요 부족' 상태에서 허덕이고 있다.

국제시장에서 무기를 거래하는 주역들도 바뀌고 있다. 한때 국제시장을 주도하던 거물급 무기중개상이 자취를 감추는 대신 틈새시장을 노린 수백여 명의 중소 무기중개상이 등장했다. 미 관세청 마이애미 지부에서 근무하는 무기 거래 분야 전문가 케이스 프레이저는 "예전에 활약하던 거물급들은 총이든 탱크든 필요한 것은 뭐든 구해 줄 수 있었다. 그러나 최근 등장한 중소 중개상들은 총이나 탱크 둘 중에 하나는 구해 줄 수 있지만, 둘 다 구하지는 못한다. 예전 무기거래상들이 박사급이었다면, 요즘 무기거래상들은 유치원생 수준"이라고 말했다. '유치원생'들에 비해 '박사님'들은 실제로 신사처럼 보이기도 한다. 최근 무기 거래에 뛰어든 세력은 대부분 러시아나 발칸반도의 범죄 조직으로 이들은 무기 거래뿐 아니라 마약 밀매와 매매춘까지 서슴지 않기 때문이다.

불가리아 등 옛 공산권 국가들 가운데는 무기중개상을 거치지 않고 직접 무기 금수 조처가 내려진 나라나 말썽 많은 고객에게 무기를 팔아넘기기 시작한 나라들도 있다. 이 때문에 동구권 나라들에 있는 인맥을 통해 무기 거래를 성사시켜 온 글라트를 비롯한 중개상들의 입지는 더욱 좁아졌다. 워싱턴 외곽에 있는 한 거대 무기 업체에서 일하고 있는 무기중개상은 "십 년 전만 해도 센짐에서 무기를 빼내 오려면 글라트를 거쳐야 했다. 그러나 지금은 누구든 동구권 국가로 들어가 최종수요자증명서를 내보이기만 하면, 원하는 무기를 얼마든지 구입할 수 있다"고 말했다.

최근 들어 심장 수술과 암 투병으로 글라트의 활동은 상당히 위축돼 있다. 그는 현재 가족들과 보내는 시간이 많고, 각종 자선단체에 상당한 액수의 기부금을 내기도 한다. 스위스의 농부들을 위해 관개시설을 지어 주기도 했고, 폴란드 병원에는 신생아를 위한 인큐베이터를 기증하기도 했다. 자신의 모교인 독일의 하이델베르크 대학에도 고액을 기부했다. 심장 질환 권위자인 로버트 매튜 박사의 요청으로 헝가리의 추기경을 만나 부다페스트 가톨릭 병원의 심장병 연구실에 150만 달러를 지원하기도 했다. 글라트는 내게 보낸 편지에서 "자선 활동을 하는 이유는 흥미롭고 멋진 인생을 살 수 있었던 것에 대한 감사의 표시다. 하지만 이를 떠벌리고 싶은 생각은 없다. 나는 드러내기나 좋아하는 바리사이파(유대교의 한 종교 분파)가 아니다"라고 썼다.

이제는 무기 거래가 그의 사업 영역에서 그저 한 부분에 불과하게 돼 버렸지만, 그는 여전히 이 분야에서 활동을 지속하고 있다. 글라트가 관련돼 있는 한 회사의 1993~1996년치 전략 계획서를 보면, "소련과 동구권의 정치 상황이 변함에 따라 미국과 서방에 대한 위협은 현저하게 줄어들었다. 그럼에도 향후 5~10년 동안 우리 사업의 성장 잠재력은 충분하다"고 적혀 있다. 그럼에도 이 회사의 여타 내부 문건과 마찬가지로 계획서의 전체적인 어조는 국제 무기 시장이 처한 혼란스런 현실을 반영하듯 침체돼 있다. 계획서에는 무기 부품 공급 분야에 진출해야 한다거나 중국, 태국, 싱가포르, 대만, 터키를 비롯한 제3세계 국가로

'고객층'을 넓혀야 한다는 등의 내용이 담겨 있다. 다른 내부 문건을 보면, 체코산 전투용 레이더와 장갑차를 각각 시에라리온과 터키에 판매할 수 있을 것이라는 전망도 있다. 또 러시아산 레이더와 헬리콥터를 각각 사우디아라비아와 페루에 판매할 수 있으리라는 기대도 나온다. 지난 몇 년 동안 글라트는 가동이 중단된 헝가리의 박격포 공장 인수도 추진해 왔다. 그는 전화 통화에서 "공장을 계속해서 가동시켜야 한다는 생각이다. 헝가리는 극심한 경제난을 겪고 있다. 수백 명의 헝가리 인에게 일자리를 마련해 줄 수 있다. 물론 나도 돈을 벌 수 있고 내가 좋은 일을 하기 위해 공장을 인수하려 한다고 주장하는 건 아니다."

1996년 이후에도 글라트는 최소한 세 건의 외국물자획득 프로그램 계약을 성사시켰다. 예산이 극도로 줄어들긴 했지만, 이 프로그램은 여전히 운영되고 있다. 중국과 북한, 그리고 더 이상 공식적으로 '적성국'은 아니지만 이른바 '깡패 국가'에 무기를 팔아넘기고 있는 러시아에 대비한다는 게 프로그램을 지속시키는 이유다. 이제 필요한 무기는 모스크바를 통해 직접 공급된다. 파산 상태인 러시아 정부는 핵무기와 생화학 무기를 제외한 거의 모든 무기류를 미국에 수출하고 있다. 이렇게 꼬여 버린 국제시장의 현실은, 러시아의 무기를 사들인 미 국방부의 예산으로 러시아가 차세대 무기를 개발하는 기괴한 상황을 연출하고 있다. 러시아 국영 무기 업체인 로스부루제니에는 일곱 권 분량의 두툼한 상품 안내서를 펴냈다. 여기에는 소형 무기부터 잠수함과 전투기, 심지어 미사일 탄두까지 러시아가 만들어 내는 모든 무기류에 대한 정보와 가격이 나와 있다. 냉전 시절 이런 정보를 담은 책자를 입수했다면, 가히 첩보전의 최대 승리로 치부할 만한 일이었을 것이다. 그러나 이제는 1,500달러만 주면 누구든 구해 볼 수 있으며, 아직도 국제시장에서 활동 중인 모든 무기 중개업체의 서가에 꽂혀 있다. 비밀 유지의 중요성이 냉전 시절에 비해 떨어진 것은 사실이지만, 러시아와 미국은 여전히 무기 거래 과정에서 만의 하나 문제가 생겼을 때 희생양으로 삼기 위해 무기중개상을 동원해 거래를 하고 있다. 언제나 그렇듯 글라트는 이런 격변의 시대에서 처세술을 유감없이 발휘했다. 몇 년 전, 한 러시아 장군이 둔부 이식수술을 해야 할 상황이 됐다. 그러나 장군은 수술비가 없었고, 글라트가 이를 대신 내주었다. 이 장군은 현재 러시아 군부의 실력자가 돼 있다.

러시아산 무기는 세계 시장, 특히 제3세계 시장에서 여전히 인기가 높고, 글라트의 동구권 인맥 역시 효용성을 잃지 않고 있다. 1997년 아제르바이잔에서 계약을 따 내기 위해 경쟁을 벌이고 있던 한 민간업체가 그곳 관료들의 비위를 맞추는 데 혈안이 돼 있었다. 이 회사의 컨설턴트는 네 가지 옵션을 제시했는데, 그 가운데 하나가 아제르바이잔 정부에 2천만 달러짜리 무기 거래를 중개해 주기로 한 것이었다. 이 회사는 결국 다른 옵션을 선택했지만, 만약 무기 중개 건이 채택됐다면 중개상으로는 단연 글라트가 선택됐을 것이다. 당시 사정을 잘 아는 한 인사는 "민간 무기거래상 가운데는 믿을 만한 사람이 많지 않다. 글라트는 무기 거래 업계에서 잔뼈가 굵었기 때문에 믿을 만하다. 글라트처럼 러시아 무기를 대량으로 구해서 신속하게 운반해 줄 수 있는 사람은 세계적으로 네다섯 명 정도에 불과하다"고 말했다.

글라트를 취재하는 동안, 1990년대 초반 유럽의 한 무기중개상이 미국에 있는 동료에게 보내는 편지 한 통을 입수했다. 반미 감정으로 인해 중동 지역에서 잇따르고 있는 폭파 사건에 대한 한탄으로 시작된 편지는 곧장 당시 마무리 단계에 있던 지뢰 구매 계약에 대한 얘기로 들어갔다.

무기 거래 문제를 담당했던 미 정부 관료들 역시 무기중개상들만큼이나 자기반성을 하지 못하고 있다. 냉전이 기승을 부리던 때 그들은 외국 정부를 공산주의에 대항해 싸우는 장기판의 졸로 여겼다. 이에 따라 반공 진영에 가담하는 정부는 어디든 무기를 공급했다. 이런 미국의 지원 때문에 독재자는 무력으로 정권을 지킬 수 있었다. 냉전이 끝난 지금, 이런 행태가 어떤 결과를 가져왔는지는 전 세계 곳곳에서 목격할 수 있다. 미국이 냉전 시절 쏟아 부은 막대한 양의 무기는 소말리아를 철저한 불안정 상태로 몰아넣었고, 1991년 독재자 시아드 바레 정권이 반군에 의해 붕괴된 뒤 지금까지 제대로 된 중앙정부가 들어서지 못하고 있는 상황이다. 우연의 일치인지 소말리아가 혼란에 빠진 것은 냉전의 종식과 때를 같이하고 있다. 당시 부시 행정부가 짧고 비극적인 무력 개입을 한 뒤, 미국은 더 이상 소말리아에 대해 관심을 갖지 않고 있다. 『워싱턴포스트』는 1999년 익명의 '지역 전문가'의 말을 따 "소말리아 사람들은 세상 누구도 더 이상 자기들한테 관심을 갖지 않고 있다는 사실을 받아들이지 못하고 있다"고 말했다. 미 중앙정보국은 아프가니스탄의 무자헤딘이 소련군을 격퇴시킨 것이 소련의 붕괴를 가속화시켰다는 판단 아래, 아프가니스탄 개입 문제를 최대의 공적으로 여기고 있다. 1979년부터 1991년까지 중앙정보국은 40만 정에 달하는 AK-47

소총과 1억 발의 탄약을 포함해 막대한 양의 무기를 아프가니스탄에 공급했다. 소말리아와 마찬가지로 아프가니스탄 역시 무정부 상태에 빠져 있다. 이슬람 근본주의자 탈레반 등 정권을 장악하려는 무장 세력의 전투가 끊이질 않고 있다. 지난해 클린턴 대통령은 오사마 빈 라덴의 테러리스트 훈련 캠프가 있다는 아프가니스탄의 외딴 지역을 순항미사일로 공격하라는 명령을 내렸다. 당시 미사일 폭격의 대상이 된 곳은 불과 십여 년 전까지만 해도 중앙정보국이 무자헤딘에게 무기를 공급해 주던 장소였다. 한편 중앙정보국은 자신들이 무자헤딘에게 전해 준 스팅어 미사일을 되찾기 위해 고심하고 있다. 한때 동지였던 그들이 이제는 스팅어 미사일로 민간 항공기를 격추시키는 등 테러에 이용할 것을 우려한 탓이다. 앙골라에서는 미 중앙정보국의 오랜 동맹 세력이던 조나스 사빔비가 대통령 선거에서 패배한 뒤 선거 결과를 받아들이지 않다가, 무력으로 합법 정부에 대항하고 나섰다. 미국의 적극 지원을 받은 콘트라 반군은 니카라과의 경제를 파탄 내는 데 성공해 결국 1990년 선거에서 산디니스타 정권을 몰아냈다. 9년 뒤인 1999년까지도 니카라과의 경제는 회복의 기미가 없다. 아이티에 이어 서반구에서 두 번째로 가난한 나라가 돼 버린 니카라과의 현 대통령은 과거 친미 독재자였던 소모사의 오랜 친구다.

그럼에도 글라트를 비롯해 냉전 시절 무기를 팔아 부를 축적했던 무기중개상들은 여전히 전쟁을 부추기며 이익을 취하고 있다. 바버라 스터들리와 존 싱글러브는 미국 정부에 이스라엘산 미사일 유도 체계를 팔기 위해 1998년 말 워싱턴에 나타나기도 했다. 마이애미에서 '알엠이 쿼먼트'를 운영하고 있는 론 마틴은 인터넷 홈페이지를 통해 자기 회사가 "40㎜ 유탄 발사기 공급 분야의 선두 주자"라고 광고하고 있다. 리처드 시코드는 얼마 전까지 아제르바이잔에서 군사훈련 및 이에 필요한 장비를 묶어 팔려고 분주히 움직이는 모습이 목격됐다. 파리의 샹젤리제 거리에 사무실을 연 사키스 쇼가내리언은 프랑스 정보 당국과 긴밀한 협력 관계를 구축하고 1997년 민주적인 선거를 통해 집권한 콩고공화국 정부를 전복시키기 위해 군부에 무기를 공급하는 것을 돕기도 했다. 쇼가내리언은 전화 인터뷰에서 "이란-이라크 전쟁 때처럼 큰 건은 없지만, 여전히 많은 일이 벌어지고 있다. 분쟁 국가는 변하지만, 사업할 거리는 언제나 있다"고 말했다. (인터뷰를 한 뒤 몇 달 만에 쇼가내리언은 파리발 비행기로 마이애미에 내리자마자 체포됐다. 이 책이 마무리되고 있는 현재, 그는 금융 사기와 자금 세탁 혐의로 구금돼 있는 상태다.) 귄터 라인하우저는 칠레의 한 무기 회사와 함께 발칸전쟁이 한창이던 1995년 무기 금수 조처 아래 있던 크로아티아에 불법적으로 무기를 공급했다. 상원의원 출마를 선언하고 토크쇼 진행까지 맡고 있는 이란-콘트라 스캔들의 주역 올리버 노스도 비록 재정 상태가 어렵긴 하지만 방탄복 제조업체 '가디언테크놀로지'를 여전히 운영하고 있다. 미국 출신의 한 현역 무기중개상은 "이제는 그만둔 모양이라고 생각하는 순간 그들은 어김없이 어디엔가 나타나 무기를 팔곤 한다. 한번 무기중개상은 영원한 무기중개상이다"고 말했다.

3 무기와 죽음의 상인 Ⅱ

그는 우리 편이고, 그게 가장 중요하다.
　— 앨런 덜레스 전 미 중앙정보국장이 제2차 세계대전이 끝난 뒤 나치 독일의 첩보기구장
을 지낸 라인하르트 겔렌에 대해 언급하면서

▌무기와 죽음의 상인 Ⅱ
미국 정부의 은밀한 협조자, 메르틴스 ▌

독일계 무기중개상으로 중요하게 다뤄져야 할 또 다른 인물로 게르하르트 게오르그 메르틴스가 있다. 그는 에른스트 베르너 글라트와 한때 자신이 '모셨던' 샘 커밍스와 때로 협력하고, 때로 경쟁하는 관계였다. 나치 제3제국의 전쟁 영웅 출신인 메르틴스는 악명 높은 인물들과 사업을 벌였다. 1943년 연합군의 감옥에서 무솔리니를 구출해 냈던 나치 특수부대 출신의 오토 스코르체니와 제2차 세계대전 직후 남아프리카 공화국으로 탈출했다 결국 프랑스로 추방돼 비인도적 범죄를 저지른 혐의로 유죄판결을 받고 결국 감옥에서 숨진 나치 비밀경찰 출신 클라우스 바르비 등이 대표적이다. 메르틴스는 또 칠레의 독재자 아우구스토 피노체트에서 이라크의 사담 후세인에 이르는 정부 고객도 확보하고 있었다.

그가 운영한 회사 '메렉스'의 본사는 독일의 본에 있었지만, 전 세계에 걸쳐 지사를 두고 있었다. 특히 미국에도 주요 지사가 있었는데 이는 결코 우연이 아니었다. 글라트처럼 필요 불가결한 사이는 아니었지만, 1993년 숨지기 전까지 메르틴스는 40여 년 동안 미 정보기관과 긴밀한 관계를 맺었다. 또 때로는 이들의 첩보 작전에 가담하기도 했다. 글라트와 마찬가지로 메르틴스는 외국물자획득 프로그램에 필요한 러시아산 무기 비밀 구매에 참여했다. 그는 또 콘트라 반군 등 이른바 '자유의 전사들'에게 필요한 무기 구매에도 가담했다. 이런 그의 역할을 가리켜 한 퇴역 정보장교는 '미국의 자산'이라고 평가했다. 그와 미 정보기관의 유착 관계는 이제껏 제대로 공개되지 않고 있는데, 그 이유에 대해 이 정보장교는 "너무 높은 자리에 있어 메르틴스에 대해 발설하지 않는 것이거나, 너무 지위가 낮아 메르틴스에 대해 아는 게 없기 때문"이라고 말했다.

1919년 태어난 메르틴스는 베를린에서 성장기를 보냈다. 그는 공수부대원으로 제2차 세계대전에 참전해 맹위를 떨쳤다. 정보공개법에 따라 입수한 미 육군정보국의 문서를 보면 그는 1940~1943년 사이에 무려 다섯 차례나 부상을 입었으며, 소령까지 진급할 수 있었다. 그는 1941년 나치군의 발칸 대공세에 투입됐으며, 소대장으로서 크레타 섬 낙하 작전을 이끈 공로로 같은 해 철십자 무공훈장을 받았다. 이후 몇 년간 동부전선에서 배속돼 있던 그는 1944년 부대원들과 함께 서부전선으로 이동 배치된다. 그가 이끈 부대는 노르망디 상륙작전 이후 연합군의 프랑스 진격 당시 엄청난 사상자를 냈지만, 당시의 공로를 인정받아 기사 철십자 무공훈장(리테르크로이츠)을 받기에 이른다. 이 훈장은 나치 제3제국이 전시에 수여한 최고의 훈장으로, 히틀러 정권이 기사 철십자상을 수여한 군인은 7천여 명에 불과하다.

전쟁이 끝난 뒤 폭스바겐에서 잠시 관리 업무를 맡기도 했던 메르틴스는 곧 브레멘에서 베를린을 운행하는 버스 회사를 창업한다. 육군

정보국 자료를 보면, 그는 1950년대 초반 신나치주의 운동에 적극 뛰어들었다. 그는 독일 재무장을 기치로 퇴역 공수부대원들이 조직한 이른바 '그린데블스'라는 신나치 단체의 브레멘 지부장으로 활동했다. 이 단체에는 상당수의 전쟁범죄 혐의자들과 함께 쿠르트 스투덴트 장군도 가담하고 있었다. 탁월한 전쟁 전략가로 알려진 스투덴트 장군은 1940년 나치의 베네룩스 3국 침공을 주도했으며, 크레타 섬 침공 작전도 지휘했던 것으로 알려져 있다.

당시 메르틴스는 나치 무장친위대 출신들로 구성된 이른바 '상조회' 회원들과 그린데블스 회원들을 함께 초대해 북해 지역의 헬골란트 섬으로 보트 여행을 간 일이 있다. 이 섬은 제2차 세계대전 당시 영국군이 점령한 뒤 영국 공군이 폭격 훈련장으로 이용하던 곳이다. (당시 독일 극우 세력은 헬골란트 섬 반환에 목소리를 높였고, 영국은 1952년 결국 독일에 이 섬을 돌려주기에 이른다.) 그린데블스는 유명 인사 초청 강연회를 잇따라 열기도 했다. 초청된 연사 가운데는 1944년 7월 벌어진 반히틀러 봉기를 무력 진압했던 나치군 대대장 출신의 오토-에른스트 레메르도 포함됐다. 히틀러 광신도였던 레메르는 반히틀러 봉기를 "독일군 장교들의 영광스런 방패에 묻은 한 점 얼룩"이라고 말했으며, 유대인 대학살에 대해선 "연합군의 선동 공세에 불과하다"고 주장했다. 그는 1950년 나치의 후계자를 자처하며, 사회주의제국당(SRP)을 창당하기도 했다. 미 육군정보국이 1951년 내놓은 보고서를 보면, 메르틴스는 사회주의제국당의 동조자로서 당을 재정적으로 지원할 것으로 보인다는 평가를 받았다. 사회주의제국당이 창당과 함께 작센 주 지방의회 선거에서 11퍼센트의 득표를 올리면서, 미 정보 당국은 그들의 활동을 면밀히 주시했다.

1952년 10월 독일 법원은 사회주의제국당을 체제 전복을 기도하는 단체로 간주하고 활동 금지 명령을 내렸다.

이 무렵 메르틴스는 이집트 파루크 국왕이 자국군 훈련을 지휘해 달라며 초청한 독일 군사고문단의 일원으로 이집트로 건너가 있었다. 이집트는 1948년 이스라엘과의 전쟁에서 패한 뒤 절치부심하고 있었다. 당시 독일 군사고문단은 해군 대령 출신의 테오도르 폰 마우첸하인, 기갑부대장을 지낸 오스카르 문젤, 나치군 장성 출신으로 기사 철십자상을 받은 빌헬름 파름바허 등이 이끌고 있었다. 1951년 9월 이집트에 도착한 메르틴스는 파름바허의 참모로 활동하면서, 이집트군 공수연대 훈련을 주도했다. 그는 비슷한 시기 시리아에 파견됐던 나치군 대령 출신의 라이너 크리벨이 이끄는 군사고문단에서도 공수부대원 훈련에 관여했다.

파름바허 등이 주도한 이집트 군사고문단의 활동은 미 중앙정보국과 독일 정보국의 암묵적 승인 아래 이뤄졌다. 당시 독일 정보국은 초대 국장인 라인하르트 겔렌의 이름을 따 당시엔 '겔렌 오르그'로 불리고 있었다. 나치 비밀경찰국장 출신으로 히틀러 치하에서 동유럽 전역의 군 첩보 활동을 총괄했던 겔렌은 1945년 미군에 투항한 뒤, 가벼운 처벌을 받는 대가로 연합군에 러시아 관련 정보를 제공할 것을 요청받았다. 거래는 쉽게 이뤄졌고, 겔렌은 미군 장성으로 위장한 뒤 워싱턴으로 보내져 조사 및 훈련을 받았다. 나치 전범 처벌 정책이 반공에 밀리기 시작하던 1946년 여름께 겔렌은 독일로 귀환해 새 정보 기구 창설의 책임을 맡게 된다. 크리스토퍼 심슨은 자신의 책 『역풍』에서, 이후 십 년간 미국은 겔렌 오르그를 구성하고자 약 2억 달러의 자금을 쏟아 부었고, 인력도 4천여 명을 동원했던 것으로 추산했다. 심슨은 앨런 덜레스 당시 미 중앙정보국장의 말을 따 "겔렌이 문제가 많은 인물인지 여부는 그리 신경 쓰지 않았다"며 "첩보 활동 전문가는 그리 많지 않은 상황이었고, 그는 그 분야에서 이미 훈련이 필요 없는 인물이었다"고 전했다.

미 정보요원 출신의 마일스 코플랜드는 독일 군사고문단의 이집트 파견에 미 중앙정보국이 직접적인 역할을 했다고 증언한다. 그는 『열국의 게임』에서, 파름바허는 미 국방부가 "전쟁 범죄자가 아니면서 — 일부의 경우엔 전혀 그렇지 않은데 — 별 말썽 없이 세계 각지에서 눈에 띄지 않게 살면서 일을 할 수 있도록 흡수하는 게 우리에게 이익이 될 수 있는 독일 인들"로 분류한 일부 인사들 가운데 한 명이라고 적었다. 코플랜드는 당시 미 대사관에서 근무하던 한 무관의 말을 따 "나치 전력이 잘 알려져 있어 독일에서 생활하기 어려운 파름바허는 이집트 군사고문단 활동에 최적임자"라고 전했다.

나치군 대위 출신으로 겔렌의 중동 정보 요원으로 활동했던 게르하르트 바우흐는 독일 군사고문단의 시리아 및 이집트 파견을 바티칸이 비밀리에 지원했다고 말한다. 미 메릴랜드 주 교외에 살고 있는 바우흐의 집 식당 한편에 있는 작은 탁자 위에는 그가 이집트에서 귀환한 뒤 겔렌이 선물로 준 은쟁반이 놓여 있다. (쟁반에는 "뱀같이 지혜롭고 비둘기같이 순결하라"는 문구가 새겨져 있다.) 그의 증언에 따르면 시리아로 파견된 독일 군사고문단은 자신의 친구인 전투기 조종사 출신의 카를 로마인과 함께 먼저 로마로 날아갔다. 그곳에서 바티칸 관료의 영접을 받은 이들은 교회가 내준 숙소에서 묵었다. 며칠 뒤 이들은 배편을 이용해 시리아의 수도 다마스쿠스로 이동했다. (바티칸의 개입은 놀랄 만한 일이 아니다. 가톨릭교회는 무신론을 신봉하는 공산주의를 경멸해 마지않았으며, 제2차 세계대전이 끝난 뒤 나치 출신자들을 동유럽과 독일에서 빼내는 데 깊숙이 개입했다. 나치 영웅 출신인 한스-울리히 루델은 1970년 한 연설에서 바티칸의 지원에 사의를 표하기도 했다. "누구든 가톨릭교를 자신들이 원하는 방식으로 바라볼 수 있다. 하지만 가톨릭교회, 특히 일부 고위층 인사들이 전후 몇 년 동안 독일의 엘리트들을 죽음으로부터 구해 내기 위해 수행한 일은 결코 잊혀져선 안 된다. 가톨릭교회는 막대한 자원을 활용해 많은 이들이 외국으로 탈출할 수 있도록 도왔다. 교회의 조용하고 비밀스런 활동으로 전쟁 뒤 승자의 광기 어린 복수극은 효과적으로 차단될 수 있었다.")

1952년 가멜 압둘 나세르가 이끄는 젊은 장교들이 파루크 국왕에 대항해 쿠데타를 일으켰다. 파름바허 등은 쿠데타 준비 과정에서 자문을 아끼지 않았다. 나세르는 자신의 새로운 정권의 정보 및 경찰 조직을 건설하는 데 도움이 필요했고, 미국과 겔렌 오르그는 또다시 도움의 손길을 내미는 데 주저하지 않았다. 덜레스 국장과의 논의 끝에 겔렌은 나치군 소령 출신의 오토 스코르체니를 파견해 나세르를 돕게 했다.

스코르체니는 1948년 독일에 있던 미군 포로수용소에서 탈출해 프랑코 치하의 스페인으로 건너갔다. 그는 곧 스페인 및 독일계 무기 중개업체를 전전하게 된다. 스페인에서 생활하는 기간 동안 스코르체니는 미 정보기관 관료들과 돈독한 관계를 맺게 된다. 당시까지도 그는 미국의 체포 영장이 발부된 도망자 신분인 데다, 전범 재판에 회부될 가능성도 있었다. 또 신나치 운동의 주요 인물로 알려져 있었다. 정보공개법에 따라 입수된 1948년 6월 28일치 미 공군 정보보고서를 보면,

롤프 스타인바우어라는 가명을 쓴 스코르체니와 익명의 미 첩보 요원이 마드리드에서 만났던 일이 기록돼 있다. 그와 접촉한 요원은 "스코르체니는 매우 상냥하고 붙임성이 있어 보였다"며 "인사를 나누는 데 마치 거대한 곰이나 세인트버나드종 개에게 안기는 것 같았다"고 소감을 밝혔다. 스코르체니는 이 요원에게 "독일에는 제2차 세계대전 전까지 엄청난 공산당이 존재했고, 또다시 쉽게 공산주의의 먹잇감이 될 수 있다"고 경고했다. 그는 이어 "어떤 방법으로든 할 수 있는 한 미국을 돕고 싶다"고 밝혔다. 하지만 자신을 따르는 이들이 겉으로는 대단히 반미적이어서, 체면치레를 하기 위해 비공개적으로 지원 활동을 하고 싶다는 입장을 밝혔다고 이 요원은 적고 있다.

조용히 이집트를 지원하는 것은 스코르체니가 자신의 미국 친구들을 돕는 한 가지 방법이었다. 코플랜드는 이집트 보안군을 훈련시키기 위해 스코르체니가 미 중앙정보국의 자금으로 나치 전범자를 포함해 백여 명의 독일군 출신을 직접 뽑았다고 주장했다. 여기에는 나치 친위대 출신이자 히틀러유겐트 지도자를 지낸 헤르만 라우테르바허도 포함됐다. 그는 겔렌 오르그와 이집트에 파견된 독일 군사고문단 사이의 연락책 역할을 맡았다. (바우흐는 라우테르바허를 무능력하기 짝이 없는 인물이었다고 평가했다. 라우테르바허는 독일 업체들이 수에즈 운하를 따라 광고판을 세우면 좋겠다는 제안을 내놓았는데, 수에즈 운하를 지나는 수송선에는 화물은 많지만 승객은 거의 없다는 지적 때문에 이 제안은 폐기했다고 바우흐는 말했다. 그는 또 겔렌 오르그가 이집트로 보낸 군사고문단에 다른 유명한 나치 부역자를 고용하지는 않았다고 주장했다. 그는 특히 알로이스 브루너가 이집트나 시리아에서 군사고문단의 일원으로 활동했다는 주장을 극렬 부인했다. 브루너는 세계적인 유대인 단체인 시몬비젠탈 센터가 제2차 세계대전 당시 십만여명을 살해한 책임이 있다고 지적한 아돌프 아이히만의 측근이다. 그는 시리아의 다마스쿠스에서 브루너를 사교적인 자리에선 만난 일이 있다고 인정했다. 나치 전범인 브루너는 당시 게오르그 피셔라는 가명으로 생활하고 있었는데, 바우흐는 이때만 해도 브루너의 정체를 몰랐다고 주장했다. 이제껏 붙잡히지 않은 최고위층 나치 전범인 브루너는 지금도 시리아에 살고 있다. 프랑스 정부는 지난 1999년을 포함해 여러 차례 그를 추방할 것을 요구했지만, 시리아 정부는 브루너가 자국에 있다는 사실을 모르는 체 하고 있다.)

군사고문단 활동을 통해 스코르체니는 이집트 정부의 두터운 신임을 받게 됐다. 1953년 1월 나세르 정권 출범 6개월 기념식에선 스코르체니가 외국 귀빈들이 주로 앉는 상석에서 이집트군의 행진을 관람하는 장면이 목격됐다. 이 무렵 이집트에는 나치 출신자들이 득시글거렸고, 이들은 모두 이집트 정부의 환대를 받고 있었다. 노레딘 타라프 당시 이집트 보건장관은 "히틀러는 내 삶의 영웅"이라며 "그는 고귀한 이상을 실현시키고자 자신의 삶을 바친 이상적인 지도자"라고 말하기도 했다. 제2차 세계대전 당시 나치 점령 지역의 막대한 자산을 관리했던 '헤르만고어링웍스'의 간부 출신인 빌헬름 포스는 1952년 나세르의 경제자문위원이 됐다. 유대인 몰살을 공공연히 주창해 악명을 떨쳤던 반유대주의 선동가 — 히틀러 치하에서 『14년에 걸친 유대인 공화국』, 『유대인의 범죄상』 등의 책을 집필하기도 했다 — 요한 폰 리어스도 이 무렵 카이로에 자리를 잡았다. 그는 나세르의 대외 선전기구에서 일했는데, 나중에 이슬람으로 개종하고 오마르 아민 폰 리어스로 이름까지 바꿨다. 나세르 정권은 또 독일 과학자 수십 명을 고용해 미사일 개발에 나서기도 했다.

메르틴스는 극단적 나치 추종자들과 두터운 친분 관계를 맺고 있었다. 1954년 12월 미 육군정보국이 작성한 보고서를 보면, 당시 스페인계 무기 업체 '알파'의 대리인 노릇을 하던 스코르체니가 나세르 정권에 공급해 줄 무기 거래와 관련해 메르틴스와 접촉했다는 기록이 있다. 그로부터 2년여 뒤 카이로 주재 미 대사관은 구체적인 상황을 밝히지 않은 채 메르틴스가 스코르체니 및 포스와 '긴밀히 협력하고 있다'고 보고한 바 있다.

바우흐는 메르틴스가 나세르 정권의 미사일 개발 사업에 참여했던 롤프 엥겔과도 친근한 사이였다고 말했다. 바우흐는 엥겔이 제2차 세계대전 뒤 프랑스 정부 아래에서 일하기도 했다고 말했다. 사실 엥겔에 대해서는 매우 흥미로운 점이 많다. 톰 보어가 쓴 『페이퍼클립 음모론』이란 책을 보면, 제2차 세계대전 뒤 미 정보기관이 나치 과학자 수백 명을 미국으로 몰래 빼내 와 군산복합 프로젝트에 참여시켰다는 내용이 자세히 언급돼 있다. 제2차 세계대전 당시 엥겔은 베르너 폰 바우만이 발트 해 연안의 페네뮌데에서 운영하던 로켓 연구소에서 일했다. '로켓의 아버지'로 불리는 바우만은 제2차 세계대전 막바지 9개월여 동안 영국을 유린했던 V-2 로켓을 개발한 인물이다. 바우만과 엥겔은 전쟁범죄로 기소될 만한 인물들이었다. V-2 로켓 개발 프로젝트를 위해 페네뮌데 인근 도라 집단 수용소 수용자들이 강제 노역에 동원됐으며, 이들은 굶주림과 구타에 시달리고 과로사 한 이들도 많았던 것으로 알려져 있다. 그러나 바우만은 기소되지 않은 채 '페이퍼클립' 프로그램에 따라 미국으로 건너갔다. 이후 그는 미 육군의 주피터

로켓을 설계했으며, 1970년엔 미 항공우주국(NASA)의 기획 담당 부국
장보에 임명되기도 했다. (하버드 대학 수학과 교수에서 음악가로 변신한
톰 레러는 바우만에 대해 다음과 같은 노래를 만들었다. "그가 위선적이라고
말하지 마세. 그는 그저 정치에 무관심하다고 말하세. '일단 로켓이 쏴 올려지
면, 도착 지점에 대해 누군들 신경을 쓸까. 내 알 바 아니지 않나.' 베르너
폰 바우만은 말했네.")

나치 친위대를 거쳤던 엥겔은 페네뮌데로 파견되기 전까지 프랑스
의 스트라스부르에 주둔하고 있었다. 엥겔의 나치당 경력 관리 파일을
보면, 그의 상관들은 그가 프랑스 레지스탕스 소탕 작전에서 보여 준
모습을 두고 "지적이고, 헌신적이며, 유능한 인물"이라고 칭찬을 아끼
지 않았다. 바우흐의 이런 이력에도 프랑스는 전후 엥겔을 포로수용소
에서 곧바로 파리의 로켓 연구소로 데려가 가브리엘 미사일 개발 사업
에 참여시켰다고 전했다. 파리에서 생활하던 그는 잠시 독일에 들른
뒤 나세르 정권에서 일하기 위해 카이로로 날아갔다.

메르틴스는 1950년대 말까지 중동 지역에서 활동했는데, 이 무렵
나세르는 소비에트 진영에 가담했다. 훈련 교관으로 활동하는 동안,
메르틴스는 중동 지역 진출을 원하는 독일 업체를 지원하기도 했다.
당시 그는 사우디아라비아 군부 고위층들에게 5백 대의 메르세데스-벤
츠 차량을 팔기도 했고, 이집트와 시리아에 낙하산부터 금속 헬멧에
이르기까지 다양한 물품을 공급했다. 1950년대 중반께 카이로 주재 미
대사관 무관이 그를 미 육군정보국 정보원으로 채용하기에 이른다. 바
우흐는 이를 두고 "당시 미국은 아랍 각국의 군사 활동에 대해 가능한
많은 정보를 원했다"며, 미 정보기관에게 메르틴스가 매우 유용했을

것이라고 설명했다. "메르틴스는 아랍 주요 국가 상당수를 여행했으며, 정부 및 군부 인맥을 통해 많은 정보를 들을 수 있었다."

1950년대 말 메르틴스는 고국으로 돌아가 다시 독일군에 입대하기로 결심했다. 메르틴스는 『무기』를 쓴 러셀 호위에게 "당시 (재입대) 심사위원회에는 제2차 세계대전 당시 런던에서 근무했던 인사와 모스크바에 있었던 인사가 포함돼 있었다"며 "심사를 통과하기 어렵겠다는 판단이 들어 신청서를 철회했다"고 말했다.

잠시 중동으로 복귀해 카이로에서 함께 활동했던 독일 인들과 사우디아라비아로 가서 공수부대 요원들을 훈련시켰던 메르틴스는 1963년 마침내 스위스 베베이에서 메렉스란 이름의 회사를 창업한다. 애초 그는 이 회사를 일반적인 무역업체로 만들 생각이었지만, 메르틴스의 전기를 쓴 독일 작가 하인츠 필라인은 라인하르트 겔렌의 요청에 따라 메렉스가 무기 거래에 뛰어들게 됐다고 말했다. 겔렌은 일부 제3세계 국가를 서방 진영에 남게 하기 위해 비밀리에 이들을 무장시키려 했으며 ─ 정치적으로 민감한 문제인 데다 분쟁 지역에 대한 무기 수출을 금지하고 있는 관련법을 피하기 위해 ─ 별도의 통로가 필요했다고 필라인은 말했다. 여기에 당시 서독 정부는 미국으로부터 ─ 말할 필요 없이 미국산 무기로 ─ 군사력을 현대화시키라는 압력에 시달리고 있었다. 넘쳐 나는 구형 무기를 제3세계로 수출함으로써 서독 정부는 신형 무기를 사들일 수 있었다.

이 무렵 메르틴스는 이미 집권 기독교민주당 안에서 잘 알려진 인물이었기 때문에 ─ 기독교민주당 쪽은 메르틴스가 당시 서독 국무장관이던 루드케르 베스트리크의 아들 프리츠 베스트리크를 고용하도록 도움을 줬다 ─ 겔렌과 곧 계약을 맺을 수 있었다. 이에 따라 독일 정보국은 메렉스 쪽에 무기를 필요로 하는 제3세계 국가에 대한 정보를 제공하고, 메렉스는 필요할 경우 최종수용자증명서를 위조해서라도 이들 국가에 원하는 무기를 공급해 주기로 했다. 필라인은 "메렉스가 어떤 어려움에 처하든 독일 정보기관이 이를 처리해 줬다"며 "가장 중요한 것은 기밀 유지였고, 누구도 무기의 최종 도착 지점을 알지 못하게 하는 게 최우선 과제였다"고 말했다.

서독 정부의 비공식 무기거래상으로서 메르틴스의 역할은 짧은 시간 안에 그가 국제시장에서 손꼽히는 큰손으로 성장하는 데 큰 도움이 됐다. 이에 따라 1965년께부터는 샘 커밍스와 에른스트 베르너 글라트가 운영하던 인터암은 독일 쪽 대행업체로 메렉스와 계약을 맺었다. 두 업체는 그해에 베네수엘라에 F-86 전투기 74대를 공급했다.

1966년 메렉스는 파키스탄에 F-86 전투기 90대를 팔았다. 한 해 앞서 인도와 파키스탄은 교전을 벌였고, 이 때문에 나토는 당시 두 나라에 대해 무기 금수 조처를 내려 둔 상태였다. 파키스탄이 합법적으로 전투기를 구매할 수 없었기에, 이란의 샤 왕조가 대신 자국이 전투기를 구입하는 것처럼 나서 주기로 했다. 메르틴스는 나치 공군 출신 조종사들에게 전투기를 테헤란까지 몰고 가도록 했고, 그곳에서 파키스탄 군복을 입은 이란 조종사들이 비밀리에 이슬라마바드까지 전투기를 이동시켰다. 메르틴스는 줄곧 미국이 당시 거래를 허용했다고 주장해 왔는데 ─ 당시 미국은 좌파 쪽으로 기울던 인도보다 파키스탄을 선호했다

— 이런 주장은 의심의 여지가 없어 보인다. 이 거래와 관련해 나중에 미 의회 진상조사단을 이끌었던 스튜어트 사이밍턴 하원의원은 "미국 정보기관은 당시 F-86 전투기의 최종 목적지가 파키스탄이라는 사실을 정확히 알고 있었다"고 말했다.

나중에야 이런 사실을 알게 된 인도 정부가 분노한 것은 이해할 만한 일이었다. 인도 정부를 달래기 위해 나선 메르틴스는 전설적인 '죽음의 상인' 바질 자하로프조차 놀랄 만한 일을 해냈다. 인도 정부에 즉각 시호크 전폭기 수십 대를 팔아넘긴 것이다. 이 거래에서도 역시 편법이 동원됐다. 운송증명서상으론 시호크 전폭기는 이탈리아 업체 '티렌나'가 선적하는 것으로 돼 있었다. 메르틴스가 독일 노르덴함에서 빌린 수송선은 처음엔 나폴리를 향하는 듯하더니, 이내 방향을 틀어 인도의 코치로 향했다. 인도 공군은 그곳에서 전폭기를 인수해 갔다.

인도-파키스탄 갈등은 메르틴스에게 막대한 부를 가져다 줬다. 그는 두 나라에 비행기를 팔아 챙긴 약 천만 달러에 이르는 수익금으로 스위스에 대저택 두 채를 구입했고 — 이 가운데 한 채는 커밍스가 소유한 빌라에서 3백 미터가량 떨어진 곳에 있었다 — 본 인근 라인 강가에도 저택을 하나 마련했다. 또 미국 메릴랜드 주 베세즈다의 위스콘신 가 인근에도 집을 한 채 장만해 메렉스의 미국 지사를 설립했다.

메르틴스는 독일 정보국 요원이던 게르하르트 바우흐를 고용해 미국 지사 업무를 맡겼다. 앞서 겔렌은 1962년 바우흐를 카이로 지국장에 임명했는데, 당시 은행가인 헤르베르트 콴트가 그를 지원했다. 콴트는 겔렌의 친구일 뿐 아니라 나치 선전상이었던 요제프 괴벨스의 의붓 아들이기도 하다. (콴트의 어머니 마그다는 그의 친부와 이혼한 뒤 괴벨스와 결혼해 여섯 명의 자녀를 뒀다. 1945년 러시아군의 베를린 진격이 임박하면서 이들 가족 모두는 히틀러의 안가로 모였다. 히틀러는 자살하기 전 괴벨스에게 제3제국 지도자 자리를 물려주려 했지만, 괴벨스는 그의 마지막 명령을 거부했다. 대신 괴벨스는 나치 친위대 소속 의사에게 자신의 여섯 자녀에게 독극물 주사를 놓도록 했고, 자신과 부인 마그다에게는 총을 쏘도록 명령했다.)

바우흐가 이집트에 도착할 무렵 나세르는 이미 소련 쪽으로 기울었고, 독일은 이스라엘과 외교 관계를 맺었다. 바우흐를 신뢰하지 않았던 이스라엘 정보국은 겔렌의 비밀스런 지원을 등에 업고 자국 요원 ― 독일 인 아버지와 유대인 어머니 사이에서 태어난 제에브 로츠 소령 ― 을 바우흐가 지국장에 취임하기 일 년여 전 이집트로 잠입시켰다. 승마 기술이 뛰어났던 '볼프강' 로츠는 승마 학교를 열어 이집트 고위층들에게 접근했다. 그곳에서 그는 엄청난 양의 정보를 입수해 이스라엘 첩보기관 모사드로 넘겼다. 로츠는 또 이집트가 추진하고 있던 미사일 개발 프로그램에도 각별한 주의를 기울였는데, 당시 이스라엘은 이집트의 미사일 개발을 심각한 위협으로 여기고 있었다. 모사드는 애초 이집트의 미사일 개발 사실을 세계적인 언론에 흘리거나, 나세르 정권의 미사일 개발 작업에 참여하는 독일 과학자들에게 협박 편지를 보내 이를 막으려 했다. 하지만 이런 전술은 실패로 끝났고, 결국 로츠가 과학자들에게 우편 폭탄을 보내 여럿이 중상을 입기도 했다.

1965년 이집트 당국은 마침내 로츠의 정체를 파악해 그를 투옥시켰다. 이집트 당국은 또 로츠의 협력자임이 분명한 바우흐까지 구금했다. 자신의 절친한 친구이자 독일 정보부 부국장 한스-하인리히 포르기츠키가 석방 협상을 위해 세 차례나 카이로를 방문한 뒤에야 바우흐는 풀려날 수 있었다. (로츠는 재판을 거쳐 징역 25년형에 처해졌다. 그를 도왔던 이집트 인 상당수가 처형되기도 했다. 이른바 '6일 전쟁' 과정에서 이스라엘이 아홉 명의 이집트군 장성과 병사 수천 명을 사로잡은 뒤, 로츠는 이들과의 포로 교환을 통해 1968년 풀려나 이스라엘로 귀환했다.)

독일 첩보 요원이란 점이 밝혀지면서, 바우흐는 더 이상 정보 계통에서 일할 수 없게 됐다. 그는 독일로 귀국해 기관차 제작 업체인 '헨쉘'에서 근무하게 된다. 믿기는 어렵지만 바우흐는 메르틴스가 이집트 군 사고문단에서 활동할 때만 해도 그를 만난 일조차 없으며, 두 사람과 모두 가깝게 지내던 로켓 과학자 롤프 엥겔을 통해 만나게 된 뒤 우러러 보게 됐다고 주장했다. 어찌됐든 메르틴스가 바우흐에게 일자리를 제의했고, 그는 곧 미국으로 옮겨 갔다.

파키스탄 전투기 판매가 메르틴스에게 막대한 부를 안겼다면, 어려움 또한 함께 가져왔다. 전투기 판매 사실이 새어나와 언론을 통해 공개되면서, 스위스 당국은 메르틴스가 자국에서 영업 활동을 하는 것을 금지시켰다. 미국에서도 당시 무기 거래 소식이 광범위하게 퍼지면서 『워싱턴포스트』는 매랠랜드에 있는 메르틴스의 집으로 기자를 보내 취재에 나섰다. 메르틴스는 자신의 '중세풍 유럽식 거실'에서 루이 15세가 사용하던 실크를 덧댄 소파에 앉아 『워싱턴포스트』 기자에게 "나는 제2차 세계대전 당시의 '나쁜 독일 인'과는 다르다"고 주장했다. 그는 심지어 메렉스가 판매한 무기를 사들인 이들이 저지른 행동에 대해선, 교통사고로 목숨을 잃은 사람에 대해 사고 차량을 판매한 자동차 영업 사원이 짊어져야 할 정도만 책임이 있을 뿐이라고 주장하기도 했다.

파키스탄 전투기 판매 건(이른바 '파키스캠')을 두고 소동이 벌어지면서 미 의회는 1967년 봄 청문회를 열기에 이른다. 메르틴스 자신이 직접 증인으로 출두하지는 않았지만, 그는 당시 청문회를 주도하던 사이밍턴 하원의원과 윌리엄 풀브라이트 상원의원을 개인적으로 만났다. 한편 미 법무부는 당시 연방수사국 국장이던 에드거 후버에게 메르틴스를 조사해 그를 서독의 국외 첩보 요원으로 등재시켜야 하는지 여부에 대해 판단을 내리라고 지시했다. 이에 대해 연방수사국은 "메르틴스가 국방부와 국무부 요원들, 여러 의회 관계자들과 일상적으로 접촉을 유지하거나 그런 시도를 계속하고는 있다"며 "그러나 이런 활동은 사업적 접근으로 오로지 메렉스의 영업 이익을 위한 것이지, 서독 정부를 위한 일은 아닌 것으로 보인다"고 결론을 내렸다.

달갑지 않은 유명세를 치르기는 했지만, 메렉스의 사업은 계속 번창해 갔다. 정보공개법에 따라 일부 삭제된 뒤 공개된 당시 미 연방수사국 및 육군정보국 보고서를 보면, 메렉스는 당시 이란과 사우디아라비아, 북아프리카와 남아메리카 지역에 각각 지사나 대리인을 두고 있었다. 메렉스가 공급하는 무기 대부분이 서독 제품이지만, 프랑스와 이탈리아, 영국과 네덜란드에서도 잉여 무기를 구입한다는 게 보고서의 지적이다. 메르틴스의 고객층은 중동과 아프리카, 남아메리카 대륙에 광범위하게 퍼져 있었다. 삭제되지 않고 공개된 명단을 보면, 차드와 그리스·터키 등도 메르틴스에게 무기를 공급받은 것으로 확인된다. 특히 독일 정부가 메렉스를 통해 그리스와 터키에 무기를 공급한 것은 미국의 요청에 따라 이뤄진 것으로 보인다. 공개된 연방수사국의 보고서 가운데는 메렉스가 ― 보고서가 공개될 때 이름이 삭제된 특정 국가에게 ― "경찰 조직 구성 및 훈련과 폭발물 공장 건설 및 장비 제공"을 제안했다는 내용도 있다.

메렉스에서 1972년까지 근무했던 바우흐는 자신의 근무 기간 동안 벌어졌던 각종 무기 거래에 대해 자세히 증언했다. 파키스탄엔 레이더 기지 장비 일체를 제공하기도 했고, 사우디아라비아엔 경찰용 권총을 납품하기도 했다. 그가 기억하는 최대 무기 거래는 이집트와 북예멘 사이에 교전 사태가 벌어졌던 1960년대 중반에 이뤄졌다. 보수적인 예멘을 지지했던 사우디아라비아는 메렉스에게 막대한 자금을 주고 예멘 쪽에 무기를 공급해 줄 것을 주문했다. 당시 예멘에 공급된 무기는 서독이 보유하고 있던 미국산 잉여 품목들로, 두 나라 정부 모두 메렉스의 활동을 암묵적으로 승인했다는 게 바우흐의 증언이다.

프리츠 슈벤드가 보관하고 있던 자료를 보면 메르틴스가 벌인 무기 장사의 추악한 면을 더욱 자세히 알 수 있다. 이 자료는 슈벤드의 동료인 클라우스 바르비가 볼리비아에서 체포된 뒤 페루 당국이 발견한 것이다. (바르비는 페루에서 민간 정부가 들어선 뒤인 1983년 프랑스로 귀국했다. 앞서 슈벤드는 1980년 페루의 수도 리마에서 숨졌다.) 메르틴스가 남아메리카 사업에서 주요 동료로 삼았던 슈벤드는 1932년 나치당에 입당한 뒤 친위대와 육군에서 군수품 획득 업무를 맡아 활동했다. 그는 1944년 영국 경제를 교란하고 '제3제국'의 전쟁 자금을 확보하기 위해 엄청난 액수의 파운드화를 위조하기로 한 이른바 '베른하르트 작전'을 지휘했다. 당시 슈벤드는 나치 정권 최고 보안 책임자였던 오스트리아 출신의 에른스트 칼텐브루너의 지시에 따라 움직였는데, 그는 나치 비밀경찰과 집단 수용소 운영 등을 총괄하고 있었다. (칼텐브루너는 전쟁이 끝난 뒤 열린 뉘른베르크 전범재판소에서 사형 판결을 받고 교수형에 처해졌다.) 1945

년 나치 패망과 함께 미군 방첩대가 슈벤드를 구금했지만, 정보를 제공하는 대가로 일반 교도소로 옮겨진 뒤 미군 당국에 의해 결국 석방됐다. (정보공개법에 따라 입수한 육군정보국 문서에선 그의 석방 과정에 대한 구체적인 내용이 삭제돼 있다.) 풀려난 직후 가짜 여권을 이용해 유럽을 빠져나온 슈벤드는 리마에 정착하게 된다.

슈벤드는 전 세계적 신나치 운동에 깊숙이 개입했다. 그가 보관해 온 자료 가운데 입수한 전화번호 목록에는 오토 스코르체니, 발터 라우프 — 이른바 '가스트럭처형' 프로그램을 지휘한 냉혹한 인물로, 이를 통해 약 25만 명을 처형한 것으로 알려져 있다. 제2차 세계대전 패전 뒤 칠레로 피신했다 — 와 히틀러에게 가장 많은 훈장을 받은 나치 공군 출신 한스-울리히 루델 등의 이름이 등장한다. 루델은 1948년부터 1953년까지 남아프리카 공화국에 거주하면서 상당수 파쇼 정권 지도자들과 긴밀한 관계를 맺었다. 그는 아우슈비츠 유대인 집단 수용소에서 '죽음의 천사'로 악명을 떨쳤던 의사 출신 요제프 멩겔레에게 시민권을 주도록 파라과이의 독재자 알프레도 스트로에스네르를 개인적으로 설득하기도 했다. 루델을 비롯한 신나치주의자들의 도움으로 멩겔레는 수많은 나치 전범 추적자들을 따돌릴 수 있었다. 1960년 브라질로 이주한 멩겔레는 1979년 자신의 집 부근 바다에서 수영을 하다 익사했다.

슈벤드의 가장 절친한 친구로는 나치 점령 치하의 프랑스에서 비밀경찰국장을 지냈던 클라우스 바르비가 꼽힌다. 바르비는 레지스탕스 지도자 장 모울린을 고문해 숨지게 하고, 유대인 어린이들을 아우슈비츠 수용소로 보내 버린 것으로 악명이 높다. 슈벤드와 마찬가지로 바르비 역시 전쟁 뒤 미 육군정보국의 정보원 노릇을 했다. 미군은 프랑스 정부가 바르비의 행방을 알아차린 뒤 처벌을 위해 신병을 인도할 것을 요구하자 그가 유럽에서 빠져나가도록 지원했다. 슈벤드와 바르비는 남아프리카 공화국에 자리를 잡은 뒤 당시 극우파 군부 지도자들의 군사고문이 됐으며, 페루와 볼리비아 정부의 무기 구매자 역할을 공동으로 수행했다. 또 친구인 루델과 스코르체니의 도움으로 파라과이와 칠레, 스페인의 극우 정권에게도 무기를 판매했다.

메릴랜드 주 베세즈다에 미국 지사를 개설한 해인 1966년 메르틴스는 무기 거래 계약 때문에 슈벤드와 정기적으로 접촉하고 있었다. 메르틴스가 슈벤드에게 보낸 편지 가운데는 메렉스가 작성한 '판매 가능한 물품' 목록도 있는데, 로켓부터 만년필이나 넥타이핀에 장착된 마이크 등 도청 장비에 이르기까지 다양한 품목이 적혀 있다. 메르틴스의 능력에 탄복했던지 슈벤드는 자신의 친구에게 보낸 편지에서 "그는 독일 군부와 긴밀한 관계를 맺고 있다"며 "페루 정부가 독일 당국에 편지를 보내기라도 하면, 바로 다음날 메르틴스가 그 편지의 사본을 가지고 있을 정도"라고 적었다. 메렉스는 1967년 9월 한 페루군 장교에게 편지를 보내 슈벤드가 운영하는 '커머셜아그리콜라'를 지역 대리업체로 선택했다고 밝혔다.

슈벤드가 보관하고 있던 자료 가운데는 그가 메르틴스를 비롯한 메렉스 핵심 간부들과 주고받은 편지들도 포함돼 있다. 한 편지를 보면, 언젠가 슈벤드는 메르틴스 쪽에 미국산 M-14 탱크를 페루군에게 공급할 수 있는지 여부와 가격에 대한 정보를 달라고 요청한 바 있다. 메르틴스는 슈벤드가 요청한 정보를 담은 답장을 보내면서, "우리 둘 다 친구로 지내고 있는 'R 대령'(한스-울리히 루델)도 우리와 함께 일하고 있으니

그를 통해 답장을 보내 달라"고 요청했다. 메르틴스는 또 다른 편지에선 슈벤드에게 스코르체니가 페루군 장성에게 공급할 권총과 기관총, 탱크 등을 구하기 위해 메렉스 쪽에 문의를 해 왔다는 내용을 전하기도 했다. 1968년 2월 슈벤드는 메렉스 쪽에 '알트만 씨' ― 바르비의 가명 ― 가 운영하는 볼리비아 업체 '트란스마리티마'가 볼리비아 해군에게 공급할 중고 군함을 찾고 있다는 편지를 보냈다. (바르비가 운영하던 트란스마리티마의 이사회 명단에는 당시 볼리비아군 참모총장과 비밀경찰국장을 겸임하고 있던 알프레도 오반도 칸디아 장군도 포함돼 있다. 이 업체는 커피와 주석, 그리고 무기를 실어 날랐다.) 메르틴스는 곧 슈벤드에게 답장을 보내 "알트만 씨와 관련된 당신의 요청을 해군성에 전달했으며, 현재 한센 씨가 이 문제를 처리하고 있다"고 전했다.

메렉스의 다른 고객들도 나치 깡패들에 비해 그리 큰 차이가 나지 않는다. 아우구스토 피노체트가 군사 쿠데타를 일으켜 선거를 통해 집권한 살바도르 아옌데 정권을 무너뜨리기 2년여 전인 1979년 바우흐는 칠레로 가 기마경찰용 고삐와 안장 등 80만 달러 상당의 계약을 체결하고자 협상을 벌였다. 계약 내용에는 4만여 개의 강철 헬멧과 2만여 통의 탄환도 포함됐는데, 당시 칠레 육군 획득 담당자였던 피노체트와 바우흐가 계약서에 서명했다. 바우흐는 "피노체트는 계약을 맺은 뒤 대단히 만족해 했으며, '당신이 우리한테 호의를 베풀었으니, 우리도 뭔가 해 주고 싶다'고 말했다"며 "그래서 발파라이소 남부 기병 학교에 가서 가장 좋은 말을 타 보고 싶다고 했더니, 피노체트가 바로 다음날 모든 것을 제공해 줬다"고 전했다.

이 계약을 끝으로 바우흐는 메렉스에 사표를 제출했지만 ― 그는 메르틴스가 거래 수수료를 후하게 쳐주지 않는다고 생각했다 — 칠레 군부와 메렉스 사이의 오래도록 지속된 돈독한 관계는 이때부터 시작된 것으로 보인다. 이후 메르틴스는 칠레를 정기적으로 방문했고, 안데스 산맥 남쪽 자락에 있는 파랄 지역의 극우 성향 농업 공동체 '콜로니아 디그니다드'에서 자주 머물렀다. 이곳의 창설자는 침례교 목사 출신으로 1960년대 어린이 성추행범으로 몰려 독일에서 피신해 온 파울 섀퍼다. 그는 독일 이민자들을 모아 삼엄한 경비 아래 일종의 사이비 종교 공동체를 만들었다. 이곳을 탈출한 일부 주민들이 세계적 인권 단체 엠네스티를 통해 하루 13시간 이상 중노동에 시달렸고, 남성과 여성의 접촉이 금지됨은 물론 부모와 자식들도 떨어져 생활해야 했다고 증언했다. 한편 칠레 군사정권은 디그니다드와 긴밀한 관계를 유지했는데, 피노체트는 물론 군부독재 시절 비밀정보국장을 지내며 온갖 악명을 떨쳤던 마누엘 콘트레라스 등도 이곳을 자주 방문했다.

메르틴스는 독일에서 콜로니아 디그니다드를 재정적으로 지원하는 모임을 구성했다. 그는 1979년 디그니다드 탈출자들이 유럽에서 제기한 소송에 진술서를 내기도 했다. 메르틴스는 진술서에서 칠레 경찰이나 정보 요원들이 '한가로운 농촌 마을'인 디그니다드를 방문한 일이 전혀 없다고 주장했다. 그는 또 "수많은 사람들이 아옌데-카스트로 쇼가 끝난 것에 만족해 하고 있다"며 "피노체트 장군과 군부 지도자들은 위대한 애국자들"이라고 말했다. 1989년 대통령 선거에서 파트리시오 아일원이 당선된 뒤, 칠레 문민정부는 병력을 동원해 디그니다드를 폐쇄시켰다. 아일원 정부가 구성한 '진실과화해' 위원회는 조사를 통해 피노체트 집권 기간 동안 칠레 비밀정보국이 디그니다드를 반정부 인사고문 장소 겸 요원 훈련장으로 활용해 왔다는 결론을 내렸다.

메르틴스는 민간 군수 업체의 무기 거래도 대행했다. 독일 최대 군수 업체인 '메세르슈미트-뵐코프 블롬'과 미국의 '페어차일드웨스턴 시스템스'도 그의 고객사였다. (이 회사는 또 다른 군수 업체 '로럴'에 매각됐으며, 나중에 록히드마틴이 이 회사를 인수했다.) 페어차일드와 메르틴스의 관계는 그가 중개한 중국 수출 건에서 문제가 불거져 소송이 벌어지면서 막을 내렸다. (소송에 대해선 이 장의 뒷부분에서 보다 자세히 설명하기로 한다.) 메르틴스의 변호사는 재판부에 제출한 자료에서 메렉스가 1972년부터 중국에서 페어차일드 및 자회사를 대신해 중요한 업무를 수행해 왔다고 주장했다. 메르틴스는 중국 인민해방군과 연계된 '폴리테크놀로지'와 '중국국제신탁투자' 등 두 개 회사와 특히 돈독한 관계를 맺고 있었던 것으로 전해진다. 중국 국영 군수 업체인 북방공업공사에서 세 번째로 고위직에 있는 자오페이는 메르틴스의 또 다른 주요 인맥이다.

냉전 시절 이름을 떨쳤던 상당수의 주요 무기중개상을 만나 봤는데, 모두들 메르틴스에 대해 잘 알고 있었다. 파키스탄 출신인 아리프 두라니는 1970년대 초반 미국으로 건너와 뉴욕의 스프링밸리에 사무실을 내고 무기 중개업에 뛰어들었다. 그가 운영하던 업체는 파키스탄 공군이 보유한 F-86 전투기의 소모성 부품을 공급하는 계약을 따 냈는데, 이 전투기들은 1966년 메르틴스가 공급한 것들이었다. 한편 당시 메르틴스는 남아프리카 공화국의 아파르트헤이트 정권에게 같은 부품을 공급하고 있었다. 두라니는 "나는 캐나다에서 트럭이나 기차를 이용해 필요한 부품을 사들였다"며 "1979년 내가 스프링밸리를 떠나기 전까지 메르틴스는 내게서 부품을 공급받았다"고 전했다. 그는 메르틴스가 파키스탄에서도 고위 장성을 앞세워 상당한 사업 수완을 발휘하고 있었다고 덧붙였다.

파리에서 만난 사키스 쇼가내리언은 자신이 메르틴스를 처음 본건 1969년 그들이 무기 업체 콜트에서 영업 담당자로 일할 때였다고 말했다. 그는 "그땐 메르틴스와 함께 소총이나 권총 등 소형 무기를 판매했다"며 "사우디아라비아와 아랍에미리트 연합, 카타르 등의 경찰이나 보안군이 주요 고객이었다"고 말했다. 메르틴스의 정치적 관점은 어땠느냐고 묻자 메르틴스의 나치 전력을 익히 알고 있던 쇼가내리언은 ― 그러나 그는 메르틴스가 나치 무장친위대 장교 출신인 것으로 잘못 알고 있었다 ― 이렇게 말했다. "무기 거래 분야에선 아무도 정치나 종교 문제에 대해서 묻지 않는다."

수상한 고객들에게 무기를 공급하면서 부를 쌓아 가는 동안에도 메르틴스는 미국 정보기관들과 원만한 관계를 유지했다. 미국의 동맹국들에게 비밀리에 무기를 공급하는 한편 메르틴스는 자신의 고객(무기 공급자와 구매자 모두)의 정보를 빼내 미 육군에 넘겼다. 그에 대해 조사를 했던 한 관계자는 메르틴스가 벌인 정보활동의 주요 목적은 자신이 무기 밀매를 위해 자주 방문하는 동유럽과 중국 중동 지역 등이었다고 전했다. 1966년 메렉스의 파키스탄 전투기 공급 사건이 불거진 뒤 미 연방수사국이 조사에 나서자 육군정보국이 이를 가로막고 나선 것도 '정보 자산'으로서의 메르틴스의 역할 때문이었다. 조사 당시 연방수사국의 내부 문건을 보면 "메르틴스나 그가 운영한 메렉스를 외국 정보원으로 등록시킬 경우, 이들을 지속적으로 활용하는 데 위협이 될 수 있다는 게 군 정보 당국의 우려"라고 지적이 나온다. 비슷한 시기에 만들어진 또 다른 내부 문건에선 "조사 결과 어떤 결론이 내려지건 간에, 우선 육군성의 의견을 확인하기 전까지 메르틴스를 (외국 정보 요원으로) 등록시키는 일은 없을 것"이라고 적고 있다.

미 정보기관과 긴밀한 관계를 유지함으로써 메르틴스는 외국 주재 미 대사관을 자유롭게 드나들 수 있었고, 대사관에서 근무하는 무관들을 통해 그들의 주재국 정부가 필요로 하는 무기에 대한 정보를 얻을 수 있었다. 또 자신과 거래를 하는 무기 업체나 무기 수입국 군부 지도자들 사이에서 신뢰도를 높여 주는 근거가 되기도 했다. 특히 각국 군부에선 메르틴스가 성사시킨 무기 거래 계약은 미국의 승인을 받은 것이라고 믿어 의심치 않았다. 무엇보다 중요한 것은 메르틴스가 국제적 무기 거래 문제를 관리·감독하는 미 당국으로부터 거의 감시를 받지 않은 상태에서 사업을 벌일 수 있었다는 점이다. 한 정보 관계자는 "미 당국은 메르틴스의 고객이 대단히 민감할 때도 크게 괘념치 않았다"고 전했다.

에른스트 베르너 글라트와 마찬가지로 메르틴스도 군 출신 인사들을 채용함으로써 미국 군부와의 유대 관계를 강화했다. 1970년 메르틴스는 미 육군정보국에서 근무하다 전역한 지 얼마 되지 않은 리처드 애머티 대령을 메렉스의 미국 지사장으로 뽑았다. 이들 두 사람은 애머티가 독일 주재 미 대사관에서 무관보로 일하던 때인 1960년대 초반에 처음 만났다. 그 무렵 메르틴스는 무기 거래 업계의 큰손으로 떠오르고 있었다. 메르틴스가 이미 미국의 정보원 노릇을 하고 있음을 알지 못했던 애머티는 본국으로 전문을 보내 메르틴스를 현지 무기 전시회에서 만났다고 보고했다. 애머티는 "그때 메르틴스는 이미 미국의 정보원으로 활동하고 있었다"며 "보고 뒤 중앙정보국으로부터 더 이상 메르틴스와 접촉하지 말라는 주의를 받기도 했다"고 말했다. 비슷한 시기에 메르틴스는 역시 육군정보국 출신으로 여러 해 동안 자신을 담당해 왔던 헬무트 후버(이미 고인이 됐다)를 메렉스의 부사장직에 앉혔다.

바우흐와 애머티 모두 메르틴스가 군 정보기관을 방문한 뒤 메릴랜드 주 메렉스 미국 지사 사무실로 들어오던 장면을 좋은 기억으로 떠올렸다. 바우흐는 "메르틴스는 워싱턴에 올 때마다 국방정보국에 들러 사람들을 만났고, 그럴 때마다 현금을 지급받았다"며 "회사로 돌아온 메르틴스는 주변에 있는 사람 아무한테나 5백 달러씩을 나눠 주곤 했다"고 말했다. 애머티도 군 정보 당국의 넉넉한 씀씀이를 떠올리며, "메르틴스는 국방정보국을 다녀올 때마다 현금 다발을 뿌렸다"고 전했다.

1970년대 초반 메르틴스는 미 육군 제1의 비밀첩보기구로 알려져 있던 이른바 '야전활동사령부'(USAFAC)에서 정보원으로 활동했다. 이 조직은 버지니아 주 알렉산드리아의 국방부에 딸린 건물인 호프만 빌딩이 아니라, 우드로윌슨교 건너편 워싱턴에 따로 사무실을 두고 있었다. 미 중앙정보국의 축소판이었던 야전활동사령부는 전 세계적으로 대인 정보를 모아 육군에 보고하는 게 주요 임무였다.

메르틴스와 야전활동사령부의 협력 관계가 언제나 매끄럽기만 한 것은 아니었다. 그는 이집트 군부에 공기 팽창식 고무보트를 팔아 넘겨 미 육군 당국을 화나게 만들기도 했다. ― 이 거래는 불법적으로 이뤄졌는데, 당시 판매된 고무보트는 서독이 보유하고 있던 미국산 잉여 군수품으로 미국은 이집트로 이를 넘기는 걸 승인하지 않았다. 이때 메르틴스가 공급한 고무보트는 이집트군이 1973년 이른바 '욤키퍼 전쟁' 때 시나이 반도를 넘어 이스라엘로 침투하는 데 사용됐다. 한 미군 당국자는 메르틴스에 대해 '통제가 불가능한 인물'이라는 평가를 내리기도 했다. 그는 "(베트남전이 한창이던 때) 한번은 메르틴스가 사이공의 미군 사령부를 찾아와 자신이 미 정보기관에서 일한다며, 책임자를 만나게 해 달라고 한 일이 있다"며 "그는 상대가 왕자이든 국무총리든 또는 일반인이든 신경 쓰지 않는다며, 즉각 책임자를 불러 달라고 요구했다"고 전했다.

베트남에서 이런 일이 벌어진 뒤 현지 미군 관계자들은 육군 쪽에 메르틴스가 분별력 없이 행동한다며 불평을 늘어놨다. 비슷한 불만이 세계 각국 주재 미 대사관에서 터져 나왔고, 미 육군 야전활동사령부는 결국 1972년 메르틴스와의 관계를 끊었다. 당시 메르틴스를 담당했던 요원은 "첩보 수집 활동은 비밀 유지가 최우선 과제인데, 계속 관계를 유지하기엔 메르틴스가 비밀 유지를 너무나 소홀히 했다"고 전했다. 메르틴스는 이런 조처에 광분했고, 육군을 상대로 소송을 제기함으로써 정보기관을 아연실색케 했다. 메르틴스는 군 정보기관에서 자신을 부당하게 해임함으로써 국방부와의 관계는 물론 고객과의 신뢰도에 막대한 타격을 입었다며, 이를 현금으로 보상해 달라고 요구했다. 미 중앙정보국은 군 당국을 지원하기 위해 변호사를 고용했으며, 소송 절차가 공개적으로 진행될 경우 국가 안보에 타격을 줄 수 있다는 주장을 제기해 재판부가 이를 받아들이도록 하는 데 성공했다.

재판 결과 정보 당국이 승소하기는 했지만, 당시 재판으로 야전활동사령부의 첩보 활동이 공개될 것을 우려해 온 육군 쪽에선 소송이 제기된 것 자체에 대해 두려움을 느끼지 않을 수 없었다. 결국 야전활동 사령부는 메르틴스가 제기한 소송이 일단락된 뒤 얼마 지나지 않아 자진 해산됐으며, 대부분의 요원들은 중앙정보국으로 자리를 옮겼다. 메르틴스를 담당했던 정보요원은 "육군정보국 지휘부는 요원 가운데 한 명이 가짜 여권을 이용해 외국에 입국하려다 적발된 뒤, 그 요원에 대한 기록이 전무하다는 것을 현지 당국이 알아차리기라도 하면 어쩌나 하고 걱정하기 시작했다"며 "결국 야전활동사령부의 활동은 종료됐고, 모든 기록도 덮어 버렸다"고 말했다.

이후 몇 년 동안 메르틴스는 일련의 위기를 맞게 된다. 1969년 서독에서 온건 좌파인 사회민주당이 정권을 잡게 됐다. 사회민주당 지도부는 우파 기독교민주당에 비해 메르틴스에게 그리 호의적이지 않았다. 메르틴스 역시 사회민주당을 전 세계로 퍼져 가는 공산주의의 꼭두각시에 불과하다고 생각했다. 이런 생각은 소련의 끄나풀들이 세계 전역에서 비밀리에 여론을 조작하고 있다는 그의 인식과 맥을 같이하는 것이었다. 메르틴스는 언젠가 러셀 호위에게 미국 평화운동 진영의 배후에는 소련의 비밀스런 입김이 작용하고 있으며, 심지어 총기 규제를 주장하는 이들도 소련의 조종을 받고 있다고 말한 바 있다.

결국 메렉스는 서독 정부의 무기 처리 업체라는 지위를 잃게 됐다. 그러던 차에 1974년 헬무트 슈미트 정부는 9년 전 불법적으로 파키스탄에 전투기를 판매한 혐의로 메렉스를 정식 기소하겠다고 발표했다. 연방 법원은 당시 전투기 판매가 독일의 무기 수출 관련 법규를 위반한 것이라는 검찰 쪽의 주장엔 동의했으나, 전투기 판매 당시 집권했던 정부가 이를 허용했다는 이유를 들어 메르틴스에게 죄를 묻지는 않았다. 그럼에도 이 소송은 메르틴스의 명성에 흠집을 낼 수밖에 없었고, 그의 사업에도 타격이 불가피했다. 1970년대 말에 이르면 메르틴스의 재정 상태는 심각한 지경에 이르게 됐고, 불과 몇 년 전만 해도 이름난 정치인과 사업가들을 모아 놓고 호화로운 파티를 벌이던 라인 강변에 있는 그의 저택이 은행 채권단 손에 넘어가게 됐다.

메르틴스는 멕시코에서도 어려움에 처하게 됐다. 1978년 그는 멕시코 두랑고 지역에서 은 광산 지분 49퍼센트를 매입했다. 또 같은 지역에 영화배우 존 웨인의 저택과 가까운 장소에 목장도 사들였다. 4년여 뒤 현지 신문 『엑셀시오르』는 메르틴스의 나치 전력에 대한 의혹과 함께 그가 외국에서 무기를 밀매하고 있다는 보도를 내보냈다. 보도가 나온 뒤 멕시코 당국은 이민법 및 투자법 위반 혐의로 메르틴스를 외국으로 추방했다.

앞서 언급한 메렉스와 페어차일드 사이의 소송으로 인해 메르틴스는 1980년대 중반 또 다른 역풍을 만나게 된다. 페어차일드는 1982년 한 번도 거래를 해 본 적이 없는 중국으로 군사용 감시 장비를 판매하기 위해 메렉스를 동원한다. 메르틴스는 페어차일드와 중국 국영 군수 업체 북방공업공사를 연결시켜 주기 위해 여러 차례 모임을 열었다. 2년여 뒤 중국은 2천만 달러 상당의 장거리 항공 감시 카메라 두 대를 페어차일드로부터 구입하게 된다. (미 국방부 일각의 반발에도 이 거래는 레이건 행정부의 승인을 받아 이뤄졌다. 당시 거래를 검토했던 국방부 관리는 이렇게 말했다. "장거리 항공 감시 카메라는 최신 기술을 바탕으로 만들어진 장비였다. [⋯] 전략적 이미지 처리 및 정보 능력 등으로 65킬로미터 범위를 감시할 수 있다. 대만 상공을 비행하지 않으면서도 정찰 사진을 찍을 수 있었다. 최신 기술 사용과 고도의 정보 입수 능력, 이에 따른 미 동맹국에 대한 위협 등을 종합 판단해 우리는 장거리 항공 감시 카메라를 중국으로 수출해선 안 된다는 결론을 내렸다.")

메르틴스는 이 거래를 성사시키기 위해 막대한 자금을 투자했고, 거래가 성사된 뒤 페어차일드가 수수료를 지불하지 않자 법정으로 달려 갔다. 페어차일드 쪽은 메르틴스의 노력 때문에 거래가 성사된 게 아니 라고 주장했다. 특히 메르틴스가 중국에서 열린 중요한 회합에 여러 차례 참석하지 않았다는 점을 강조했다. 1심에선 배심원들이 메르틴스 의 손을 들어 줬지만, 페어차일드는 항소심에서 승소했다.

그럼에도 메르틴스가 모든 것을 잃은 것은 아니었다. 육군정보국 과 결별한 뒤, 미 중앙정보국이 메르틴스를 활용하기 시작한 것이다. 이를 통해 메르틴스는 당시 레이건 행정부의 '반공게릴라운동지원' 프 로그램에서 일정한 몫을 따 낼 수 있었다. 육군정보국 요원 출신인 한 관계자는 "중앙정보국은 소형 무기를 공급해 줄 수 있는 인물을 찾고 있었고, 메르틴스는 최적임자였다"며 "당시 메르틴스는 다양한 조직에 무기를 공급했다"고 말했다. 이 관계자와 (1980년대 메르틴스와 상당한 거래를 했던 두라니를 포함한) 여러 다른 소식통들은 아프가니스탄의 무자 헤딘과 니카라과의 콘트라 반군도 메르틴스에게서 무기를 공급 받았다 고 전했다. 메르틴스가 콘트라 반군에 무기를 대 줬다는 증거는 이란 콘 트라 스캔들의 특별 검사로 활약한 로렌스 월시 판사의 자료에서 발견할 수 있었다.

콘트라 반군에게 무기를 공급하는 과정에서 메르틴스와 절친했던 제임스 애트우드 대령도 사업 동료로 참여했다. 조지아 주 출신으로 괴짜로 통했던 애트우드 대령은 한때 미 육군과 해군은 물론 해병대에서도 복무했다. 1997년 숨진 뒤 알링턴 국립묘지에 묻힌 그는 히틀러가 자살하고 나치 정권이 붕괴될 무렵 베를린에서 복무했다. 그는 독일 여성과 결혼했는데 독일에 대한 모든 것, 특히 제3제국에 대해 집착에 가까운 애정을 보였다. 『자정 무렵, 선과 악의 정원에서』란 책 — 나중에 영화로 만들어진 이 책의 주요 무대는 애트우드의 고향인 미 조지아 주 사바나로, 애트우드를 본뜬 인물이 조연으로 등장하기도 한다 — 을 쓴 존 브렌트는 제2차 세계대전이 끝난 직후 애트우드가 독일 무기 공장 60개를 매입하면서 공장에 보관 중이던 다량의 나치군 무기를 확보했다고 전한 바 있다. 애트우드는 나중에 『히틀러 집권기 독일의 단도와 날선 무기』라는 제목의 책을 쓰기도 했는데, 이 책으로 그는 신나치주의자들 사이에서 일종의 숭배의 대상이 됐다. 애트우드에 대해 잘 알고 있는 미 중앙정보국 출신 관계자는 "언젠가 볼티모어에서 열린 제2차 세계대전 당시 물품 전시회에 간 일이 있는데, 전시장에 애트우드가 온 것이 알려지면서 행사가 갑자기 전면 중단되는 사태가 벌어졌다"며 "주최 쪽에선 전체 행사 일정을 급히 재조정해 애트우드가 청중에게 연설할 수 있도록 만들었다"고 말했다. 애트우드는 히틀러가 썼던 그릇 세트 — 브렌트는 "은그릇은 무겁고 크기도 컸으며, 그릇마다 얇은 산세리프체 글씨로 히틀러의 이니셜인 'AH'가 새겨져 있다"고 전했다 — 를 소장하고 있었으며, 중앙정보국 관계자는 이 밖에도 강제수용소에서 만들어진 도자기로 빚은 작은 인물상도 상당량 보관하고 있었다고 말했다.

조지아 주 사바나를 근거로 애트우드는 세계 각지를 떠돌며 스포츠카에서 희귀 식물, 무기에 이르기까지 무엇이든 사고팔기를 계속했다. 특히 그와 무기 거래를 한 고객층은 개인 수집가에서 미국을 포함한 정부까지 다양했다. 중앙정보국에 자신의 사업을 도와줄 만한 충분한 친구들이 있었고, 무기 획득 담당자들에게 값비싼 음식부터 시계나 총열이 크롬으로 제작된 중국산 소총 등 각종 선물을 제공하면서 환심을 샀다.

1986년 9월 애트우드는 메르틴스와 함께 니카라과 콘트라 반군에게 제공할 무기 거래를 성사시키는 데 도움을 줬다. 이란-콘트라 스캔들의 주역 올리버 노스 중령은 이란 쪽으로 비밀리에 무기를 공급해 주고 챙긴 2,200만 달러를 이용해 폴란드에서 컨테이너 27개 분량의 지뢰와 수류탄, 소총·박격포·플라스틱 폭발물 등 각종 무기류를 구입했다. 노스 중령은 구입한 무기류 — 이들 무기를 구입하는 데는 만수르 알카사르의 도움이 컸다. 그는 마약 밀매 사업도 벌인 것으로 알려져 있으며, 1985년 크리스마스 때 로마와 비엔나에서 테러 공격을 벌여 악명이 높은 테러범 아부 니달의 측근으로 알려져 있다 — 를 니카라과 반군 세력에게 모두 되팔려고 했다. 폴란드에서 구입한 무기는 덴마크 국적의 화물선 에리아 호로 옮겨 실었으며, 배는 추가 화물을 선적하기 위해 포르투갈로 향했다. 그곳에서 에리아 호는 온두라스에 있는 콘트라 반군 캠프로 무기를 옮기기로 돼 있었다.

하지만 이런 소식이 알려지면서, 에리아 호에 선적된 무기가 지나치게 가격이 비싸다는 점을 알아챈 미 의회는 콘트라 반군에 대한 무기 금수 조처를 해제해 버렸다. 이에 따라 노스 중령은 화물선 한 척에 가득 실은 무기의 판로가 막혀 버렸다. 이런 시점에서 메르틴스와 애트우드 대령이 노스 중령을 대신해 미 중앙정보국을 설득해 이들 무기를 구입해야 한다는 점을 설득시켰다. 이에 따라 메르틴스의 아들 헬무트가 포르투갈로 긴급 파견돼 에리아 호를 프랑스 쉘부르 항으로 향하도록 했다. 그곳에서 에리아 호에 실렸던 무기는 아이슬란드의 사가 호로 옮겨 실어진 뒤, 1986년 10월 미 노스캐롤라이나 주 서니포인트에 있는 중앙정보국의 무기 창고에 도착했다. 미 중앙정보국은 결국 이들 무기를 콘트라 반군에게 지원한 것으로 보인다. (무기의 최종 도착지는 여전히 오리무중이다. 당시 무기 거래와 관련된 내용은 애트우드가 의회 조사단을 통해 증언한 내용을 포함해 대부분이 여전히 비밀로 묶여 있다. 미 연방조사국은 메르틴스의 증언을 받기 위해 요원들을 그의 집으로 파견했지만, 그를 찾아내지 못했다. 대신 아들인 헬무트 메르틴스를 만날 수 있었는데, 위에 언급한 내용 중 일부는 그의 증언을 토대로 한 것이다. 기소를 당하지는 않았지만, 헬무트는 만일의 사태를 대비하기 위해 플레이토 커체리스를 변호사로 고용했다. 커체리스는 올리버 노스의 비서 폰 홀과 소련 스파이였던 앨드리치 에임스, 그리고 이른바 '지퍼 게이트'의 주역인 백악관 인턴 출신 모니카 르윈스키 등의 변호인을 맡은 인물이다.)

이란-이라크 전쟁이 한창이던 1980년대 초반 메르틴스는 사담 후세인 정권에게 무기를 대 주기도 했다. 이런 사실은 페어차일드 쪽이 메르틴스를 곤경에 빠뜨리기 위해 1984년 재판부에 그가 쓴 편지 한 통을 제출하면서 알려지게 됐다. 당시 메르틴스는 중국 북방공업공사의

자오페이에게 이라크에 무기를 수출하고 있음을 자랑삼아 거론하면서,
후세인 정권에게 중국산 무기를 사들이도록 설득하고 있다고 주장했다. 메르틴스는 편지에서 "최대의 무기 획득 책임자로 파리의 이라크 대사관 무관 모하마드 유니스와 무기 거래에 대한 협상을 벌이고 있다"며 "이와 함께 사담 후세인도 접촉해 중국산 무기의 품질이 우수하다는 점을 강조했다"고 밝혔다.

미국 역시 메르틴스가 후세인 정권에 무기를 제공하는 것을 분명 반대하지 않았을 것이다. 레이건 행정부는 이란-이라크 전쟁에서 중립을 선언했지만, 후세인 정권을 아야톨라 호메이니가 이끄는 이슬람 신정 체제 전파를 막아 낼 수 있는 보루로 활용하기 위해 이라크 쪽으로 기울고 있었다. 1984년 미 의회조사국(CRS)이 내놓은 보고서는 이렇게 적고 있다. "일부에선 단기적으로 볼 때 취약한 페르시아 만 지역 아랍 원유국들을 이란의 군사력과 강압으로부터 보호하기 위해 이라크가 단기적으론 미국의 국익에 중요하다고 본다. [⋯] (이라크가 전쟁에서 패하고) 바그다드에 (친이란) 정부가 들어선다면, 이는 이란-시리아 축의 형성으로 이어지면서 자칫 페르시아 만 지역 국가들은 물론 이스라엘과 요르단, 레바논, 나아가 동지중해 지역에서 미국의 국익에 치명적인 위협이 될 가능성이 있다."

무기거래상과 전직 정보 요원 등 상당수 소식통들은 메르틴스가 외국물자획득 프로그램을 통해 비밀리에 미 중앙정보국에도 무기를 공급했다고 전했다. 메르틴스는 또 유고슬라비아와 루마니아, 불가리아 등 동구권 국가들과도 좋은 관계를 유지했던 것으로 알려져 있다. 비엔나 출신 무기거래상 하인츠 바우만은 메르틴스가 중앙정보국에 공급한

무기류에는 루마니아산 대전차용 무기와 불가리아에서 사들인 T-72 탱크용 포탄도 포함돼 있다고 말했다. 메르틴스는 당시 이 탱크용 탄환을 프랑크푸르트 공항으로 운반해 줬고, 같은 장소에 있던 미 공군기지로 옮겨졌다고 바우만은 덧붙였다.

메르틴스는 1993년 플로리다를 방문했다가 갑자기 심장마비로 숨지기 전까지 무기 거래 분야에서 왕성한 활동을 벌였다. 그러나 그가 죽은 뒤에도 그의 영향력은 줄어들지 않았다. 그의 아들 헬무트 메르틴스는 메렉스를 물려받은 뒤 이를 '유나이티드인터내셔널서플라이스'란 회사로 탈바꿈시켰다. 인터넷에 공개된 자료를 보면, 이 회사는 — 일반 업무 용품과 자동차, 각종 보트 등과 함께 — 방탄복 등 보호 장구, 폭동 진압용 장비, 총기류, 탄환, 야간 투시 장비 및 기타 부속품 등 경찰 및 군 장비도 판매한다.

아리프 두라니는 1980년대 메렉스라는 이름의 미국 회사를 차렸다. 그는 자신이 메르틴스와 공식적으로 아무런 관련도 없다고 밝혔으며, 단지 무기 거래 업계에서 지명도를 얻기 위해 회사 이름을 그렇게 지었을 뿐이라고 말했다. 그는 1987년 지대공미사일 부품을 이란에 수출했다가 체포돼 십 년형을 선고 받았다. 하지만 형기를 반 정도 채운 뒤 풀려나 지금은 멕시코에 살고 있다. 1998년 캘리포니아 주 벤투라에 있는 '시그널에어로스페이스'란 회사에 연방 요원들이 들이닥쳤다. 가짜 제트기 부품을 일부 금지된 국가에 판매한 혐의였다. 이 회사의 사장은 두라니의 부인인 수잔 스테어로, 당국은 스테어는 명의만 빌려 줬을 뿐 실제 사업은 두라니가 지휘했을 것으로 보고 있다. (이란 건과 관련해 두라니는 상당한 증거를 제시하며, 자신은 그저 레이건 행정부의 하수인이었을 뿐이라고 주장했다. 실제로 두라니가 무기를 넘겨줄 당시 레이건 행정부는 아야톨라 호메이니의 나라를 비밀리에 지원하고 있었다. 그는 벤투라의 자기 회사 습격 사건을 미 당국이 자신을 괴롭히기 위해 벌인 것이라고 주장했다.)

또 다른 메르틴스의 후예로 레바논군 장교 출신이자 메렉스의 현지 직원으로 장기간 활동한 조셉 호우세피안을 들 수 있다. 그는 1980년대 말 독일로 근거지를 옮긴 뒤 메렉스에서 메르틴스의 동료가 돼 무기와 산업 기자재를 판매했다. 메르틴스가 숨진 뒤 메렉스는 문을 닫았지만, 이 책이 마무리될 무렵 호우세피안은 당국의 조사를 받고 있는 것으로 알려졌다. 독일 쪽 소식통들은 그가 아파르트헤이트 시절 남아프리카 공화국에 무기를 공급해 준 혐의를 받고 있다고 전했다.

4 민간 기업의 전쟁 만들기

현대 용병 업계는 계속해서 기업화하고 있다. 비밀스럽게 조직되던 과거와 달리 이제는 고급 사무실에 홍보 담당자를 두며, 인터넷 홈페이지를 개설하고 회사 소개용 책자까지 발간한다. ― 미 국방정보센터(CDI)가 1997년 내놓은 보고서 중에서

국가가 폭력의 독점권을 잃어버린 시대에, 유엔의 계약을 따낸 민간 기업에 고용돼 비상상용 무기를 포함한 미래의 무기로 무장하고 전쟁을 벌이는 자발적 용병 조직을 만들어 내는 건 어떨까? ― 앨빈 토플러·하이디 토플러, 『전쟁과 반전쟁』 중에서

민간 기업의 전쟁 만들기
세계에 군인을 팔고 있는 민간 기업들 ▌

▶▶▶ 팀 리더 구함 ◀◀◀

군 조직 및 지휘 업무에서 성공적 경험을 가지고 계신 분. 특정 국가의 요구 사항에 맞게 군 통합을 위한 시스템 개발 및 실행 가능해야 함. 미군 및 외국 군 장교들과 공동으로 임무 수행할 수 있어야 함. 외국군 지휘부에 신뢰와 믿음을 쌓을 수 있는 분. 기갑 또는 포병 병과 대령급 출신자 환영.

▶▶▶ 훈련 교관 모집 ◀◀◀

미 육군 출신으로 아프리카 지역에서 평화 유지 및 인도적 지원 작전에 필요한 군 훈련 교관으로 일할 분 구함. 대대 또는 여단급 부대 훈련 경험 있으신 분. 신속 배치, 합동작전, 평화 유지 활동, 인도적 지원 작전 및 훈련 관리 업무 등 책임질 수 있는 분. 아프리카 생활 경험 있는 분 우대.

▶▶▶ 지휘관급 교관 구함 ◀◀◀

대대급 기계화 또는 경기갑부대에서 조직 차원의 군수 및 인사 분야 자문, 훈련 및 평가 업무 하실 분. 경기갑부대 장비 조달과 군수 업무에 대한 기획과 준비 과정 조정 및 감독 업무. 대대 인사(S1)·군수(S2) 참모 및 간부에 대한 자문과 지원 업무도 병행. 미군과 사우디아라비아군의 보급, 관리, 인사 정책, 절차 및 군사 제도에 대한 사전 지식 있는 분 환영.

조간신문 구인란에서 쉽게 볼 수 있는 광고는 아니다. 이들 광고는 미국 버지니아 주에 있는 '엠피알아이'(MPRI)와 '빈넬'이란 두 회사가 자사 인터넷 사이트에 올린 것들이다. 이들 두 업체는 미국의 우방국에 군·경 훈련 서비스를 제공하는 회사들이다. 두 업체 모두 군 출신으로 직원이 채워져 있고, 미 국방부와 각급 정보기관과 긴밀한 관계를 유지하고 있다. 십여 년 전만 해도 이런 회사를 운영하는 이들은 용병이라 불렸을 것이다. 그러나 이제 이들은 정부의 책임을 넘겨받은 기업에 소속된 민영화된 보병에 불과하다. 이런 과정을 통해 전쟁 만들기는 서서히 민간 기업의 손으로 넘어가고 있다.

미 국방부와 중앙정보국은 이미 오래 전부터 기지 건설부터 첩보 작전 지원에 이르기까지 다양한 일에 민간 업체를 활용해 왔다. 하지만 최근의 추세는 과거의 관행에 비춰 범위나 규모 양면에서 완전히 다른 모습이다. 이는 이란-콘트라 스캔들에서 단적으로 드러난다. 이제 중앙정보국 첩보 요원들이 아니라 다양한 분야의 거대 기업들이 이런 과정에 긴밀히 연관되게 됐다. 중앙정보국이 훈련시킨 현지인들이 활동을 주도하는 것이 아니라, 미군 고위직에서 최근 전역한 이들이 현장을 누비고 있는 것이다.

용병주식회사는 전 세계를 무대로 활약하고 있다. 이를테면 유엔의 평화 유지 활동을 지원하는 호송 작전을 벌이거나 난민 캠프 경비 업무를 맡는 등 그들의 활동은 겉보기엔 별반 해롭지 않아 보인다. 하지만 다른 측면의 활동을 보면 논란을 피할 수 없다. 엠피알아이는 발칸반도 2개국의 군대를 훈련시키고 있고, 아프리카와 동유럽에서 여러 가지 계약을 따 냈다. 빈넬은 사우디아라비아 국가방위군을 훈련시켰다. 여타 용병 업체들은 미 국방부의 국외 군사작전에 참여하기도 한다. 미 버지니아 주에 본사를 둔 거대 용병 업체 '다인코프'는 특히 라틴아메리카에서 비밀리에 벌어지고 있는 마약 단속 작전에 적극적으로 참여하고 있다. 또 플로리다 주의 '베택'이란 업체는 제3세계에서 첩보 활동을 수행하고 있는 미 특전사령부와 긴밀히 연계돼 활동하고 있다.

이를테면 미 국방부가 운영하는 '국제군사교육훈련'(IMET) 프로그램이나 조지아 주 포트베닝에 있는 '스쿨 오브 디 아메리카스' 등 정부가 운영하고 있는 공식 훈련 프로그램들을 보완하는 데 이들 업체들의 활동은 큰 도움이 된다. ('스쿨 오브 디 아메리카스'는 수천 명에 이르는 남아메리카 군인들이 훈련을 받았으며, 이들 가운데는 훈련을 마치고 자기 나라로 돌아가 전쟁범죄자로서 새로운 경력을 쌓기 시작한 인물들도 상당수다.) 이처럼 기업화한 용병 업체들이 넘쳐 나게 된 주요 원인은 미군 당국이 막대한 인력을 감축한 탓이다. 레이건 행정부의 군비 증강이 절정에 이르렀던 1985년에서 1999년 사이에 미 육군의 병력 규모는 80만 명에서 48만 명으로 급감했다. 해·공군 등은 이보다 감축 규모가 상대적으로 작았지만, 전체적으로 미군 병력 규모는 평균 30퍼센트가량 줄었다. 이와 함께 국외 주둔 미군의 규모도 줄어들면서, 최대 수치를 기록했던 1956년 115곳에 이르렀던 국외 미군 기지는 1995년에 이르면 단 27곳으로 줄어들게 됐다. 중장으로 예편한 뒤 전미국방산업협회(NDIA)에서 활동하고 있는 로렌스 스키비 장군은 "민간 업체들을 통해 미군이 외국에서 군사훈련을 제공할 수 있는 능력이 증대되고 있다"며 "군 인력 축소 작업이 지속되면서 이들 업체의 활동은 향후 더욱 활발해질 것"이라고 말했다.

실제로 민간 용병 업체는 효과적인 외교정책의 수단으로 자리매김해 가고 있다. 외국 정부에 훈련 등 군사 지원 서비스를 제공하기에 앞서, 이들 업체는 우선 국무부에 딸린 국방무역통제청(DTC)의 승인을 얻어야 한다. 전직 국방정보국 고위 인사는 "민간 군사훈련 업체는 미국의 외교정책 목표를 심화시키기 위해 고안됐다"며 "정부가 허락하지 않는 한 용병 업체도 결코 나서지 않는다"고 말했다.

민간 용병 업체는 자신들의 활동에 대해 구체적으로 언급하는 걸 달가워하지 않았다. 국방무역통제청 역시 마찬가지여서, 보도를 전제로 한 인터뷰는 거부했다. 통제청 당국자는 용병 업체의 '독점적 정보'를 보호하기 위해서 비보도를 전제로 한 배경 설명을 하더라도 극히 일부의 정보만 제공할 수 있다고 말하기도 했다. (이 때문에 정보공개법도 이 분야에선 무용지물이 되고 말았다.) 그럼에도 이 당국자는 민간 용병 업체를 활용하는 정책을 옹호했으며, 외국 정부를 지원하기 위해 이들 업체가 직접적으로 병력을 파견하는 것은 결코 허용하지 않을 것이라고 주장했다. 그는 "군대를 훈련시키는 것은 단순히 사격 훈련을 시키는 것과는 비교도 할 수 없는 복잡한 일"이라며 "이들 업체는 군의 문민 통치와 인권 존중에 바탕해 민주사회에서 어떻게 군대를 운용해 나갈 것인지에 대해 훈련시키고 있다"고 말했다.

정부로서도 군사 분야의 민영화는 여러 가지 특장점을 가질 수 있다. 특히 중요한 점은 미군을 실제로 파견하지 않으면서도 미국의 지정학적 이해를 얻어 내는 데 이들 업체를 활용할 수 있다는 점이다. 이는 특히 인권유린으로 악명이 높은 정권의 군대를 훈련시켜야 하는 상황에서 특히 유용하다. '조지 마셜 유럽안보센터'의 국방전문가 댄 넬슨은 "이는 꼭두각시를 동원한 외교정책인 셈"이라며 "민간 용병업체들은 예산상의 이유든 정치적 민감성 때문이든 간에 정부가 수행할 수 없는 역할을 메우는 데 활용되고 있다"고 지적했다.

용병은 세계에서 가장 오래된 직업의 하나다. 인류 역사에서 전쟁이 처음 시작되면서부터 용병은 존재해 왔다. 미 국방정보센터가 지난 1997년 내놓은 보고서에서 지적한 대로, 고대 카르타고의 군대도 용병이었고 한니발 장군이 이탈리아를 침공할 때 이끈 군대도 용병이었다. 정복자 알렉산더 대왕도 서기 329년에 이미 5만여 명의 용병을 거느리고 있었다. 국방정보센터는 보고서에서 "인류 역사를 통틀어 부유한 국가의 국민들이 경제활동에 집중할 수 있도록 가난한 외국인들이 전쟁의 참화를 떠맡아야 한다는 것은 일종의 법칙으로 받아들여져 왔다"고 지적했다.

미국 역사에서도 용병은 건국 초기부터 일정한 역할을 해 왔다. 독립 전쟁 당시 식민모국이던 영국은 독립을 열망하는 5만여 민병대를 두려워했다. 이 무렵 영국 육군은 3만여 명에 불과했는데 그나마 이 가운데 절반가량은 아일랜드 방어를 위해 묶여 있었다. 신대륙에서 자국군이 위기에 처했다는 소식이 전해진 1775년 영국 조지 3세는 러시아의 캐서린 대제에게 2만여 병력을 긴급 지원해 달라고 호소했다. (이 때문에 미 독립선언서 작성자들은 "조지 3세는 엄청난 규모의 외국 용병을 동원해 죽음과 폐허, 이미 시작된 압제를 완성하려 했다. 가장 야만적인 시대에서도 그 유례를 찾기 힘들 정도의 잔혹함과 배신으로 점철된, 문명국의 수장으로선 아무런 가치도 없는 짓을 저지른 것이다"라고 경멸해 마지않았다.) 캐서린 대제는 영국의 요청을 거부하면서, "외부 세력의 지원을 받지 않는 반란을 잠재우기 위해 병력을 지원해 줄 수는 없다"는 점을 분명히 했다.

네덜란드 역시 병력 제공을 거부하고 나서자, 영국은 독일의 헤세 카셀 백작에게 병력 지원을 요청하고 나섰다. 그는 당시 유럽에서 가장 훈련이 잘 된 병력을 거느리고 있었다. 영국의 요청을 받은 헤세 카셀 백작 자신의 휘하에 있는 13개 대대를 파병해 주는 대신 막대한 금액을 챙겼다. 이로써 미국 건국 혁명의 운명은 종말을 고하는 것으로 보였지만, 이런 시각이 근시안적이라는 점은 곧 드러났다. 영국군이 용병을 끌어들이면서, 독립을 향한 미국인들의 열정이 더욱 거세게 불붙기 시작했던 것이다.

20세기 후반 50년 동안 지구촌 구석구석에 있는 냉전의 전장에선 용병들을 쉽게 목격할 수 있었다. '미친 마이크'로 불리며 1960년대 이른바 '제5 특공대'로 불리는 용병 집단을 이끌었던 영국인 호어가 그 단적인 사례다. 그가 이끈 용병 집단은 옛 벨기에 식민지였던 콩고에서 광포한 살육을 벌여 '무서운 놈들'이라는 별명이 붙기도 했다. 당시 그들은 분리 독립을 추구하던 모이즈 솜베에게 고용돼 있었다. 호어의 용병 활동은 1981년 인도양의 섬나라 세이셸에서 갑작스레 막을 내리게 됐다. 당시 그는 자신의 용병들과 함께 남아프리카 공화국이 주도한 쿠데타 작전에 참여할 예정이었다. 하지만 럭비 팬으로 위장하고 입국하려던 호어와 그 일당은 세관 요원이 짐 가방 아래쪽에 숨겨 뒀던 각종 총기류를 발견하면서 공항에서 전격 체포됐다.

호어와 함께 콩고에서 용병으로 활동했던 프랑스 출신 밥 디나드는 호어가 체포된 뒤에도 비아프라와 차드, 모로코, 로디지아(현 짐바브웨) 등지에서 용병 생활을 계속해 나갔다. 그는 일찍이 1967년 베닌에서 겨우 60명의 특전 요원을 거느리고 쿠데타를 일으킨 바 있다. 그로부터 11년 뒤엔 인도양의 섬나라 코모로를 무력으로 장악한 뒤 괴뢰정권을 세우기도 했다. 예순여섯 살 되던 해인 1995년 그는 코모로에서 또다시 무력 쿠데타를 시도했다. 하지만 프랑스 정부가 자국군을 동원해 기존 정부 편에 서면서 쿠데타 시도는 실패로 끝났고, 그는 결국 감옥신세를 지게 됐다.

미국이 유일한 초강대국으로 떠오르면서 미국 출신의 잘 훈련되고 경험 많은 용병들이 양산되기 시작했다. (물론 식민지 지배를 했던 영국과 프랑스, 이스라엘과 남아프리카 공화국처럼 병영 국가 출신 용병에 비해 수적으로 그리 많은 편은 아니었다.) 1960년대 미국 출신 용병 수백 명이 로디지아의 백인 정권을 지원하기 위해 무기를 들었다. 이후 십여 년 동안은 그보다 규모가 조금 작은 용병 집단이 앙골라에서 반공 게릴라들과 손을 잡기도 했다.

이들 미국 출신 용병 가운데 한때 미 중앙정보국 부국장을 지낸 레이 클라인의 사위 밥 맥킨지가 비교적 잘 알려져 있다. 베트남전에 참전했다 부상을 당한 뒤 맥킨지는 게릴라 지도자 로버트 무가베가 이끄는 반군 세력에 맞서 로디지아 정부군에 합류했다. 무가베는 이후 짐바브웨 흑인 정권의 대통령이 됐다. 맥킨지는 또 엘살바도르에서 좌파 반군에 맞서 싸우는가 하면, 보스니아에선 이슬람 특수부대를 훈련시키기도 했다. 그러던 그가 최후를 맞은 곳은 시에라리온이었다. 당시 그는 어린이와 성인을 가리지 않고 '적'의 손목을 잘라 버리는 것으로 악명 높았던 반군 세력 혁명연합전선(RUF)에 맞서 싸우고 있는 정부군을 지원하기 위해 60여 명의 용병을 이끌고 시에라리온에 도착했다. 맥킨지와 그의 용병들은 애초 정부군의 훈련만 맡도록 돼 있었지만, 얼마 지나지 않아 직접 전투에 참여하기 시작했다. 1995년 2월 혁명연합전선 병사들은 맥킨지와 그의 용병 상당수를 붙잡아 살해한 뒤, 그들의 주검을 먹어 치운 것으로 전해졌다.

미 중앙정보국 역시 첩보 작전을 할 때마다 자국 출신의 용병들을 지속적으로 동원했다. 이를테면 중앙정보국은 1954년 과테말라에서 쿠데타를 지원하기 위해 미 육군 대령 출신의 앨 해니를 고용해 군사작전 계획을 맡겼다. 또 다른 미국 출신 용병 윌리엄 로버트슨은 니카라과의 독재자 아나스타시오 소모사가 소유하고 있던 농장에서 과테말라 반군을 훈련시켰다. 쿠데타가 진행되는 동안 로버트슨은 과테말라 정부 쪽에 연료를 공급하는 것으로 오해한 나머지 영국 국적의 화물선을 폭격해 침몰시키기도 했다.

중앙정보국은 미국 출신뿐 아니라 외국계 용병도 동원했다. 1975년 봄 쿠바군이 앙골라에 도착한 뒤, 포드 행정부는 앙골라 좌파 정부 전복을 위해 3,200만 달러의 예산을 책정했다. 베트남전에서 패퇴한 지 얼마 지나지 않은 상태여서 미군을 직접 파견해 조나스 사빔비가 이끄는 유니타 반군을 훈련시키는 것은 정치적으로 불가능했다. 이에 따라 중앙정보국은 프랑스 정보국의 추천을 받아 밥 디나드에게 접근했다. 20명의 용병을 파견해 유니타 반군을 지원하는 대가로 당시 디나드는 42만5천 달러를 챙겼다.

레이건 행정부 들어 용병을 활용한 군사적 도발은 더욱 기승을 부리기 시작했다. 이들 도발 가운데는 상당히 우스꽝스런 사례도 많다. 그 대표적 사건으로 꼽히는 건 단연 올리버 노스가 카리브 해의 작은 섬나라 그레나다에서 모리스 비숍이 이끄는 좌파 정부를 전복할 목적으로 롱아일랜드 출신의 세 남자를 동원했던 일이다. 노스는 뉴욕 메이시 백화점에서 기술자로 일하던 케빈 캐트키와, 한때 연예계 주변을 기웃거리기도 했으나 이제는 실업자 신세가 된 목수 로이 해리스, 그리고 건물 경비원 출신의 살 임버글리오 등을 동원해 미국 내에서 그레나다 출신 망명자들의 조직을 만들도록 지시했다. 1983년 비숍이 정부 내 강경파에 의해 피살되자, 노스는 캐트키에게 그레나다 망명정부 구성을 지시했다. 캐트키는 약 백 명의 사람들을 동원해 브루클린에서 시위를 벌이는 데 성공했지만, 그날 시위에 참석한 이들이 동의한 유일한 점은 비숍의 죽음이 비극적이었다는 것뿐이었다. 같은 해 캐트키와 그의 동료들은 미국을 대표해 도미니카 공화국의 대통령 취임식에 참석하기도 했다. 이들 삼인조는 역시 취임식 참석을 위해 도미니카를 방문한 다니엘 오르테가 니카라과 대통령을 비아냥거리다가 작은 소동을 일으키기도 했다. 후에 캐트키는 『뉴욕타임스』와 한 회견에서 "당시 우리는 무슨 비밀스런 군대 따위가 아니었다"며 "그저 세 명의 끄나풀에 불과했다"고 고백했다.

노스와 미 중앙정보국은 이란-콘트라 사건과 관련해선 프리랜서

들을 보다 적극적으로 활용했다. 중앙정보국이 1960년대 인도차이나에서 운영했던 '에어아메리카' 출신 조종사 상당수가 재고용돼 니카라과의 콘트라 반군에게 전해질 각종 물품을 공중투하 하는 임무를 맡았다. 일을 마친 조종사들은 중앙정보국의 위장 업체인 '서던에어트랜스포트'의 마이애미 지사에서 임금을 현찰로 챙겼다. 당시 공중투하 작전에 가담했던 존 맥레이니는 조종사들 가운데 한 명을 빼고는 모두 50대여서 '노인네들'로 불렸다고 전한다. 콘트라 반군을 위한 중앙정보국의 공중투하 작전은 1986년 10월 5일 산디니스타 정권이 윌리엄 쿠퍼가 조종하던 C-123K 수송기를 격추시키면서 중단됐다. 쿠퍼와 다른 두 명은 숨졌고, 유진 하젠퍼스는 체포돼 니카라과 수도 마나과에서 테러 혐의로 재판을 받게 됐다. 이 사건으로 노스는 중앙정보국이 중앙아메리카에서 벌인 일련의 활동에 대한 증거를 인멸하기 시작했다. 그럼에도 수송기 격추 사건 이후 이란-콘트라 사건의 전모가 밝혀지는 데는 그리 긴 시간이 걸리지 않았다.

'노인네들'의 일원이었던 존 피오와티는 현재 플로리다 주 포트월튼비치에 살고 있다. 이 지역엔 미 특전사령부가 있는 맥딜 공군기지가 있어 퇴역 군인들이 여생을 보내는 장소로 가장 선호하는 곳이다. 피오와티는 "군사작전을 수행할 만한 프리랜서를 찾는 건 전혀 어려운 일이 아니다"라고 말했다. "결국 사람이 가장 중요한데, 작전을 수행하려고 사람을 찾는다면 당연히 예전에 함께 일해 본 사람을 선호하지 않겠나. 내가 아는 한, 일이 언제나 그런 식으로 진행된다. 누구와 함께 작전에 투입되는 게 바람직하다는 점을 모두 알고 있고, 누구와 함께 싸움터로 나가는 게 안전하다는 것도 잘 알고 있다. 누구를 신뢰할 수 있는지도 알고, 누구를 믿고 의지해도 되는지도 잘 알고 있다. 일단 전투에 투입되면 이런 점들이 그 무엇보다 중요하다. 어머니도, 고향 집도, 사과 파이나 합중국 헌법도 이보다 중요할 순 없다." (피오와티는 지금도 가끔 '비재래식 비행'에 참여하고 있다고 말했지만, 목적지가 어딘지에 대해선 끝내 입을 다물었다. 그는 1989~1991년 미 정부가 페루와 콜롬비아에서 이른바 '마약과의 전쟁'에 집중할 때 C-123 수송기를 몰고 작전에 참여한 바 있다. 그는 당시 민간 업체인 '내셔널에어트랜스포트'란 회사에 고용돼 활동했다. 미 정부는 이후 라틴아메리카에서 공식적인 작전을 수행할 때 주로 다인코프를 활용했다.)

용병 세계에 대해 좀 더 파악하기 위해 1998년 9월 라스베이거스에서 열린 『솔저오브포춘』 잡지의 정기총회 현장을 찾았다. 총회가 열린 콘티넨털 호텔에는 행사 참가자들이 장사진을 이루고 있었다. (호텔 앞에는 '어서 와 돈을 따세요! 콘티넨털에서 여러분의 급여 수표를 현금으로 바꾸세요'라고 적힌 대형 네온 간판이 비치돼 있었다.) 디즈니랜드와 비슷한 형태의 놀이 공원과 볼거리를 중심으로 가족형 유흥지로 탈바꿈해 가고 있는 라스베이거스 시내에서 불과 얼마 떨어져 있지 않지만 완전히 다른 분위기였다. 하지만 호텔 시설은 그리 좋은 편이 아니어서, 일부 행사 참가자들은 "제3세계 촌구석에 가도 이보단 낫겠다"고 불평을 늘어놓기도 했다.

『솔저오브포춘』은 육군 중령 출신으로 베트남전 당시 특수부대를 이끌었던 로버트 브라운이 운영하고 있다. 수많은 전투에서 총격과 박격포 소리를 듣다 보니 한쪽 귀가 거의 들리지 않게 된 브라운은 1975년 이 잡지를 창간했다. 창간호에는 위장복을 입은 채 전투에 나선 용병의 모습이 표지를 장식했고, 머리에 총격을 입고 숨진 아프리카 병사의 섬뜩한 사진이 특집으로 실리기도 했다. 이 잡지의 판매부수는 이후 십여 년 동안 지속적으로 상승해 1980년대 중반에는 정기 구독자가 약 15만 명에 이르렀다. 냉전이 끝나면서 판매 부수가 35퍼센트가량 급감했지만, 여전히 미국과 캐나다에만 이 잡지의 구독자가 11만여 명에 이른다. 브라운은 1997년 이 잡지의 러시아어판을 발행하기 시작해 큰 호응을 얻고 있다.

『솔저오브포춘』의 편집진 가운데는 직접 전투에 참가했다가 목숨을 잃은 이들도 여럿이다. 미 중앙정보국 요원 출신으로 이 잡지 편집장을 지낸 조지 베이컨은 1976년 아홉 명의 용병을 이끌고 앙골라에서 전투에 참여했다가 체포돼 처형됐다. 베트남전 참전 경험이 있는 편집장 마이클 에채니스는 니카라과 소모사 정권 군대의 훈련 교관이자 사실상의 사령관을 지냈다. 1978년 여름 무장 저항 단체인 산디니스타가 주요 건물을 점거했을 때, 에채니스와 니카라과 군부 강경파는 건물을 폭파해 버릴 것을 제안하기도 했다. 소모사 정권은 이 제안을 받아들이지 않았고, 인질 60명을 풀어 주는 조건으로 정치범 일부를 석방하기로 산디니스타와 합의를 해 인질극을 마무리했다. 이 사건 직후 에채니스는 산디니스타가 장악하고 있는 지역에 대대적인 군사 공격을 주도했다. 그러던 가운데 1978년 9월 8일 에채니스와 또 다른 미국인 찰스 샌더스, 니카라과 군부 인사 몇 명을 태운 비행기가 니카라과 호수 상공에서 폭파됐다. 비행기 폭파의 원인은 끝내 밝혀지지 않았다.

브라운 자신도 세계 각지의 전쟁터를 자주 방문한다. 그가 아프가니스탄에서 기관총을 들고 있는 모습이나, 라오스의 무장 단체 캠프에서 찍은 사진이 가끔씩 이 잡지에 실리기도 한다. 지난 1990년 제1차 걸프전은 브라운에겐 실망스런 기간이었다. 당시 그는 최전선을 방문하기 위해 사우디아라비아로 날아갔다. 하지만 미 국방부는 브라운을 다른 보도진들과 함께 리야드에서 벗어나지 못하도록 했다. 당시 브라운은 『월스트리트저널』과 한 인터뷰에서 "바그다드로 진주하는 첫 번째 탱크를 탈 수 있을 것으로 생각했는데, 브리핑실에서 내 생애 만난 최악의 멍텅구리들에게 둘러싸여 있는 신세가 되고 말았다"고 분통을 터뜨렸다.

『솔저오브포춘』은 오랫동안 미 극우파의 대변지로 여겨져 왔다. 하지만 극우파가 특정 무기나 이른바 '신세계 질서' 음모론 따위에 집착하기 시작하면서 보수 진영 일부에선 이 잡지가 나약해졌다고 비판하는 이들도 나오고 있다. 브라운은 미국 내에서 이른바 '무장 민병대 운동'을 벌여야 한다고 주장하거나, 시오니스트 실세들이 미국 정치를 좌우하고 있다는 음모론을 비판한다. 또 독자들에게 투표를 하라고 강조하거나, '에이티에프'(술, 담배, 총기류 전담 기구) 등 연방 정부 사법기관의 인종차별주의를 비판하는 기사를 내보내기도 했다. 이 때문에 역사학자 제프리 캐플란은 브라운을 성인 잡지 『플레이보이』 창립자인 휴 헤프너와 비교하기도 한다. 발행 초기 대담하고 앞뒤 가리지 않는 것으로 유명했던 이 잡지가 이제는 기성 사회에 길들여진 것처럼 『솔저오브포춘』의 상황도 그와 비슷하다는 것이다. 캐플란은 영국 일간 『인디펜던트』와 한 인터뷰에서 "어제의 과격파가 오늘의 주류 정치인이 되는 법"이라고 지적했다.

실제로 행사장에서 이 잡지 아프리카 특파원 앨 벤터가 연설을 통해 탄자니아 야생 영양이 멸종 위기에 빠져 있다며 도움을 호소하는 모습을 보는 건 놀라운 일이었다. 그는 남아프리카 공화국의 넬슨 만델라 대통령을 일컬어 "내가 이제까지 만나 본 사람 중에 가장 존경받을 만한 인물"이라고 말해 나를 더욱 놀라게 했다. (그가 이 발언을 하자 행사장에 있던 75명의 청중들 사이에선 갑자기 싸늘한 침묵이 흘렀다.)

하지만 『솔저오브포춘』의 정기 구독자가 아닌 사람들에겐 총회는 여전히 이해하기 어려운 행사였다. 총회 개막식 날 밤 브라운은 기자회견을 열어 이 잡지가 선정한 '인도주의상'의 첫 번째 수상자로 일본 히로시마에 원자폭탄을 투하한 조종사 출신 퇴역 공군 장성 폴 티베츠를 선정했다고 밝혔다. 브라운 자신도 "원폭 투하로 도시가 파괴되고 수많은 사람이 숨졌다는 점"에서 수상자 선정이 다소 부적절해 보일 수 있다는 점은 인정했다. 그럼에도 그는 "티베츠의 행동은 일본의 항복을 앞당김으로써 그보다 더 많은 미국인과 일본인의 목숨을 구할 수 있게 됐다"고 강조했다.

총회가 열리는 콘티넨털 호텔에서 약 1.6킬로미터 떨어진 곳에 있는 거대한 샌즈 종합 전시장에선 행사 기간 동안 각종 전시회가 함께 열렸다. 전시회장에서 '마라톤 유에스에이' 같은 단체는 사라 브래디(레이건 행정부에서 대통령 보좌관을 역임했으며, 1982년 존 힝클리의 대통령 암살 미수 사건 때 그가 쏜 총에 맞아 다친 제임스 브래디의 부인)가 '엄청난 거짓말'로 총기 규제 조치를 도입하게 만들려 한다는 내용의 비방 전단을 나눠 주고 있었다. 전단을 보니 사라 브래디가 한 말을 인용했다며 다음과 같이 적혀 있었다. "우리의 목적은 모든 총기 사용을 금지시키는 것입니다. 수단과 방법을 가리지 않고 이 목적을 이뤄 내야 합니다.

사실을 왜곡하든 거짓말은 하든 아무런 문제가 되지 않습니다. 우리의 사명인 '사회주의 미국' 건설은 우리의 모든 반대 세력이 완전히 무장해제 될 때만 가능할 것입니다."

이 단체는 또 다른 유인물에서 "믿을 만한 비밀 정보원"을 통해 얻은 정보라며, 빌 클린턴 대통령을 포함한 이른바 '신세계 질서'의 주요 구성원들이 "미합중국을 실제로 점령하기 위해" 공격을 감행할 것이라고 주장하기도 했다. (클린턴 대통령이 이미 미국의 국가원수임을 감안할 때 불필요한 행동일 것이다.) '마라톤 유에스에이'의 전시장 곁에선 테드 건더슨이라는 인물이 (클린턴 대통령과 성관계를 맺었다고 주장한) 폴라 존스의 증언록『노스트라다무스와의 대화: 그의 예언에 대한 해설』에서『잠재의식 통제』란 책까지 다양한 물건을 팔고 있었다. (이 책은 광고를 통해 대중이 어떻게 조종당하고 있는지를 밝혔다는데, 종말론에서 자주 등장하는 사탄을 상징하는 이른바 '666'과의 관계도 밝혔다고 주장하고 있다.) 또 다른 부스에선 대포를 매물로 내놓은 사람도 있었다. "대포를 개인이 사는 게 합법적이냐"고 묻자 "캘리포니아 인민공화국에선 불가능 할 것"이란 퉁명스런 대답이 돌아왔다. 그는 "상태가 심각해지다 보니, 이 나라 어딘가에선 막대기를 들고 다니는 것조차 불법이 된 것 같다"고 볼멘소리를 했다.

샌즈 종합전시장에서 열린 심사원단의 토론회도 성황을 이뤘다. 미 해군 특수부대 출신으로 제3세계에서 활동하는 기업에 경호 서비스를 제공하는 보안 업체 '지에스아이'(GSI)를 운영하고 있는 해리 험프리스는 '가택 침입'을 이렇게 정의했다. "가택침입이란, 불량배들이 누구도 더 이상 집에 무기를 준비해 두지 않고 있다는 사실을 깨닫는 것을 의미한다. 이게 다 총기 규제법 덕분이다." '미국의 거리'라는 이름의 '전장'에서 필요한 호신술 시범에 앞서, 험프리스는 사람들이 지나치게 불안에 떨지 않았으면 좋겠다는 점을 강조했다. 그럼에도 그는 거리에서 불량배들의 먹잇감이 되지 않기 위해선 무엇보다 "위협에 대한 인식"이 중요하다고 강조했다. 그가 말하는 '현존하고 임박한 위험'이란 누구든 당신에게 다가와서 '선생님, 저 지금 몇 시나 됐나요?'라고 묻는 사람은 누구든 위험하다는 게 그의 답변이었다. "여러분에게 다가와, 언제나 일정하게 유지해야 할 여러분의 공간과 방어 구역을 침범해 들어와서 고작 묻는 게 '지금 몇 시나 됐느냐'는 건데, 시간이 몇 시나 됐는지 누가 신경이나 씁니까?"

『솔저오브포춘』 정기총회는 라스베이거스 외곽의 한 사격장에서 기관총과 다이너마이트로 무장한 사내 십여 명이 "빈 라덴의 폭약 특급 수송/전 세계 배달 가능"이라는 문구가 적힌 흰색 승합차를 산산조각 내버리면서 절정에 이르렀다. 이 행사의 사회를 맡은 『솔저오브포춘』의 편집자 가운데 한 명인 피터 커캘리스는 사용된 기관총의 성능에 대한 찬사를 늘어놓는 한편, 중간 중간 농담을 연발했다. (이를테면 이런 식이다. 양성애자 공산당원과 타고난 거짓말쟁이 사이에선 누가 태어날까요? 첼시 클린턴입니다. 검찰이 왜 빌 클린턴을 기소하지 않는 거죠? 모니카 르윈스키가 모든 증거를 삼켜 버렸거든요) 그는 또 현장에 취재를 나온 기자들을 '계집애같이 행동하는 자유주의자 놈들'이라고 몰아세우기도 했다.

수많은 사람들이 참여해 다양한 행사가 열리긴 했지만, 『솔저오브포춘』 총회장에는 실제 용병 출신보다는 용병 문화를 추종하는 일반인들이 많아 보여 실망스러웠다. 샌즈 종합 전시장 등록 창구 곁에 앉아 얘기를 나누면서 브라운은 "여기 온 참석자 대부분은 공통의 목적을 나누고 있는 우리 잡지의 열혈 독자들"이라고 말했다. 사실 허풍을 떠는 이들이 실제 전투를 경험한 이들에 비해 압도적으로 많았다. 한 험악하게 생긴 남성은 군복 바지와 조끼, 군화까지 모두 검은색으로 맞춰 입고 나타나 프랑스 외인부대 출신이라면서, 아슬아슬한 전투 경험담을 늘어놓기도 했다. 총회에 매번 참석하는 이들은 한결같이 그 남자가 프랑스어를 한마디도 할 줄 모르며, 매년 총회장에 나타날 때마다 무용담이 점점 더 극적으로 바뀌어 간다고 말했다. 콘티넨털 호텔 수영장 주변에서 술을 마시던 한 참가자는 "술 소비량이 늘어나면 이곳에서 용병 출신임을 자처하는 이들을 더욱 많이 만날 수 있게 될 것"이라고 말했다.

물론 실제 전장에서 단련된 용병 출신들도 일부 만날 수 있었다. 랠프 이든스는 1980년대 엘살바도르 내전 당시 정부군과 함께 좌파 게릴라에 맞서 싸웠다. 그는 행사장 한쪽에서 발 마사지 기계를 팔고 있었는데, 어울리지 않게도 매일 전투복 차림을 하고 나타났다. 예순세 살이나 됐다는 마이크 윌리엄스는 행사에 참가하기 위해 텍사스 주 휴스턴에서 라스베이거스까지 왔다고 했다. 미 육군 출신으로 1964년 콩고군에 합류한 그는 옛 로디지아에서 정예 특수부대를 지휘했다. 그가 지휘하던 부대가 포로를 고문했다는 사실이 알려지면서 추방된 그는 여전히 혐의 사실을 극구 부인했다. (하지만 그는 행사장에서 '전범 윌리엄스'라는 이름표를 달고 다녔다.) 행사가 열리는 동안 윌리엄스는 자기 나이의 절반도 안돼 보이는 한 여성에게 관심을 보였다. 그는 노련한 용병 출신의 입에서 나오리라고는 전혀 예상치 못한 "아무래도 전생에 당신을 잘 알고 지낸 것 같다"는 판에 박힌 말을 하면서 그 여성에게 접근했다.

최근까지 현업에서 활동한 용병 출신으로는 작고 단단한 체구에 금발을 한『솔저오브포춘』편집자 롭 크로트를 들 수 있다. 크로트는 중앙아메리카에서 아프리카까지 전장을 누볐으며, 여러 게릴라 조직과 함께 활동한 경험이 있다. 총회 기간 동안에도 그의 옛 동료가 찾아와 콩고에서 용병으로 활동할 생각이 없는지를 묻기도 했다. 또 다른『솔저 오브포춘』편집자인 톰 라이징어는 베트남전 당시 의무병으로 참전했다. 지난 1994년 그는 육군 의무병 훈련 책임을 맡기로 하고 30여 명의 다른 미국인과 함께 아제르바이잔으로 향했다. 당시 아제르바이잔은 나고르노카라바흐 지역 영유권을 놓고 아르메니아와 핏빛 전쟁을 벌이고 있었다. 라이징어는 "당시 전사자의 90퍼센트가 과다 출혈로 숨졌다" 며 "부상자가 발생하면 트럭에 던져 넣은 뒤 '살고 죽는 건 신의 뜻'이라고 말하는 게 고작이었다"고 말했다. 라이징어는 당시 누구의 소개로 아제르바이잔 행을 택했는지에 대해선 함구했지만, 현지에서는 미 조지아 주에 본사를 둔 '메가오일'이란 업체의 군 출신 사장 개리 베스트 밑에서 일했다. 베스트는 원유 산업에 대해 아는 게 거의 없었으며, 당시 '메가 오일'은 전쟁을 지원해 아제르바이잔 당국의 호감을 얻어서 합법적인 정유 업체를 대신해 그곳에서 활동했을 가능성이 높아 보인다. 아제르바이잔은 손꼽히는 원유 및 천연가스 매장량을 확보하고 있다. 하지만 계획대로 일이 진행되지는 못했다. 라이징어는 "현장에 도착했지만 의약품도 교육 장비도 전혀 공급되지 않았다"며 "몇 달 동안 빈둥거리기만 하다가, 한 일도 없이 귀국길에 올랐다"고 말했다.

베트남전 참전 경험이 있는 러스티 로지는 라틴아메리카를 주무대로 1980~1990년대 초반 상당한 용병 활동을 한 경험이 있다. 그는 '용병'이란 단어를 사용하는 데 대해 격하게 반응했다. 또 자신의 활동은 애국심에서 우러난 것이며, 사회주의 정권을 위해선 절대 일하지 않을 것이라는 점을 강조했다. 단정하게 깎은 머리에 청바지와 폴로셔츠를 차려입은 그는 나름대로 호감이 가는 인상이었다. 그는 이렇게 말했다. "사람들은 '용병'이란 단어를 들으면 엄청난 돈을 받고 기관총을 휘두르고 다니는 놈들쯤으로 여길 것이다. 하지만 이런 일 대부분은 일당이 백~2백 달러에 불과하다. 나는 용병이 아니다. 나는 직업 군인이자 사업가이고, 나라의 장래에 대해 걱정하는 애국적인 미국인이다."

로지는 1983년 앨라배마 주 매디슨에 본사를 둔 '시엠에이'(CMA)란 업체를 통해 중앙아메리카로 향했다. 이 업체는 레이건 행정부의 지원을 받은 톰 포세이가 창설했다. '티라도르'(스페인어로 총잡이)라고 불린 한 미국인 동료가 그를 소개했고, 로지 역시 '라모스'란 스페인식 이름을 사용했다. (로지는 '총잡이'의 실명을 밝히기를 거부했다. 하지만 시엠에이에서 용병으로 활동한 바 있는 잭 테럴은 그의 책 『폐기 가능한 애국자』에서 '총잡이'는 세인트루이스 태생으로 미 해병에서 복무한 경력이 있는 조 샘 애덤스라고 밝혔다. 테럴은 로지와 시엠에이의 다른 용병들은, 베트남전 참전 용사이자 "미 국방정보국 끄나풀" 출신인 프랭크 캠퍼가 운영한 용병 학교 '레콘도'에서 훈련을 받았다고 적었다.)

시엠에이는 미 의회가 금지령을 내린 뒤에도 콘트라 쪽에 군사지원을 계속했다. 이 회사 소속 용병들은 온두라스에 주둔하면서, 국경을 넘어가 산디니스타군을 습격하곤 했다. 1984년 니카라과의 한 군사학교를 겨냥한 작전을 수행하던 중 용병이 탄 헬리콥터가 산디니스타군에게 격추되면서 두 명이 숨지는 사건이 벌여졌다. 이후 포세이는 사건에 연루된 다른 다섯 명과 함께 니카라과 사태에서 중립을 규정한 법을 어긴 혐의로 기소됐다. 하지만 레이건 행정부가 같은 기간 동안 니카라과에서 비밀리에 전쟁을 벌이고 있었다는 점을 들어 당시 재판부가 그들의 혐의를 인정하지 않으면서 풀려났다.

당시 로시는 아홉 명의 미국인으로 구성된 팀을 이끌고 원주민인 미스키토 인디언과 함께 니카라과 내부에서 30~90일씩 작전을 벌이곤 했다. 그는 "언젠가 식량이 떨어져 사슴 두어 마리를 사냥한 일이 있다"며 "사슴 고기를 먹고 있는데 맞은편에서 산디니스타군이 빠른 속도로 우리 쪽으로 다가오고 있는 게 보여, 밤새도록 정신없이 내달려 간신히 온두라스로 복귀할 수 있었다"고 말했다.

이후 그는 엘살바도르에서 공수부대를 훈련시키는 '간단한 일'을 맡기도 했고, 1989년에는 '블루 대령'으로 가명을 바꾼 '총잡이'에게 고용돼 버마(현 미얀마)로 향했다. 그가 버마에 도착했을 때는 군부가 대학생과 민주화 운동 시위 참가자 3천여 명을 학살한 뒤 이른바 국가법 질서위원회(SLORC)를 구성한 직후였다. 당시 로지는 카렌족 출신 게릴라 부대와 함께 배치됐는데, 이들은 교량 여섯 개를 포함해 몇 차례 파괴 작전을 수행한 바 있다. 하지만 로지의 버마 생활은 몇 달 뒤 그가 말라리아에 감염되면서 짧게 끝나고 말았다. 약 3주 동안 앓아누운 그는 카누에 태워져 카렌족 전진기지로 보내졌고, 그곳에서 키니네를 복용한 뒤에야 상태가 호전됐다. 몸을 추스른 그는 방콕을 거쳐 귀국길에 오른 뒤 다시는 외국에 나가지 않겠다는 다짐을 했다. 하지만 그는 지난 1992년 과테말라 특수부대 훈련 교관으로 고용돼 한 차례 더 용병으로 활동했다.

　로지는 현재 앨라배마 주에 본사를 둔 고성능 저격용 총기 제조업체에서 일하고 있다. 이 업체의 생산품은 콜롬비아에서 우크라이나에 이르기까지 경찰 저격수용으로 판매되고 있다. 냉전이 끝난 뒤 '프리랜서 용병' 일거리가 줄어들긴 했지만, 새로운 일거리는 여전히 계속 생겨나고 있다. 『솔저오브포춘』 정기총회가 열리기 불과 몇 달 전에도 그는 군부가 여전히 공포정치를 휘두르고 있는 버마로 돌아갈 생각이 있느냐는 제안을 받기도 했다. 또 행사 기간 동안에도 총회에 참석한 옛 동료에게서 '아프리카의 한 나라에 일거리가 있는데 관심이 있느냐'는 얘기를 들었다고 말했다. (그는 일거리가 있다는 나라의 이름을 밝히지 않았지만, 콩고임에 분명하다.) 로지는 "언제든 어딘가에 일거리가 있기 마련"이라며 "이런 종류의 일은 영원히 끝나지 않는다"라고 말했다.

　로지의 지적이 말해 주듯 전 세계 전장에서 용병들의 활약은 여전하다. 각국 정부뿐 아니라 반군 진영까지 이들을 고용하고 있다. 지난 1994년 유엔 특별보고관은 무력 분쟁이 늘면서 용병 활동이 증가하고 있다는 내용의 보고서를 내놓은 바 있다. 보고서는 새로운 국가의 탄생과 만성적인 종족 및 종교적 갈등, 민족주의적 성향이 강해지면서 무력 분쟁이 늘고 있다고 지적했다. 그러나 최근 들어 프리랜서 용병들은 '블루 대령' 같은 정체를 알 수 없는 이들에게서 일자리를 찾는 게 아니라 민간 업체의 인사 담당 부서를 통해 일거리를 구하는 경우가 많아지고 있다.

용병 업계의 기업화를 더욱 부추기고 있는 것은 냉전이 끝나면서 미국과 유럽 각국 정부의 이른바 '제3세계'에 대한 전략적 이해관계가 미미해졌다는 점이다. 이에 따라 서방세계는 아프리카를 포함한 제3세계 지역에 자국 군대를 파견하는 것을 극도로 꺼리게 됐다. 이런 경향은 특히 지난 1993년 미 클린턴 행정부가 소말리아 종족 지도자 무하마드 아이디드와 맞서기 위해 파견했던 미군 18명이 숨지는 사건이 벌어지면서 더욱 강해졌다. 이듬해 르완다 후투족이 약 백만 명의 투치족을 소형화기와 손도끼를 이용해 학살하는 사건이 벌어졌다. 장갑차의 지원을 받는 2백 명 정도의 병력과 전투용 헬리콥터 20대 정도만 배치됐어도 르완다에서 벌어진 인종 청소를 막을 수 있었을 것이다. 하지만 세계는 참극이 벌어지는 걸 그저 지켜보기만 했다. 한 퇴역 미군 관계자는 "민간 용병 업체는 서방 각국이 지상군 병력을 투입하지 않는 곳에서 그 공백을 메우고 있다"고 말했다.

다국적기업들도 점차 민간 용병 업체에 경호 업무를 맡기고 있다. 특히 전 국토에 대한 중앙 정부의 영향력이 미미한 국가에 진출하는 경우 더욱 민간 용병 업체의 보호에 의존하는 경우가 많다. 이런 추세 역시 아프리카가 시험 무대가 되고 있는데, 현지에 진출한 기업들은 광산이나, 유전, 기타 경제성 있는 시설물에 대한 경비를 민간 용병 업체에 맡기는 사례가 늘고 있다. 『솔저오브포춘』의 편집자 톰 라이징어는 이렇게 지적했다. "기업들은 자신들의 영역을 안전하게 유지하려 한다. 만약 현지 정부가 불안정하다면, 투자를 한 뒤 이를 보호할 수 없을 가능성이 있다. 때문에 각 기업체는 투자한 것을 안전하게 지켜내기 위해 민간 (경비) 업체를 고용한다. 이를 통해 현지 정부가 어떻게 되든 상관없이 기업의 이익을 지켜 낼 수 있는 것이다."

민간 용병 업계에서 가장 두드러지는 활약을 보이는 것은 이스라엘 쪽 업체들이다. 지난 1997년 '레브단'이란 이름의 업체가 콩고의 파스칼 리소바 대통령 경호를 맡을 정예부대를 훈련시키기 위해 이스라엘군 출신자 2백 명을 파견했다. 당시 시사 주간지 『타임』은 이스라엘 용병을 파견하는 계약 조건의 하나로 리소바 정권은 천만 달러 상당의 이스라엘산 무기를 구매하기로 합의했다고 보도한 바 있다. 이스라엘 공수부대 출신인 예비역 대령 야이르 클라인이 운영하는 '스피어헤드'는 악랄한 범죄자들에게 전문적인 '반테러' 서비스를 제공하는 것으로 잘 알려져 있다. 클라인의 고객 가운데는 숨진 콜롬비아 마약왕 곤잘로 로드리게즈도 포함돼 있었다. 로드리게즈는 자기 휘하의 병력에게 암살과 폭탄 제조법을 훈련시키기 위해 이 업체를 고용했다. 교육생들의 '군기'를 북돋우기 위해 클라인은 훈련 중 "공산당 놈들의 피를 들이키자"는 구호를 외치곤 했던 것으로 전해진다. 지난 1999년 클라인은 시에라리온의 프리타운에서 반군 세력인 '혁명연합전선'(RUF)을 훈련시킨 혐의로 체포돼 수감됐다. (이 책이 출간될 무렵, 반역죄로 기소된 클라인은 재판을 기다리고 있다. 미국의 지원을 받았음이 분명한 이스라엘 정부는 시에라리온 당국에 클라인을 송환시키라는 압력을 넣고 있는 것으로 알려졌다.)

영국계 업체들도 떠오르는 용병 시장에서 확고한 위치를 점하고 있다. 『선데이타임스』는 '에임스'라는 용병 업체가 터키 정부에 쿠르드족 독립운동을 벌이고 있는 '쿠르드노동당'(PKK)의 지도자 압둘라 오잘란을 겨냥한 기습 작전을 제안했다고 보도한 바 있다. 이 업체는 오잘란의 행방을 탐지한 뒤 영국군 특수부대 출신인 자사 용병들에게 훈련받고 무장을 갖춘 터키군 기습 부대를 배치하는 등의 내용을 담은 열한 쪽 분량의 제안서를 제출한 것으로 알려졌다. 이 계획은 당시 실행에 옮겨지지 않았지만, 터키 정부는 지난 1999년 자국 특전사 병력을 보내 케냐에 은신해 있던 오잘란을 납치해 오는 데 성공했다. 에임스를 비롯한 영국계 용병 업체가 이 작전에 필요한 군사 장비와 훈련을 제공한 것으로 알려졌다.

런던에 본사를 둔 '디에스엘'(DSL)은 인질 구출과 납치 및 몸값 협상, 첩보 작전, 폭동 진압 및 군사훈련 등의 서비스를 제공하는 업체다. 영국 육군 예비역 소장 스티븐 카스미스는 이 업체가 언제나 "앙골라나 모잠비크, 콜롬비아, 알제리, 옛 소련 등 위험천만하고 고립된 적대적 국가에서 활동하고 있다"며 "이들 나라는 대부분 현재 사는 게 어려운 곳들"이라고 지적했다. 콜롬비아에서 디에스엘은 거대 정유 업체 '브리피티페트롤륨'(BP)에 고용돼 원유가 풍부한 북동부 카사나레의 유정을 민족해방군(NLA) 게릴라의 공격으로부터 지키는 업무를 맡았다. 원활한 업무 수행을 위해 이 업체는 콜롬비아 육군 사령관을 지낸 헤르난 구즈만 로드리게즈를 고용했다. 그의 경력은 미주인권위원회(IACHR)가 지난 1992년 내놓은 '콜롬비아의 국가 테러' 보고서에 잘 드러나 있다. 보고서는 구즈만이 무차별 살상으로 악명 높은 '납치범에게 죽음을'이란 우파 무장 조직과 긴밀히 연결돼 있다는 "충분한 증거와 증언이 있다"고 적고 있다. (1994년 군부 정권 내부 숙청 과정에서 밀려난 구즈만은 이런 혐의를 완강히 부인하고 있다.)

또 다른 영국계 업체인 '샌드라인인터내셔널'은 지난 1990년대 중반 전역한 영국군 장교들이 설립했다. 이 업체는 스스로 "합법 정부와 국제기구에 각종 자문과 문제 해결에 특화된 국제적 군사 자문 업체"라고 소개하고 있다. '샌드라인'의 미국 지사 대표인 미 육군 특전사 장교 출신 버니 맥커비는 "마약 밀매 조직이나 반군 세력을 위해 일하는 경우는 없다"고 강조했다.

맥커비의 주요 업무는 '샌드라인' 쪽과 미 국방부 주류층을 연결시켜 주는 것이다. 그는 이 업체의 경영 개념을 "훈련 교관을 훈련시키는 것"이라고 말했다. '샌드라인'을 고용한 나라의 정예부대를 훈련시켜, 이들이 자국군 전체에 훈련받은 내용을 확산시키도록 한다는 것이다. 하지만 이 업체는 훈련을 종료한 뒤에도 "훈련받은 내용이 제대로 이행되고 있는지를 확인하기 위해" 일부 직원을 고용국에 남겨 두고 있다. '샌드라인' 직원의 상당수는 미군 출신인데, 이를 두고 맥커비는 "세계 최고의 (군사 분야) 인력의 원천으로, 이들이 우리 회사의 핵심"이라고 말했다.

'샌드라인'은 지난 1997년 파푸아뉴기니의 줄리어스 챈 수상이 3,600만 달러 상당의 광산 개발권을 주기로 하고, 십여 년째 이어져 온 분리독립운동을 잠재우기 위해 이 업체를 고용하면서 국제적인 눈길을 끌었다. 이 업체가 당시 맺은 계약서에는 "샌드라인 직원에게는 여권에 도장을 찍거나 당국의 허락을 받지 않고도 언제든 마음대로 파푸아뉴기니 출입국이 가능한 복수 비자를 발급해 준다"는 내용이 포함돼 있다. 계약이 성사된 직후 약 70명의 샌드라인 직원이 파푸아뉴기니에 도착했지만, 계약 내용이 언론에 알려지면서 폭동이 벌어져 서둘러 발길을 되돌려야 했다.

이 사건이 벌어진 뒤 '샌드라인'의 대표 팀 스파이서는 『선데이타임스』에 보낸 글에서 이렇게 항변했다.

안락의자에 편안히 앉은 채 이른바 '용병'을 깔보며 비난하는 사람들이 바깥세상이 얼마나 위험한지에 대해 조금이라도 알고나 있는지 궁금할 때가 있다. 냉전이 막을 내린 뒤 세계 도처에서 종족 분쟁이 들끓고 있다. 예전 같으면 일부 초강대국이 이런 문제를 쉽게 해결했을 것이다. 하지만 이제 전통적인 '경찰'이 사라져 버렸다. 대부분의 국가들이 다른 나라, 특히 자국의 이해득실과 상관이 없는 먼 나라의 분쟁에 개입할 자원도 정치적 의지도 없는 상태다. 분쟁 당사국의 군대는 자국 문제를 해결할 능력이 없다. 이들 나라가 어떻게 평화공존과 경제발전을 위한 안정된 환경을 만들어 낼 수 있는가? 대부분은 아무 것도 하지 못한 채 재난에 직면한다. 이들을 위해 민간 군사 업체가 필요한 것이다.

민간 용병 주식회사 가운데 가장 잘 알려진 업체로 남아프리카 공화국 프리토리아에서 1989년 창설된 '이오'(EO)를 꼽을 수 있다. 남아프리카 공화국의 군 출신으로 정보 요원을 지낸 이븐 바로우가 운영한 이 업체는 남아프리카 공화국 특전사와 아파르트헤이트(인종 분리 정책) 시절 폭동 진압 책임을 맡았던 '시민협력국'(CCB) 출신자 2천여 명을 거느리고 있다. (특전사 출신자 대부분은 남아프리카 공화국 흑인 거주 지역에서 발생한 폭동을 잔인하게 진압해 결국 해체된 이른바 '제32 버펄로 대대' 소속이었다.) 바로우는 한 인터뷰에서 "냉전이 끝나면서 커다란 공백이 생겼고, 그 사이에서 틈새시장을 발견했다"며 "우리는 생존 자체를 판매하고 있다"고 말한 바 있다.

이오는 아프리카 여러 나라에서 활동을 해 왔는데, 주로 소규모 보안 업무를 맡아 왔다. 하지만 다른 많은 용병 업체와 달리 이 업체 소속 병력이 직접 나서 주요 전투 작전을 수행하는 일도 있다. 지난 1993년 앙골라 정부는 원유 생산 지역을 유니타 반군의 공격으로부터 보호하기 위해 이오를 고용하고, 원유 및 다이아몬드 채굴권으로 대가를 지불하기로 했다. 이 업체 소속 병력 대부분은 '유니타' 반군이 미 중앙정보국과 남아프리카 공화국 아파르트헤이트 정권의 지원을 받을 때 그들 편에서 전투에 참여한 경험이 있었고, 당시 경험을 바탕으로 옛 동맹군 소탕 작전에 나섰다. 이에 따라 1995년엔 기갑부대의 지원을 받은 전격 공세로 '유니타' 반군의 핵심 전력을 궤멸시켰고, 카푼포 지역 다이아몬드 광산을 장악하기에 이른다. 뿔뿔이 흩어진 채 재정적 기반까지 무너진 반군 진영은 결국 호세 도스 산토스 대통령이 이끄는 정부 쪽에 일시 합류할 수밖에 없었다.

같은 해 아흐마드 테잔 카바 시에라리온 대통령이 '혁명연합전선'(RUF) 반군 소탕 작전을 위해 이오를 불러들였다. (반군 진영도 당시 우크라이나와 벨로루시 출신 용병의 지원을 받고 있었다.) 이 업체가 고용됐을 당시 반군 세력은 수도 프리타운에서 25킬로미터 떨어진 곳까지 진격해 들어왔으며, 시에라리온 대외 수출의 대부분을 차지하는 광산에 대한 통제권까지 장악한 상태였다. 하지만 이오 소속 병력이 투입되면서 상황은 정부 쪽에 유리하게 바뀌기 시작했고, 마침내 1996년 30년 만에 처음으로 자유선거가 실시되기에 이른다. 카바 대통령은 무난히

당선됐고, 곧 이오와의 계약 관계를 청산했다. 계약이 종료된 뒤 얼마 지나지 않아 카바 대통령이 이끄는 정부는 전복됐다. (카바 정권은 1998년에야 나이지리아군의 지원을 받아 정권을 다시 장악할 수 있었다.) 약 2년 동안 반군에 맞서 싸운 대가로 이오는 시에라리온 정부에게서 3,500만 달러의 현금과 각종 광물 채굴권을 챙겼다.

지난 1999년 1월 1일 남아프리카 공화국에서 용병 업체 규제 법안이 발효되면서 이오는 공식적으로 해체됐다. 이 업체의 소유주인 니코 팜은 "아프리카 각국이 아프리카의 문제를 해결하기 위해 부지런히 노력하고 있으니, 그들에게 기회를 주기로 하자"는 내용의 보도 자료를 내어 자기 업체의 종말을 공식 확인했다. 이 업체는 또 다른 성명서에서 "아프리카 대륙 전역에서 법과 질서가 공고해졌기 때문에" 회사가 더 이상 존재할 필요가 없게 됐다고 주장하기도 했다. 하지만 상당수 업계 관계자는 이 업체가 눈에 띄지 않도록 조직별로 나뉘어 남아프리카 공화국 외부에서 활동을 계속하고 있다고 본다. 또 우간다 국방장관 살림 살레가 일부 지분을 소유하고 있는 '우간다의 사라센'과 시에라리온의 '보안구조대' 등 애초 이오와 연계돼 있던 업체 가운데 적어도 두 곳은 여전히 왕성하게 활동하고 있다. 미 정부의 한 당국자는 이오 출신 용병 일부가 이스라엘 업체에 고용돼 아프리카 북부 및 동부 이슬람 국가에서 활동하고 있다고 말했다. 지난 1999년엔 시에라리온에서도 이 업체 출신자들이 일하고 있다는 보도가 나오기도 했다.

미 정부 관계자들은 이상에서 언급한 업체들과 엠피알아이나 빈넬 등 미국 업체 사이에 현격한 차이가 있음을 강조한다. 이들이 말하는 가장 중요한 차이점은 미국 정부는 민간 용병 업체가 전투에 직접 참가하는 것을 금지하고 있다는 것이다. 필 에거 미 국무부 아프리카 담당 국장은 "미국 업체와 여타 나라의 용병 업체 사이에는 대단히 큰 차이가 있다"며 "우리는 (미국 정부가) 용병을 고용한다는 인상을 주지 않기 위해 노력하고 있다"고 말했다. (실제로 엠피알아이가 전투 현장에서 일정한 거리를 유지하려는 모습은 보다 전통적인 용병들의 비웃음거리가 되고 있다. 『솔저오브포춘』의 외부 필진인 톰 마크스는 "용병이라고 불리지 않기 위해 어찌나 심혈을 기울이는지 엠피알아이는 그저 수박 겉핥기만 하는 수준"이라며 "군수 업체라기보다는 정부만을 위해 일하는 일종의 특별 수송업체 정도에 불과하다"고 말했다.)

전장에서 선봉에 서지는 않더라도 미국 업체들이 제공하는 각종 군사 자문과 지원은 전투 작전을 벌이는 데 대단히 중요하다. 국외주둔 장교협회(FAOA) 토머스 밀튼 소령은 "실제 전투가 벌어질 때는 전투 요원과 비전투 요원의 구분이 어려워지는 것처럼, 이들 업체가 수행하는 군사 '자문'과 이를 실제로 '집행'하는 것 사이의 구분도 모호해졌다"고 지적했다. 그는 "이른바 군사 자문 업체들은 이제 외국 정부 군사력의 필수적인 구성 요소로 자리를 잡고 있다"며 "적대적 상황이 발생했을 때 이들 업체가 움직이지 않는다면, 고용국 군대는 제대로 능력을 발휘하지 못하게 될 것"이라고 말했다.

미 국방부 입장에선 군사훈련 프로그램을 민간 업체가 떠맡게 되면서 얻을 수 있는 이점이 한두 가지가 아니다. 우선 다른 나라의 상황에 개입하고 있다는 비판에 대한 확실한 변명거리를 만들 수 있고, 미군을 파병하지 않으면서도 영향력은 유지하면서 상황을 관리해 나갈 수 있는 것이다. 국가전략문제연구소(INSS) 브루스 그랜트 대령은 "이를테면 엠피알아이는 보스니아에 한꺼번에 예비역 대령 20명을 파견할 수 있다"
며 "미 육군이 대령 20명을 차출하려면 한 개 전투 사단에서 대령급을
모두 뽑아 올려야 할 것"이라고 말했다. 다른 측면에서 볼 때, 민간 업체
는 한 국가의 군대 전체를 훈련시킬 수 있다. 반면 미 국방부의 국제군사
교육훈련 프로그램은 기껏 수십 명을 훈련시키는 수준이다. 엠피알아이
는 지난 1997년 온두라스에서 266명의 병사와 장교를 훈련시켰다. 국제
군사교육훈련 프로그램을 실시할 때와 마찬가지로, 민간 군사훈련 프로
그램 담당 미군 장교는 온두라스 군부 지도자들과 돈독한 유대 관계를
구축할 수 있었다.

　　미 국방부는 미군을 외국에 배치할 때 의회의 각종 질의에 응해야
할 의무가 있다. (물론 국방부가 질의에 언제나 성실히 응하느냐 여부는 별개의
문제다.) 퇴역 군 장성이나 민간 업체들은 의회나 언론의 질문 공세를
피할 수 있는 여지가 훨씬 많다. 미 의회는 국방부의 파병 결정을 심의해
이를 금지시킬 수도 있지만, 민간 업체에 대해선 아무런 권한이 없다.
민간 업체들은 미 국무부에서 사업 허가만 받으면 그만인데, 허가를 받아
내는 과정 역시 비밀스럽게 진행되고 있는 실정이다. 미 의회는 이들
업체가 따 낸 계약의 규모가 5천만 달러를 넘어설 때에 한해서 보고를
받고 있는데, 민간 업체 프로그램의 대부분은 이에 미치지 못한다. 민간
군사 업체 문제에 밝은 한 의회 관계자는 "미 국방부가 직접 움직인다면
충분하지는 않더라도 의회 관련 위원회가 관리·감독에 나서게 된다"며
"하지만 민간 군사 업체를 동원해 똑같은 일을 수행한다면 잡다한 업무
로 부산한 연방 정부 관료 사회의 일개 공무원이 관리·감독의 유일한
주체가 된다"고 설명했다. 브루스 그랜트 대령도 이에 동의한다. 그는

미 정부가 민간 업체를 "의회가 정한 각종 관련 법과 규제, 예산상의 제한과 전통적으로 안보 지원 문제에 대단히 느리게 대응해 온 관료 조직을 피해 빠르게 정책 목표를 성취하는 방식으로 활용하고 있다"고 말했다.

정부 입장에선 민간 업체를 고용할 경우, 계약을 맺은 업체 직원이 현지에서 적대 세력에게 붙잡히거나 숨지는 경우가 생기더라도 정치적 타격을 전혀 입지 않는다는 점이 보다 큰 매력일 것이다. 이런 측면은 특히 베트남전 이후 미 정책 담당자들이 외국 분쟁 지역에 미군을 파견해 사상자가 발생하는 것을 극히 싫어하게 되면서 더욱 중요해졌다. 『솔저오브포춘』의 로버트 브라운은 바로 이 때문에 자신이 오래 전부터 프랑스와 마찬가지로 미국도 외인부대를 설치할 필요가 있다고 느껴 왔다며, "프랑스 정부는 자식을 잃은 부모들을 신경 쓸 필요가 없다"고 말했다. "미국의 정책 상당수가 '혹시 누가 다치기라도 하는 거 아니냐'는 질문에서 출발하고 있다. 권력을 쥐고 있는 겁쟁이들은 사상자가 나는 걸 받아들이지 못한다. 외국 분쟁 지역에 파병 문제가 거론될 때마다 가장 큰 우려 사항이 바로 사상자의 발생 여부다. 만약 프랑스식 외인부대를 구성한다면, 누군가 죽더라도 어쩔 수 없는 일로 치부될 것이다."

미 국방부가 외국에서 민감한 작전을 수행할 때도 민간 군사 업체들은 완벽한 방어막이 돼 준다. 특히 민간 업체들이 일상적인 업무나 이른바 '인도적' 지원 사업 관련 계약을 따 낸 뒤 이런 작전을 수행하게 되면 이를 알아채기가 더욱 어렵다. 지난 1995년 '론코'라는 업체가 르완다에서 지뢰 제거 사업을 벌이게 됐다. 르완다는 이 무렵 막 미국의 우방국으로 떠오른 참이었다. 당시 유엔은 르완다에 대한 어떤 형태의 군사 지원도 받을 수 없도록 하는 금수 조처를 내린 상태였다. 아프리카 전문가이자 '평화기금'의 무기 및 분쟁 프로그램 담당자인 케이시 오스틴은 당시 르완다를 방문했다가, 론코가 폭발물과 장갑차 등 소규모 군사 장비를 수입하고 있다는 사실을 알아챘다. 오스틴은 미 국방부의 승인 아래 이들 장비가 르완다 군부로 전달되고 있다고 밝혔다.

민간 군사 업체는 냉전의 종식과 함께 단행된 군축 과정에서 퇴역한 군 출신자들에게 일자리를 만들어 주는 구실도 하고 있다. 현역에서 물러난 뒤 빈넬과 제너럴다이내믹스, 엠피알아이 등 세 개 업체에 고용돼 외국에서 일한 경험이 있다는 한 업계 관계자는 "언제든 주변을 둘러보기만 하면, 일자리를 발견할 수 있었다"고 말했다.

군사훈련 분야에서 활동하고 있는 미국의 민간 업체들은 다국적 거대 기업 형태에서 동네 구멍가게 수준의 소규모 업체에 이르기까지 다양하다. 미 국무부 아프리카 담당 부차관보 출신으로 현재 워싱턴의 '코헨앤우즈인터내셔널'에서 로비스트로 일하고 있는 제임스 우즈는 "작은 규모의 병력 훈련에서 외국 정부의 군수품 획득 업무 지원에 이르기까지 다양한 분야에서 수많은 소규모 업체들이 활동을 하고 있다"고 말했다. 이들 업체는 일반적으로 미 특전사 출신자들이 대표를 맡고, 미국 내 군부대 인근에서 활동한다. 우즈는 "그저 빈 방에 팩스 정도나 갖춰 놓은 수준"이라며 "이들 업체는 군 출신자들의 거대한 인력시장을 일자리와 연결시켜 주는 통로 구실을 하고 있다"고 말했다. 틈새시장을 차지하고 있기는 하지만 소규모 업체가 테러 방지 관련 군사 자문이나 주요 인사들에 대한 경호 업무 등을 뛰어넘는 대규모 계약을 따 내기는 점차 어려워지고 있다. 굵직굵직한 계약은 정부나 군 고위직 출신 인사들을 두루 갖춘 기업형 업체들이 주로 따 내고 있기 때문이다.

군사훈련 분야에서 가장 규모가 큰 업체로는 단연 엠피알아이를 꼽을 수 있다. 1987년 예비역 육군 장성인 버논 루이스가 창설한 이 회사의 중역진에는 상당수 미군 최고위직 출신 인사들이 포함돼 있다. 파나마 침공과 걸프전 당시 미 육군 참모총장을 지낸 칼 부노와 국방정보국장 출신인 에드 소이스터, 유럽 주둔 미 육군 사령관 출신 프레드릭 크로이젠 등이 대표적이다. 이 회사는 소개 책자에서 "군사 분야 전문 기업으로는 세계 최고의 전문성을 갖추고 있다"며 "미국 전역은 물론 외국 주둔 미군 기지에 지사나 현지 대리인을 두고 있다"고 강조하고 있다. (이 업체는 군 출신 인사 2천 명의 신상 정보를 갖춘 데이터베이스를 운용하고 있다.)

엠피알아이는 미 국방대학의 교과 과정을 마련하는 데서 군사 장비 실험에 이르기까지 미 국방부가 발주한 다양한 계약을 따 냈다. 또 스웨덴과 타이완 같은 나라의 군부에 미국의 군사전략에 대한 브리핑을 하기도 했다. 규모가 큰 계약을 따 내다 보면 때로 정치적·군사적 장애물에 부딪히기도 한다. 지난 1994년 이 업체는 자이르(현 콩고 민주공화국)의 독재자 모부투 세세 세코가 이끄는 군대를 훈련시킬 준비를 하고 있었다. 하지만 미 국무부가 자이르의 내정 불안을 이유로 사업 허가를 내주지 않았다. 그런데 엠피알아이가 다시 사업 허가 신청서를 제출하기도 전에 로랑 카빌라가 이끄는 게릴라 세력이 모부투 정권을 무너뜨렸다. 지난 1996년 이 회사는 군부대 훈련 계약을 따 내기 위해 스리랑카 정부와 협상에 들어갔다. 군사 전문지『제인스인텔리전스리뷰』는 당시 에드 소이스터가 스리랑카의 수도 콜롬보로 날아가 "현지 고위 정보장교로부터 타밀 반군의 현황과 그동안 사용해 온 대응책에 대한 광범위한 브리핑을 들었다"고 전했다. 미 국무부는 엠피알아이의 스리랑카군 훈련 사업에 대한 허가를 내줬다. 하지만 이 업체가 자국 내에서 활동하고 있다는 사실이 외부로 알려질 경우 자칫 정치적으로 치명타를 입을 수도 있다고 우려한 스리랑카 정부가 막판에 계약을 포기함에 따라 물거품이 됐다.

1990년대 말 5년여 동안 엠피알아이는 발칸반도 지역에서 중요한 역할을 수행했다. 사업을 활성화하기 위해 이 업체는 발칸 지역에서 근무한 경험이 있는 미군 장교들을 대거 영입했다. 미 공군에서 36년 동안 복무한 예비역 중장 제임스 챔버스는 보스니아에서 비상작전국장을 역임한 바 있다. 군에서 물러난 뒤 그는 엠피알아이의 부사장 자리에 올랐다. 1994년 미국의 지원으로 무슬림-크로아티아 연방이 창설된 뒤 미 국방부 특별 고문으로 임명된 존 슈얼은 이듬해 다른 고위 장교와 함께 여러 차례 보스니아와 크로아티아를 방문했다. 유럽 쪽에선 당시 이들의 현지 방문이 군사 자문을 수행하기 위한 것으로 판단했는데, 이는 유엔의 금수 조처에 따라 금지된 활동이었다. 군에서 전역한 뒤 슈얼 역시 엠피알아이에서 새 일자리를 얻었다.

이 업체의 첫 대규모 국외 계약은 1995년 크로아티아군에 대한 군사 자문 및 훈련 사업이다. 계약을 따 낸 직후 이 업체는 칼 부노와 리처드 그리피츠, 1988~1992년 유럽 주둔 미군 사령관을 지낸 크로스비

세인트 등 예비역 장성들이 이끄는 대표단을 자그레브로 파견했다. 이무렵은 크로아티아와 보스니아가 유고슬라비아 연방에서 분리 독립을 선언하면서 발칸 지역에서 전투가 격렬해지고 있던 시기였다. 당시 미국무부 존 딩어 대변인은 엠피알아이가 크로아티아군이 "군사작전을 수행하면서 과도한 폭력이나 잔혹함을 피하도록 돕고 있다"고 말했다. 엠피알아이의 대변인인 에드 소이스터 전 국방정보국장도 "우리 회사는 민주주의 사회에서 군대의 역할에 대한 조언을 했을 뿐"이라며 "크로아티아 정부는 나토에 가입하기를 원하고 있으며, 이를 위해 나토 회원국과 비슷한 군대를 원하고 있다"고 말했다.

엠피알아이가 자그레브에 대표단을 보낸 뒤 불과 몇 달 만에 무능하기 짝이 없던 크로아티아군은 세르비아군을 상대로 여러 차례의 유혈 공세를 성공적으로 수행해 냈다. 가장 중요한 작전으로 꼽히는 것은 '번개폭풍'이란 작전명으로 불린 크라지나 지역 공격작전이다. 이 작전 과정에서 세르비아 마을은 약탈된 뒤 불태워졌으며, 수백 명의 민간인이 숨지고, 약 17만 명이 조상 대대로 살아온 고향땅에서 쫓겨났다. 당시 『뉴욕타임스』는 "보스니아 무슬림들을 겨냥한 세르비아군의 잔혹성과 견줄 만한 수준은 아니지만, 단순히 숫자만 놓고 보면 (크로아티아군의) 크라지나 공세는 발칸전쟁 기간 동안 벌어진 최악의 '인종 청소'에 해당한다"고 보도했다. (지난 1999년 헤이그 국제 전범 재판소 소속 수사관들은 크라지나 공세에 가담한 세 명의 크로아티아 장성을 전쟁범죄 혐의로 기소할 것을 제안했다. 미국은 전범 재판소 수사관의 활동에 대한 협력을 거부했을 뿐 아니라, 재판부에 출두해 크로아티아군의 전술을 옹호하기도 했다. 공세 작전 당시 크로아티아에 머물렀던 캐나다군 장교 두 명은 크라지나 지역의 크닌 마을에 대해 무차별 폭격이 퍼부어졌으며, 민간인이 고의적으로 공격 목표가 됐다고 증언했다. 이에 대해 미 국방부는 변호사까지 파견해 당시 폭격이 정당한 군사 전술이었다고 주장하기도 했다.)

엠피알아이 쪽은 부인하고 있지만, '번개폭풍' 작전과 관련해 이 회사가 적어도 간접적인 역할을 수행했음을 보여 주는 강력한 증거가 있다. 한 크로아티아군 연락장교는 현지 언론과 한 인터뷰에서 작전이 시작되기 불과 몇 주 전 엠피알아이의 칼 부노가 크라지나 작전 계획을 입안한 바리마르 케르벤코 장군과 크로아티아 연안 브리오니 섬에서 비밀리에 최고위급 회의를 열었다고 말했다. 부노는 '번개폭풍' 작전에 참여하는 크로아티아군 장교들과 작전이 시작되기 5일 전부터 적어도 열 차례 이상 잇따라 회의를 열었다. 엠피알아이의 활동을 집중적으로 감시하고 있는 군사 연구자이자 미 해병 중령 출신의 로저 찰스는 "어떤 나라도 외부의 지원 없이 볼품없는 용병에서 출발해 전문적인 군사 공세를 펼 수 있는 단계로 올라설 수 없다"고 잘라 말했다. 그는 "크로아티아군은 기갑부대와 포병 및 보병 작전을 적절하게 배치해 효과적으로 작전을 수행해 냈다"며 "이런 류의 작전은 민주적 가치에 대해 강의를 들으면서 배울 수 있는 게 아니다"고 덧붙였다. (발칸 지역에서 『솔저오브포춘』에 정기적으로 기고를 하고 있는 마크 밀스타인은 더욱 분명하게 표현했다. 그는 "1995년 초만 해도 크로아티아군은 범죄자들과 폭력배 등이 모인 오합지졸에 불과했다"며 "그런데 엠피알아이가 이들이 군대 비슷한 모양새를 갖추도록 탈바꿈시켰다"고 말했다.)

어찌 보면 엠피알아이가 실제로 크라지나 작전을 지휘했는지 여부는 부차적인 문제일 수도 있다. 보수적 두뇌 집단인 알렉스 토크빌 연구소의 군사 전문가인 로렌 톰슨은 "일단 훈련이 끝난 뒤에는 가르친 기술이 어떻게 활용되는지를 통제할 수 있는 방도는 없다"며 "(나치 독일과 협력했던) 20세기 크로아티아의 역사를 놓고 볼 때, 크로아티아가 전문성을 갖춘 군대를 확보하는 게 좋은 일인지 확신이 들지 않는다"고 말했다.

크라지나 공세를 마친 지 몇 달 만에 크로아티아 정부는 자국 국방부의 조직 개편을 위해 '장기관리' 프로그램 계약을 엠피알아이와 맺었다. 이 업체는 또 크로아티아군 고위 인사들이 자국군 군사 제도를 입안하는 데도 도움을 줬다. 크로아티아 현지에선 이들 계약이 성사된 것은 미국 정부의 공식 지원이 있었기 때문으로 풀이했다. 크로아티아 국영 일간지 『브제스니크』는 당시 "(이번 계약은) 미국과 크로아티아의 관계가 위기 국면을 지나고 있다는 잘못된 주장에 대한 반응인 셈"이라고 전했다.

1996년 유고 연방에서 독립한 뒤 보스니아 정부도 신생 자국군 훈련을 위해 엠피알아이를 선택했다. 보스니아 정부는 클린턴 행정부가 '발칸 지역 군사 안정화를 위한 특별 대표'로 임명한 제임스 파듀의 강권에 따라 계약서에 서명한 것으로 전해진다. 계약 조건에는 보스니아 정부가 최대 동맹국인 이란과 군사 및 정보 분야 협력 관계를 끝내는 것도 포함돼 있었던 것으로 알려졌다. 이 프로그램을 위해 사우디아라비아와 쿠웨이트, 브루나이 공화국과 말레이시아가 모두 4억 달러를 지원했으며, 미국 정부도 보스니아군에 막대한 양의 무기를 공급했다.

크로아티아에서와 마찬가지로 보스니아에서도 민주주의에 대한 존경심을 (군대에) 스며들게 하는 것이 사업 목표라는 엠피알아이의 주장은 그리 분명해 보이지 않는다. 지난 1998년까지 이 회사에 고용돼 보스니아에서 일한 한 관계자는 "교과과정에 인권 관련 내용이 포함돼 있는 것을 보스니아 쪽에서 불편해 하자, 업체 쪽에서 이를 폐기해 버렸다"고 말했다. 또 다른 관계자는 "보스니아군에서 싫어한다는 이유로 제네바협정이나 국제법에 따른 '교전수칙' 등에 대한 내용을 소홀히 다루거나 아예 교과과정에서 제외시켰다"고 말했다. 지난 1999년 초 미국 정부는 무슬림-크로아티아 연합군 창설이 지연되고 있다는 이유로 '장비제공및군사훈련' 프로그램을 일시 중단했다. 같은 해 8월 프로그램이 재개된 뒤 한 해 연장되기까지 하면서, 엠피알아이는 9백만 달러 규모의 계약을 더 따 냈다.

유럽의 다른 지역을 보면, 엠피알아이는 폴란드와 체코 공화국, 헝가리 등 나토 신생 회원국을 상대로 사업을 추진하고 있다. 1999년 중반 영국 언론들은 이 회사가 무장 조직인 '코소보해방군'(KLA)을 훈련시켰을 가능성도 있다는 보도를 한 바 있다. 이 회사는 또 미국과 유럽의 다른 경쟁 업체와 마찬가지로 아프리카로도 사업 영역을 넓히고 있다. 지난 1997년 6월 미 국방정보국은 버지니아 주 크리스탈시티의 쉐라톤 호텔에서 '아프리카 사하라 사막 이남 국가의 군사 안보 기능 민영화'란 주제의 비공개 회의를 개최한 바 있다. 엠피알아이를 포함한 미국 민간 군사 업체들이 회의에 초대됐으며, '이오'의 이브 바로우와 '샌드라인'의 팀 스파이서도 참석했다. 이 밖에 엑손과 텍사코 등 아프리카에 투자한 기업체의 보안 전문가들도 다수 회의장에 모습을 드러냈다. 국방정보국은 회의 내용에 대해 일체 밝히지 않았지만, 한 참석자는 "군사 안보 관련 기능이 민간 업체에 맡겨지는 현상이 향후 몇 년 동안 급속히 늘어날 것이라는 데 정부 및 업체 관계자들이 인식을 같이 했다"고 전했다.

미국이 정부 차원에서 직접 개입하는 데 큰 관심을 보이지 않고는 있지만, 아프리카는 여전히 일정한 경제적 중요성이 있다. 아프리카 대륙은 미국 원유 수요의 5분의 1을 공급하고 있으며, 다이아몬드를 포함한 각종 광물자원의 주요 공급원이기도 한 탓이다. 냉전 기간 대부분 동안 프랑스 정부는 아프리카를 자기 뒷마당 정도로 여겨 왔다. 상당 기간 동안 프랑스 대통령 궁에 딸린 비밀 사무실을 운영했던 자크 포카르는 프랑스가 아프리카 각국 정부의 정책을 사실상 지시해 왔다고 폭로한 바 있다. 그는 프랑스 정부가 카메룬에서 야권 지도자를 제거하기도 했으며, 부패 정치로 악명 높은 현 가봉 대통령 엘 하즈 오마르 봉고를 직접 임명했다고 증언했다. 그는 심지어 프랑스 대사들이 아프리카 각국의 최고 통치권자들에게 날짜를 구체적으로 밝히지 않은 채 프랑스의 군사 개입을 요청하는 서한을 작성한 뒤 서명하도록 하기도 했다고 주장했다.

하지만 오랜 동맹 세력이 르완다와 자이르에서 실각하는 등 최근 아프리카에서 프랑스의 영향력은 현저히 떨어졌다. 그러는 사이 미국이 아프리카에서 영향력 확대에 나서고 있다. 1991~1995년 미국 정부는 국제군사교육훈련 프로그램을 통해 약 3,400명의 아프리카 각국 장교들을 훈련시켰다. (이들 가운데 압도적 다수는 군부가 가장 중요한 정치 집단인 권위주의 정권이 들어선 국가 출신이다.)

'티터스빌'과 플로리다에 본부를 둔 '에어스캔' 등 민간 업체들도 아프리카에서 영향력을 확대를 꾀하기는 마찬가지다. 1989년 창설된 에어스캔은 "항공 감시와 보안 작전"이 전문 분야다. (이 업체는 이 밖에도 원유 유출 방지 및 파이프라인 보호 업무도 수행하고 있다.) 지난 1980년대 엘살바도르 내전 당시 미 첩보 작전을 지휘했던 예비역 준장 조 스트링 엄이 에어스캔의 업무를 총괄하고 있다. 이 회사의 홍보 자료를 보면, 에어스캔은 전 세계 각국에서 활동하고 있으며, 미 국방부(공군)와 이름 을 밝히지 않은 다국적 정유 회사들에 고용돼 일하고 있다. 이 회사 쪽은 "상당수 고객사가 신분 노출을 꺼리고 있으며, 고객들의 이런 요청 은 당연히 존중되고 있다"며 "경험 많은 간부진과 효과적인 시스템, 현장 근무 인력과의 완벽한 통합 체제를 통해 성공적인 보안 작전에 필요한 위험 감시와 의사소통을 정확하게 집행할 수 있다"고 강조했다.

군사 전문지『제인스인터내셔널리뷰』는 에어스캔이 1997년 콩고 쿠데타에서 "일정한 역할"을 수행했다고 보도한 바 있다. 당시 쿠데타 를 통해 파스칼 리소바 정권이 무너지고 쫓겨났던 독재자 데니스 사수 응게소가 재집권했다. 에어스캔은 또 우간다 북부 수단 국경 지역에서 미 중앙정보국을 등에 업은 반군 세력 지원 작전을 벌인 것으로 알려졌 다. 이 일대를 둘러본 한 프랑스 언론인은 현지에서 수단 반군에서 필요 한 군수품 투하 작전을 벌인 에어스캔 직원을 만나기도 했다고 말했다.

적어도 지난 1997년 이후 이 회사는 미국의 주요 원유 공급지 가운 데 하나인 앙골라에서도 활동을 벌이고 있다. 레이건 행정부 시절 미 중앙정보국의 지원을 받은 조나스 사빔비가 이끄는 유니타(UNITA) 반군 세력은 소련의 지원을 받고 있던 에두아르도 도스 산토스 정권 전복에 나섰다. 하지만 1990년대 중반 도스 산토스 대통령이 자유 시장 개혁을 받아들인 뒤, 당시 클린턴 행정부는 앙골라를 아프리카에서 잠재적으로 중요한 동맹국으로 간주하기 시작했다. 이에 따라 미 정부는 도스 산토스 정권에 대한 지원을 늘리기 시작했다. 특히 1998년 사빔비가 집권당과의 권력 분담 체제를 파기하고 게릴라전으로 복귀하면서 미국의 지원은 더욱 늘어났다.

에어스캔의 앙골라 진출은 다국적 정유 기업 셰브런이 유전 지역인 카빈다 일대에 대한 공중감시를 위해 이 업체를 고용할 것을 앙골라 정부에 강력하게 요구하면서 시작됐다. 게릴라 조직이 왕성하게 활동하고 있는 이 일대에서 에어스캔은 세스나 337기를 동원해 유전과 무장 세력의 침입을 감시했다. 그리고 게릴라 조직의 특이 동향이 감지되면, 즉각 앙골라 군부에 이를 알렸다.『제인스인터내셔널리뷰』는 "카빈다 지역 공중감시 작전과 관련해 워싱턴 정가 일부에선 앙골라가 다시 내전으로 치닫는지 여부는 중요하지 않았다"며 "최우선 과제는 앙골라 산 원유가 미국으로 계속 흘러 들어올 수 있도록 확실히 하는 것"이라고 지적했다.

엠피알아이 역시 앙골라에서 사업을 꾀하고 있었고, 1995년 주요 계약을 성사시키기에 이르렀다. 그 해 클린턴 행정부는 도스 산토스 정권이 '이오'와 맺은 사업 계약을 종료하지 않으면 유엔 차원의 지원을 가로막고 나서겠다고 위협했다. 도스 산토스 대통령이 미국의 요구를 따랐고, 미 국무부는 엠피알아이의 앙골라군 훈련 사업 승인 신청을 당연하다는 듯 허락했다. 이 사업 규모만도 수백만 달러에 이르렀고, 엠피알아이는 군대는 물론, 경찰 병력까지 포함하는 대대적인 훈련 프로그램을 마련해야 했다. 훈련 대상 경찰 병력 가운데는 앙골라 전문가들 사이에서 악명이 익히 잘 알려져 있는 이른바 '신속 개입 경찰'(RIP)도 포함됐다. '닌자'라는 이름으로 더 잘 알려진 '신속 개입 경찰'은 전투용 헬리콥터와 박격포, 장갑차 등으로 무장하고 비무장한 반정부 세력을 공격하는가 하면 온갖 심각한 인권유린을 저질러 왔다. 하지만 유니타 반군 세력과 정부군 사이에서 전투가 격해지면서 엠피알아이의 훈련 교관 파견은 적어도 양쪽이 평화협정에 서명하기 전까지 연기됐다.

엠피알아이는 미국이 제공한 무기와 군사 장비로 라이베리아 군을 훈련시키기도 했다. 이 업체는 또 아프리카 각국과 미국 사이의 동맹관계 강화와 아프리카 대륙 자체의 '평화유지' 병력 창설을 위해 만들어진 '아프리카위기대응구상'(ACRI) 프로그램 실행 과정에서도 중요한 역할을 수행했다. 베닌, 가나, 말라위, 말리, 세네갈, 우간다, 코트디부아르 등 위기대응구상에 참여한 6개국은 노스캐롤라이나 주 포트 브래그에 주둔하고 있는 미 특전사 요원들에게서 초기 훈련을 받기도 했다. 1998년 엠피알아이와 노스롭그러먼의 기술 분야 자회사인 '로지콘' 등 두 개 업체가 위기대응구상 참가국에 대한 "지도력 훈련"을 위해 초빙됐다. 이런 일련의 움직임은 아프리카 전역에서 반발을 부르기도 했다. 1998년 3월 남아프리카 공화국 일간 『요하네스버그메일앤가디언』은 "미국의 재정 지원을 받는 아프리카 보안군은 이름만 아프리카를 대표할 수 있을 뿐, 핵심 과제는 재정 지원을 해 주는 쪽에서 결정하게 될 것"이라고 지적했다.

이 사업과 관련해 1997년 미 국무부 내부 자료를 보면, 위기대응구상에는 "민주적 민간 정부의 우위성을 받아들이는 군부가 있는 국가"만 참여할 수 있다고 돼 있다. 하지만 엠피알아이가 위기대응구상 프로그램을 통해 훈련시키고 있는 나라들이 이른바 '평화 유지'에 적합한지 우려하지 않을 수 없다. 아프리카 대륙에서 미국의 최대 동맹국으로 떠오른 우간다는 위기대응구상을 통해 처음으로 군사훈련을 받은 나라다. 1986년부터 장기 집권하고 있는 요웨리 무세베니 우간다 대통령은 정당 활동을 금지시키는 한편 야권 세력을 강압적으로 통제하고 있다. 매들린 올브라이트 당시 미 국무부 장관은 무세베니 대통령을 가리켜 "희망의 상징"이라고 불렀다. 반면 인권 단체 '휴먼라이츠워치'는 "(무세베니 정권은) 정치적 자유의 지평을 넓힐 뜻이 거의 없다"고 지적한 바 있다. 또 상당수 인권 단체들은 위기대응구상과 관련해 훈련을 받은 군부대가 반군 진영이 활동하고 있는 지역에서 민간인 살해와 성폭행 및 구타 사건에 연루된 혐의가 있다고 밝혔다.

외교적 수사와 현실 사이의 이런 간극은 세네갈에서 보다 극명하게 나타났다. 1998년 국제사면위원회(AI)가 광범위한 불법 체포와 강제 추방, 재판 없는 사형과 고문 등 세네갈 정부 보안군이 저지른 온갖 인권유린 사례를 담은 특별 보고서를 발표한 지 겨우 두 달 만에 아프리카 순방에 나선 클린턴 대통령은 압두 디우프 세네갈 대통령과 '대단히 화기애애한' 분위기에서 회담을 열었다. 순방 마지막 방문지로 세네갈을 택한 클린턴 대통령은 수도 다카르 동쪽 티에스 육군 기지에서 디우프 대통령과 만나 위기대응구상 프로그램에 따라 훈련을 받은 군 병력의 군사훈련 시범을 참관했다. 디우프 대통령은 이 자리에서 자신의 정부가 "인권 신장과 완벽한 민주화를 위해 애써 온 오랜 전통"이 있음을 자랑했다. (디우프 대통령은 1981년부터 장기 집권해 왔으니 '오랜 전통'이 있기는 하다.) 이에 대해 클린턴 대통령은 동의를 표하면서 위기대응구상이 아프리카 대륙의 '정치적 안정'에 크게 기여하고 있다고 치켜세웠다.

위기대응구상의 또 다른 수혜국인 말리에서도 '정치적 안정'은 최우선 과제다. 알파 우마르 코나레 말리 대통령 휘하의 보안군은 1997년 선거 과정에서 야권 지도자와 학생 등 반정부 세력에 대한 대대적인 체포 작전을 벌이는 등 상당한 재량권을 누리고 있다. 국제사면위원회는 코나레 정부가 "정보를 확보하거나 자백을 받아 내기 위해 고문을 가하는 데 주저함이 없으며, 특히 시민사회 구성원을 겁주거나 처벌하는 수단으로 고문을 활용하고 있다"고 지적했다.

조지 마셜 유럽안보센터의 국방 전문가 댄 넬슨은 인권 문제 외에도 위기대응구상이 아프리카 각국에서 군부와 민간인 사이의 간극을 더욱 벌리고 있다고 지적했다. 그는 "(이 프로그램을 통해) 군부가 특별한 중요성을 가지며, 미국과 긴밀히 연계돼 있다는 인상을 주고 있다"며 "(위기대응구상은) '스쿨 오브 디 아메리카스'와 상당히 비슷하며, 다른 점이 있다면 아프리카 현지에서 훈련 과정이 진행되고 있다는 점"이라고 말했다. 실제로 위기대응구상은 다른 제3세계 지역의 모델로 활용될 가능성도 커 보인다. 클린턴 대통령은 1999년 중반 "민주주의를 보호하고, 민주주의를 위협하는 환경에 개입하기 위해" 미군 주도로 라틴아메리카에서도 유사한 형태의 군 병력 창설을 제안한 바 있다.

미국의 민간 용병 업체들은 막대한 경제·전략적 중요성을 지닌 중동 지역에서도 왕성한 활동을 벌이고 있다. 사우디아라비아에선 십여 개 업체가 군부의 모든 부문에서 병력을 훈련시키고 있다. 미국계 민간 업체가 워낙 활동을 많이 하고 있다 보니, 고문 등 인권유린으로 악명 높은 사우디아라비아 보안 기구를 사실상 미 국방부의 민간 자회사

정도로 만들어 놓은 모양새다. 사우디아라비아에서 선두를 달리고 있는 용병 업체는 빈넬이다. 이 회사는 1997년 거대 군수 업체 '티알더블유'(TRW)가 칼라일 그룹으로부터 인수했다. 투자 회사인 칼라일 그룹은 제임스 베이커 전 국무장관과 백악관 예산 담당 비서관을 지낸 리처드 타먼, 국방장관 출신 프랭크 칼루치 등이 대표를 맡고 있다.

베트남전 당시에도 미 국방부를 위해 일했던 빈넬에 대해 한 미군 고위 인사는 "우리의 조그만 용병 부대"라고 부르기도 했다. 미군이 동남아시아에서 철수한 뒤, 이 업체는 사우디아라비아 방위군 훈련 계약을 따 냈다. 사우디아라비아 방위군은 내부의 적으로부터 왕실을 보호하고, 유전 시설 등 전략 시설을 방어하는 임무를 수행한다. 정규군보다 오히려 믿을 만한 것으로 평가받는 방위군은 지난 1990년대에만 규모가 두 배 가까이 커지면서 7만5천여 병력을 거느린 대규모 조직으로 확대됐다.

사우디아라비아에서 일하고 있는 천여 명의 빈넬 직원 대부분은 미 육군 특전사 출신이다. 이들은 사우디아라비아 전역의 다섯 개 방위군 기지에 주둔하고 있으며, "사우디아라비아 병력에게 새로운 무기 사용법을 가르치고 있으며, 군수품 조달 업무를 감독하는 한편 기계화 부대의 전술훈련도 맡고 있다"는 게 한 관계자의 전언이다. 걸프전 당시 이 업체 직원들은 사우디아라비아 병력과 함께 배치됐으며, 위험한 임무를 수행하는 데 따른 상여금을 받기도 했다. 당시 이 업체에 근무했던 또 다른 관계자는 "사우디아라비아 병력은 빈넬 직원 없이는 제대로 작전을 수행하지 못했다"고 말했다.

사우디아라비아에서 왕성하게 활동하는 또 다른 업체로는 현역에서 물러난 군 고위 인사와 정보 요원 출신들 사이에서 인기가 높은 '사익'(SAIC)을 들 수 있다. (미 국방부와 민간 분야 사이의 이른바 '회전문' 관계와 관련한 이 업체의 위치에 대해선 5장에서 자세히 다룰 예정이다.) 공식적으로 사익은 사우디아라비아 해군의 시스템 분석만을 지원하고 있는 것으로 돼 있다. 하지만 이 회사의 업무를 잘 아는 한 관계자는 사익이 사우디아라비아의 대공 방어 체제 통제를 위한 소프트웨어를 개발 업무를 맡고 있으며, 방공망 운용 자체에 대해서도 중요한 역할을 하고 있다고 말했다. 이 회사는 또 사우디아라비아군 간부진을 자사 본사가 위치한 샌디에이고로 불러 해군 시스템 관리 및 운용법을 훈련시키고 있다.

미 군수업계 최대 자문 회사로 잘 알려진 '부즈앨런해밀턴'은 미 해군 및 해병대와 함께 걸프전 이후 창설된 사우디아라비아 해병대 감독 업무를 수행하고 있다. '부즈앨런'은 사우디아라비아군 '간부대학'도 운영하고 있다. 이에 대해 한 관계자는 "군 간부대학 운영 건은 상당히 큰 규모의 계약"이라며 "전술 훈련을 포함해 고급 수준의 군사기술을 전수하고 있다"고 말했다. 전직 미 중앙정보국 요원과 대통령 경호실 요원들이 주로 일하고 있는 '오가라 프로텍티브 서비스'는 왕실 가족(과 그 재산)을 보호하기 위해 사우디아라비아 국방장관인 술탄 왕자가 직접 고용했다. 이 업체는 사우디아라비아 경호 요원들에게 귀빈 경호법도 가르치고 있다. 한 소식통은 "사우디아라비아 왕실은 수많은 내부 문제로 골머리를 앓고 있어, '오가라'의 역할이 대단히 중요하다"고 말했다. 한편, 거대 군수 업체인 '재너럴 다이내믹스'는 티북 지역에 본부를 둔 사우디아라비아 육군을 상대로 정찰 훈련 프로그램을 운영하고 있다. 한 국방교역통제청(ODTC) 당국자는 이들 민간 업체의 활동과 미국의 정책 목표 사이의 관계에 대해 분명히 밝혔다. "미국의 사활이 걸린 이해를 보호하기 위해 사우디아라비아에 미군 병력이 주둔하고 있다. 사우디아라비아군이 미군과 함께 싸울 수 있을 만큼 충분히 준비돼 있지 않다면, 미군이 위험에 빠질 수도 있는 것 아닌가?"

미국이 전통적으로 뒷마당쯤으로 여겨 온 라틴아메리카에서도 민간 업체들은 미 국방부의 안보 활동을 대체해 나가고 있다. 플로리다에 본사를 둔 베택은 미 중앙정보국이 발주하는 계약을 수행하는 한편 맥딜 공군기지에 사령부를 둔 미군 특수전사령부(SOCOM)와 긴밀한 관계를 맺고 있다. 지난 1980년 이란에서 50명의 미국인 인질 구출 작전이 실패로 돌아간 뒤 창설된 특수전사령부는 미 육·해·공군 휘하의 특수부대를 총괄 지휘하고 있다. 주로 제3세계를 무대로 한 비밀 작전 수행이 전문인 이들 정예부대는 라틴아메리카에서 마약 전담 경찰을 훈련시키거나, 미국의 동맹 세력들이 안고 있는 '내부 치안' 문제 해결을 지원하기도 한다. 현재 민간 분야에서 일하고 있는 한 특수부대 출신 예비역 장교는 특수전사령부가 베택을 고용해 외국군 훈련을 포함한 다양한 활동 지원 업무를 맡겼다고 전했다. 베택은 특수전사령부와의 관계를 보다 돈독하게 하기 위해 특수전사령관을 지낸 사성장군 출신 칼 스타이너와 웨인 다우닝을 영입하기도 했다.

다인코프는 마약 방지 작전을 중심으로 라틴아메리카 전역에서 문어발식 영업 활동을 벌이고 있는 업체다. 이 회사는 직원만 만7천여 명에 이르며, 전 세계 550여 지역에 사무실을 두고 한 해 13억 달러의 수입고를 올리고 있다. 미 버지니아 주에 본사를 둔 다인코프는 환경 정화나 정보 기술 부문은 물론 비밀에 휩싸인 국가 안보 관련 분야까지 광범위한 영역에서 사업을 벌이고 있다. 베택과 마찬가지로 다인코프 역시 미 중앙정보국의 사업을 수행하고 있다. 이 밖에도 미 국방부와 마약단속국(DEA), 연방통신위원회(FCC), 국세청(IRS), 재무부 등이 발주하는 업무도 시행하고 있다.

1997년 이 업체는 미 국방부가 외국에 미군을 파병하기로 하면서 대규모 기지 기반 시설 — 쇼핑몰 등 편의 시설에서 전기 및 수도에 이르는 모든 시설 — 공사를 따 냈다. 다인코프는 또 앙골라에서 유엔 평화유지군 활동을 지원하기도 했고, 1999년에는 미 국무부가 발주한 코소보 지역에서 정전 합의 이행 감시단 지원 업무를 맡기도 했다. 지난 1990년대 초반 미 국무부는 명목상 '페루 마약 전담 경찰에 빌려준 미국 정부 소유의 헬리콥터 정비'로 알려진 업무를 이 업체에 맡겼다. 1992년 페루의 주요 코카 재배 지역 상공에서 헬리콥터가 격추되면서 이 업체 직원 세 명이 숨졌다. 사망자 가운데는 페루에 '헬리콥터 정비'를 위해 파견되지는 않은 로버트 히치먼도 포함됐다.

미 해병 전투 조종사 출신으로 첩보 작전 전문가인 히치먼은 1960 년대 에어아메리카 소속으로 베트남과 라오스 등지에서 일했다. 1964년 엔 중국의 대공 감시망 성능을 알아보기 위해 당시 타이완에 머물고 있던 미국인 조종사들이 중국 본토 해안가까지 근접 비행을 하는 비밀 작전에 참여하기도 했다. (당시 중국군 레이더는 헬리콥터들이 접근했다는 사실을 탐지하지 못했다.) 그로부터 15년 뒤 히치먼은 리비아로 날아가 미 중앙정보국 요원 출신 에드 윌슨이 진행하던 무하마르 카다피 정권에 대한 군사 지원 및 훈련 작전에 참여했다. 조 굴덴은 윌슨의 일대기를 다룬『죽음의 상인』이란 책에서 히치먼의 한 동료 말을 따 그가 뛰어난 헬리콥터 조종사이자, "사람이 죽어 나가는 모습을 보고도 눈 하나 깜짝 안 하는 냉혈한"이라고 전했다.

미 정부 차원의 공식 조사가 수행됐지만 페루에서 발생한 헬리콥터 추락 사고의 원인은 밝혀지지 않았다. 다만 승무원의 과로가 사고의 원인일 가능성이 있다는 얘기만 나왔다. 한편 페루의 무장 게릴라 조직 '빛나는 길'은 자기들이 헬리콥터를 격추시켰다고 주장했다. 미 캘리포니아 주 새크라멘토에 살고 있는 히치먼의 아들은 게릴라들이 자신의 아버지가 타고 있던 헬리콥터를 격추시켰으며, 당시 국무장관이던 제임스 베이커를 포함한 미 정부 당국자들은 이런 사실을 비밀에 부쳐 줄 것을 당부했다고 말했다. 그는 "정부에선 라틴아메리카 마약 퇴치 작전에 미국이 얼마나 깊숙이 개입해 있는지에 대한 모든 사실이 공개되는 걸 원치 않았다"고 말했다. 그의 설명을 들어보면, 히치먼을 포함한 다인코프 직원들은 페루 경찰과 미 마약단속국이 함께 운영하는 기지를 중심으로 활동했다. 그들의 주요 임무는 마약단속국 요원들이 코카인 생산 시설 및 코카 재배 지역을 파괴하는 임무를 수행할 때 이들을 수송해 주거나, 마약 퇴치 작전을 위한 항공 관측 등이었다. 히치먼은 이 밖에도 전투 작전에 투입될 페루 경찰 소속 조종사들에게 헬리콥터 조종법을 훈련시키기도 했다.

히치먼의 아들은 자기 아버지가 다인코프 소속으로 볼리비아, 에콰도르, 콜롬비아 등지에서도 마약단속국 임무를 수행했다고 밝혔다. 히치먼은 베트남전 당시 그의 상관이자 역시 에어아메리카 출신인 제임스 스위니와 남아메리카에서 같이 일했다. (스위니는 헬리콥터 추락 사고로 히치먼과 함께 숨졌다.) 히치먼의 아들은 (자기 아버지와 스위니 등이) "비좁은 장소에 착륙하는 등 남아메리카에서 일하는 데 전혀 어려움을 느끼지 않았다"며 "베트남과 비슷한 조건이었고, 평생 동안 그런 일을 해 왔기 때문"이라고 말했다.

다인코프의 국제 기술 서비스 부문은 미 국무부가 마련한 '신생민주주의국가치안유지' 프로그램과도 긴밀한 관계를 맺고 활동했다. 이 프로그램을 통해 미국은 파나마와 소말리아, 엘살바도르, 보스니아, 아이티 등지의 경찰 병력 훈련을 지원했다. 아이티의 경우, 1995년 미군이 아이티를 점령하고 쫓겨났던 장 베르트랑 아리스티드 대통령을 복귀시킨 뒤 현지 경찰 훈련 프로그램이 시작됐다. 다인코프는 다른 여러 업체와 함께 미 국무부에 고용돼 군을 대신해 가장 중요한 치안 병력으로 떠오른 아이티국립경찰(HNP) 훈련 및 배치 임무를 맡았다. 미군이 철수한 뒤에도, 다인코프 소속 훈련 교관들은 아이티에 남아 경찰 부대의 기술 자문을 맡았다.

당시 인권 단체 휴먼라이츠워치는 악명 높았던 과거에 비해 나아지긴 했지만 아이틴군 장교 출신 130여 명이 주요 지휘관 자리를 차지하고 있던 아이티 국립경찰은 여전히 "재판 없는 처형과 불필요하게 과도한 폭력 사용, 구타" 등 악습을 유지하고 있다고 밝혔다. 현지 경찰 훈련 프로그램이 최고조에 이른 1997년 1월 아이티 주재 미 대사관이 작성해 미 국방부와 합동참모본부, 국무부에 보고까지 된 비밀 메모를 보면 이렇게 적혀 있다. "아이티 국립경찰 인력 3백 명 이상이 군중 통제에 대한 특별 훈련을 받았다. […] 본 대사관은 군중 통제가, 경제 불황으로

아이티 국민들 사이에서 욕구 불만이 팽배해질 것으로 예상되는 1997년에 아이티 국립경찰의 중요한 임무가 될 것으로 예상한다."

최근 다인코프는 미국의 중요한 동맹국인 콜롬비아에서 활동하고 있다. 콜롬비아의 터무니없이 열악한 인권 상황에도 클린턴 행정부는 이 나라에 대한 군사 지원 및 군수품 수출을 극적으로 늘렸다. 미 국방부는 또 수백 명의 특전사 병력을 콜롬비아로 파병했다. 이들은 감시 시설 운영 및 관리와 보안군 훈련 임무를 수행하는 한편, 1999년 당시 콜롬비아 국토의 절반가량을 확보하고 있는 좌파 게릴라 조직의 활동에 대한 정보를 콜롬비아 당국에 제공하고 있다.

콜롬비아에서 일하고 있는 다인코프 직원은 공식적으론 게릴라 조직과의 전투에서 아무런 역할을 하지 않고, 그저 콜롬비아 경찰 조종사 훈련과 '불법 재배 마약' 퇴치 작전을 기술적으로 지원하는 것으로만 돼 있다. 하지만 게릴라 활동이 특히 왕성한 남부 지역 등지에서 이 회사 직원들이 반군 소탕 작전에 적극적으로 참여하고 있다는 언론 보도가 잇따르고 있다. 1998년 8월 『달라스모닝뉴스』 토드 로버슨 기자는 다인코프의 활동이 "미 국무부가 주장하는 '마약 업자와의 전쟁' 수준을 뛰어넘고 있다"고 지적했다.

콜롬비아 현지 산호세델과비아레 군 기지에서 생활하고 있는 다인코프 직원들은 로버슨 기자에게 언론과의 접촉을 일체 해선 안 된다는 명령을 받았다고 말했지만, 일부 직원은 '비보도'를 전제로 몇 가지 사항에 대해 언급했다. 이들은 콜롬비아에서 일하고 있는 다인코프 직원들이 미 공수부대와 걸프전 참전자, 중앙아메리카에서 첩보 작전을 수행했던 미 중앙정보국 요원 출신 등으로 구성돼 있다고 전했다. 또 다인코프의 조종사들이 반군 소탕 작전에 나서는 콜롬비아군 수송 작전에 참여했으며, 무장 게릴라 병력과 마주친 경우도 부지기수라고 말했다. (미국에서 일하고 있는 이 회사 관계자들은 더욱 입이 무거웠다. 다인코프의 칼 헨더슨 국제 물류 담당 국장은 콜롬비아에서 어떤 활동을 하고 있느냐고 묻자, "외부에 알려지기를 원치 않는 내용에 대해선 묻지 말아 달라"고 말했다.)

남아메리카 언론에서도 콜롬비아에서 다인코프가 어떤 활동을 하는지에 대해 관심을 가지고 있다. 아르헨티나 부에노스아이레스의 일간 『클라린』은 다인코프의 직원 중에는 수십 명의 베트남전 참전 경험자도 포함돼 있다고 전했다. 이 신문은 한 콜롬비아 마약 담당 경찰의 말을 따 "(다인코프 직원들이) 짧은 반바지 차림으로, 어디서든 담배를 피워 물고, 위스키를 즐겨 마신다"고 전했다. 콜롬비아 현지 일간 『엘에스텍타도르』는 다인코프 직원들이 "콜롬비아 당국자들의 말을 전혀 따르지 않고 있다"고 보도했다.

콜롬비아에서 다인코프와 함께 활동한 업체로 미 버지니아 주 챈틸리에 본사를 둔 '이스트'가 있다. 1983년 창설된 이 회사는 미 정부가 필요로 하는 비밀 항공수송 업무를 주로 맡고 있으며, 이란-콘트라 사건에도 깊숙이 개입돼 있다. 예비역 미 공군 대령인 리처드 개드가 공군 소장 출신이자 이란-콘트라 사건의 핵심 주역 가운데 한 명인 리처드 시코드의 도움을 받아 창업했다. 특히 이스트는 전세 비행기를 운영하면서 그 배후에 미 중앙정보국이나 국방부가 있다는 사실을 발견할 수 없도록 하는 데 탁월한 전문성을 보유하고 있다. 콜롬비아에서 게릴라군의 공세가 시작되기 직전인 1998년 7월 말, 산호세델과비아레 기지 부근 과야베로 강변에서 이 회사 소속 비행기가 추락했다. 이 사고로 비행기에 타고 있던 조종사 두 명이 숨졌다. 회사 쪽은 항공기의 기술적 결함에 따른 사고라고 밝혔다. (이 말이 사실일 수도 있지만, 사고에 대한 공식적인 조사는 이뤄지지 않았다.)

이 장에서 논의된 민간 업체들의 활동 — 외국군 훈련에서 국외 첩보 활동 지원에 이르기까지 — 은 미국 정부 공식 용어로 '민영화'의 범주에 들어간다. 이는 외교·국방 정책의 최근 추세를 단적으로 보여 주는 표현일 것이다. 토크빌 연구소의 로렌 톰슨 연구원은 "이들 업체와 용병들이 하는 일 사이의 유일한 차이점은 민간 군사 업체들이 미국 정부의 공식 승인을 받고 활동한다는 것뿐"이라고 말했다.

5 여전히 건재한 그들

첩보의 세계는 흥미진진하다. 수많은 사람들이 은퇴했다가 되돌아오는 것도 이 때문이다. 전 세계를 돌아다니며 놀랍고 독특한 사람들을 만날 수 있고, 믿기지 않을 만한 일에 참여하며, 게다가 돈까지 벌 수 있다. 결국 삶을 돌아볼 나이가 돼 '아, 정말 흥미진진한 인생을 살았구나!'라고 말하게 될 것이다.

— 무기 거래 분야에 뛰어든 한 퇴역 공군 장교가 군수업계의 매력에 대해 얘기하면서

▌여전히 건재한 그들
퇴역 장군들의 맹활약, 헤이그 ▌

군수 업체가 워싱턴 정가에서 영향력을 행사할 수 있는 방법은 다양하다. 선거 자금을 대 주기도 하고, 거액을 들여 로비를 벌이기도 한다. 하지만 미 국방부와 군수업계 사이의 긴밀한 연관 관계 때문에 공직에서 물러난 군 장교 출신자나 국방부 고위 인사를 영입하는 게 특히 유용하다. 어니 피츠제럴드는 록히드의 C-130 수송기가 개발 비용을 과다하게 썼다는 점을 폭로한 뒤 닉슨 대통령 시절 공군에서 쫓겨난 인물이다. 그는 해고 무효 소송을 냈고, 4년여에 걸친 법정 투쟁 끝에 복직됐다. 지금도 미 국방부에서 근무하고 있는 그는 군부와 군수업계 사이를 오가는 이른바 '회전문'의 내부 작동 원리를 이렇게 설명했다.

군 장교들은 대부분 가족의 생활비가 최고조에 이른 시점에서 전역을 강요 당한다 ― 평균 한두 명의 자녀가 대학에 다니고 있고, 주택 자금 융자도 다 갚지 못한 상황이 대부분이다. 퇴직금으로 먹고 사는 문제야 해결할 수 있지만, 그동안 살아온 것처럼 생활수준을 유지하기엔 빠듯하다. 좋은 대학이 졸업생들의 취업을 알선해 주는 것처럼 각 군 내부에선 퇴직한 장교들의 일자리를 알아봐 주는 걸 의무처럼 여기고 있다. 군이 가장 큰 영향력을 끼칠 수 있는 일자리는 당연히 군수 업체다. 그러니 만약 당신이 부패와 관련 없는 선량한 장교로 점심시간에 술을 마시고 대낮부터 취해 있지는 않을 정도의 품위를 유지해 왔다면, 또 성별이 다른 사무실 동료와 은밀한 관계를 맺거나 하지 않았다면, 그리고 전장에서 경험한 무시무시한 얘기들을 지나치게 떠벌리지 않는 정도의 신중함이 있다면, 당신은 전역을 하자마자 어느 친절한 신사의 전화를 받게 될 것이다. 그는 당신과 마찬가지로 군 출신일 가능성이 높다. 메르세데스-벤츠 같은 고급차를 몰고, 2천 달러가 넘는 고급 양복에 구찌 구두를 신고, 롤렉스 시계를 차고 있을 게다. 그러고는 당신에게 상당한 월급을 받을 수 있는 군수 업체의 좋은 일자리를 제공할 것이다. 하지만 당신이 여기저기 돌아다니며 사람들 정강이나 걷어찼다면, 다시 말해 거대 군수 업체가 저지른 예산 낭비 같은 일을 떠벌리고 다녔다면, 그 '친절한 신사'의 전화를 받을 것으로 기대하기는 어렵다. 아주 단순 명쾌한 이치가 아니겠나.

이른바 회전문은 상대적으로 최근에 시작된 현상이다. 제2차 세계대전 직후만 해도 현역에서 물러난 군 장교들이 곧바로 군수 업체로 자리를 옮기는 경우는 흔치 않았다. (물론 각 군 가운데 최악의 부패상을 보여 온 공군만은 예외였다.) 공직에 있는 동안 얻은 영향력과 정보를 개인적 이득을 위한 일에 활용하는 것은 사회적으로 금기시된다. 하지만 1970년대에 이르면 이런 전통은 깨져 버렸고, 이른바 회전문에 얽힌 얘기들이 국가적 스캔들로 떠오르게 됐다. 이와 관련한 극단적인 사례로 군수 업체 '휴즈 항공'에서 일하다 국방부로 자리를 옮겨 닉슨-포드 행정부에서 국방 연구·기술국장을 역임했던 말콤 큐리를 들 수 있다. 공직에 있는 동안 큐리는 프랑스와 서독이 개발한 롤랜드 미사일을 논란 속에 '국산화'하기로 하고, 자신의 친정인 휴즈 항공과 1억4백만 달러짜리 계약을 맺었다. 계약을 맺은 지 얼마 지나지 않아, 큐리는 휴즈 항공으로 되돌아가 부회장 자리에 올랐다. 부회장으로서 그의 주된 업무 가운데 하나는 롤랜드 미사일의 국산화 과정을 감독하는 것이었다. 또 다른 사례도 있다. 1976년 제너럴다이내믹스는 당시 5년 전부터 시작한 '688급 잠수함' 개발비가 예상치를 초과했다며 추가 경비 지원을 요구했다. 추가 경비 지불 문제는 군 내부에서도 논란이 됐지만, 미 해군은 결국 이 업체에 6억4,200만 달러를 내줬다. 그로부터 불과 몇 년 뒤 추가 경비 지원을 결정했던 당시 해군성 장관은 제너럴다이내믹스의 법률 고문으로 자리를 옮겼다.

피츠제럴드를 비롯한 국방부 개혁론자들의 노력에 따라, 미 의회는 '프록시마이어법'으로 불리는 법안을 통과시켰다. 법안 통과를 주도했던 위스콘신 주 출신 윌리엄 프록시마이어 상원의원의 이름을 딴 이 법안은 국방부 관리들이 군산복합체에서 연봉 2만5천 달러 이상을 받는 직책을 얻을 경우, 이런 사실을 공개 보고하도록 규정하고 있다. 법안 통과 당시 프록시마이어 의원은 이렇게 강조했다. "국민들이 국방부와 군부 고위 인사들이 군산복합체와 결탁해 이득을 챙긴다고 생각하는 것만큼 국방 획득 분야의 신뢰도를 떨어뜨리는 일은 없을 것이다. 하지만 국민들의 이런 의혹은 군부에서 고위직에 머물렀던 이들이 공직을 떠나자마자 자신들의 통제 아래 있던 군수 업체로 자리를 옮기는 현상이 자주 벌어지면서 현실화하고 있다. 그들이 민간인으로서 국방 분야에서 어떠한 이바지를 하더라도, 이런 잘못을 상쇄하지 못할 것이다."

프록시마이어법을 통해 대중들은 이른바 회전문을 통해 누가 어떤 자리로 옮겨 가는지에 대한 기록을 알 수는 있게 됐지만, 옮겨 다니는 것 자체를 막지는 못했다. 미 국방부의 주요 무기 체제 개발 사업은 모두 군 출신 인사들이 관련돼 있다. 노스롭그러먼이 개발한 B-2 폭격기를 예로 들어보자. 한 대당 가격이 20억 달러에 이르는 이 폭격기는 사상 최고로 비싼 군사 장비다. 이 폭격기는 지금은 존재하지도 않는 소련의 방공망을 침투하기 위해 고안됐다. 미 국방부의 한 소식통은 "B-2 폭격기는 사실 국가 안보에 위협이 되는 요소에 대응하려는 차원에서 제작된 게 아니라, 아무 생각도 없는 관료들의 무분별한 일처리와 군산복합체의 엄청난 압력이 만들어 낸 작품"이라고 말했다. 노스롭 쪽에선 B-2 폭격기 제작에 필요한 지원을 받기 위해 세 명의 퇴역 공군 장성을 포함한 군 출신 고위 관계자들을 대거 컨설턴트나 이사로 영입했다. 또 공군성 장관을 지낸 돈 라이스와 국방부 감찰관을 지낸 로버트 헬름, 국방부 법무관 출신의 토고 웨스트 주니어 등도 노스롭의 'B-2 팀'에 참여했다. 특히 토고 웨스트 주니어는 노스롭 관련 로비를 한 뒤 1990년 초반 공직으로 복귀해 빌 클린턴 행정부 시절 육군성 장관을 지내기도 했다.

여타 군산복합체에서도 이와 비슷한 인적 구성을 쉽게 찾아볼 수 있다. 미 육군성 장관 출신 노먼 어거스틴은 1997년까지 메릴랜드 주 베세즈다에 본사를 둔 록히드의 최고 경영자로 일했다. 장성 출신인 로버트 리카시는 이사로 활동했고, 해군성 부장관을 지낸 앨런 팩과 공군 무기 체계 담당관을 지낸 잭 오버스트리트 등은 로비스트로 활약했다.

요즘 들어선 회전문을 통한 군과 군수 업체 사이의 인적 연계를 추적하기가 더욱 어려워졌다. 미 국방부의 요청에 따라 의회가 1996년 2월 조용히 '프록시마이어법'을 폐기했기 때문이다. 이에 대해 데이비 드 림 국방부 윤리국장은 "(프록시마이어법은) 사실 별다른 정보도 없이 인력만 낭비하게 만들었다"고 말했다. (이 법이 폐기된 지 4년여가 흐른 2000년까지 이와 관련된 보도가 나오지 않고 있는 것은 국방 분야에 대한 미국 언론계의 보도 현실을 보여 주는 서글픈 사례다.)

미 국방부는 프록시마이어법에 따른 기록 가운데 1992~1995년 내용을 제외한 모든 자료를 숨기고자 노력했다. 그나마 메릴랜드 주 수틀랜드 국가기록보관소에서 일곱 개의 큰 상자에 담아 보관 중인 자료를 보면, 1992~1995년 모두 3,288명이 이른바 회전문을 거쳐 갔다. 이 가운데 2,482명은 대령급 이상 고위직이다. 이들 자료를 들여다보면, 미 국방부가 왜 그토록 프록시마이어법 폐기를 원했는지를 알 수 있다. 직업윤리에 위배되는 이해들이 충돌하는 경우가 쉽게 눈에 띄기 때문이다. 예비역 공군 중장 고든 포넬은 1993년 전역한 지 15개월 만에 사익과 버지니아 주에 본사를 둔 무기 중개업체 '사이프레스인터내셔널' 등 열 개 군수 업체와 자문 계약을 맺었다. 예비역 중장 존 재퀴시는 공군 획득 담당 선임 부차관보를 지낸 뒤 1993년 9월 1일 예편했다. 같은 해 11월 1일 그는 그러먼과 록웰, '보트' 등 군수 업체의 컨설턴트로 일하기 시작했다. 그로부터 석 달 뒤에는 '리턴'과 록히드와도 컨설턴트 계약을 맺었다. 이 모든 자문 업무에 대해 그는 업체당 2만5천 달러 이상의 연봉을 받았다. 해군 제독 출신으로 1991년 3월 1일까지 미 태평

양 함대 사령관으로 근무했던 헌팅턴 하디스티는 전역한 지 채 2년도 안 돼 여섯 개 군수 업체와 자문 계약을 맺었다. 이 가운데 네 개 업체는 타이완에 무기 및 군사 장비 수출을 위해 로비를 했다.

첨단 기술 업체인 사익은 미 국가안보국(NSA)의 암호 해독 업무와 중앙정보국의 정보 자료 분석 소프트웨어 개발 사업은 물론, 이른바 '별들의 전쟁' 계획 및 미국의 핵 정책 분야와 관련된 각종 사업에 참여하고 있다. 이 회사는 모두 198명의 퇴역한 군 고위 장교나 국방부 고위 인사에게 일자리를 제공하고 있다. (이 회사의 이사진 명단에는 국방장관 출신인 윌리엄 페리와 멜빈 레어드, 중앙정보국장을 지낸 존 도이치와 로버트 게이츠 등이 포함돼 있다.) 이 회사의 뒤를 이어 록히드(168명)와 보잉(71명), 노스롭그러먼(62명), 레이시온(56명) 등이 군 및 국방부 고위직 출신 인사를 상당수 확보하고 있다.

이들 업체에 비해 잘 알려지지 않은 회전문의 단골손님으로 버지니아 주 알렉산드리아에 본사를 둔 자문 회사 '스펙트럼'을 꼽을 수 있다. 이 회사의 중역 가운데 18명은 군이나 국방부 고위직 출신이다. 이 회사는 잠재 고객들에게 돌린 소개 책자에서 자기 회사의 '팀'에는 해군 제독이나 장성급 출신 인사가 십여 명에 이르며, 이들이 보유하고 있는 "(국방부) 내부 절차 및 체계에 대한 지식은 타의 추종을 불허 한다"고 자랑스럽게 적고 있다. 미 해군에 재충전이 가능한 비행기용 배터리를 납품하고 있는 '넥스트센츄리파워'라는 업체의 대표 마크 굿프렌드는 스펙트럼이 "(군사기술) 연구 자금을 확보하고, 국방부 획득 업무에 참여할 수 있도록 하는 데 막대한 도움을 줬다"고 말했다.

스펙트럼은 1994년 사업을 시작했는데, 내부 자료를 보면 첫 해

28만7,648 달러에 불과했던 이 회사의 수입이 1998년에는 250만 달러까지 치솟았다. 또 이 회사가 19개 고객사를 위해 활동한 내역이 적힌 비밀문서를 보면, 전체 고객사 가운데 한 곳을 빼고는 모두 미 국방부와 관계를 맺거나 계약을 따 내기 위해 스펙트럼과의 계약을 연장했다. 심지어 스펙트럼이 직접 나서서 고객사를 위한 예산이 예산안에 편성되도록 만들었다고 주장하는 사례도 있다.

스펙트럼은 의회의 환심을 사기 위해 온갖 노력을 기울이고 있다. 육군 장교 출신인 이 회사 래리 아이레스 정부 관계 담당 부사장은 다른 회사 중역진에게 보낸 편지에서 "보좌진을 통한 개별 의원들과의 의사소통 능력은 스펙트럼이 의회에서 성공을 거두는 데 있어 무엇보다 중요한 점"이라고 강조했다. 그는 "의원 보좌진들과 만나, 안면을 익히고, (지역구나 출신 주에서 사업을 하고 있는) 고객사를 위해 우리가 무슨 일을 하는지 알리고, 이에 대한 그들의 흥미를 유발시키는 게 내가 해야 할 일이 될 것"이라고 덧붙였다. 의회 접근력을 보다 높이기 위해 스펙트럼은 1998년 3월 (회사 차원에서 정치자금 모금이 가능하도록) 자체 정치활동위원회(PAC)를 설립했다. 곧이어 스펙트럼은 던컨 헌터, 아이크 스켈턴, 커트 웰던, 빌 영 등 하원 국가안보회의 소속 의원들과 상원 공화당 원내총무 트렌트 로트 의원의 정치자금 모금 행사를 열었다.

그렇지만 스펙트럼의 최대 강점은 이 회사와 미 국방부의 끈끈한 관계다. 한 내부 메모를 보면, 스펙트럼이 어떻게 한 고객사를 도와 "국방부 내부에서 좋은 평판을 얻도록" 했는지에 대한 설명이 나와 있다. 또 다른 내부 메모에는 "국방부 고위층과 탁월한 인간적 교류"를 하고 있는 자사 임직원들에 대한 자랑으로 가득하다. 이런 임직원들 가운데 지난 1997년 중반까지 원호청장을 지낸 뒤 퇴직해 같은 해 9월 스펙트럼과 인연을 맺은 제시 브라운도 당연히 포함돼 있을 것이다. 그가 이 회사에서 일하기 시작한 뒤 중역 회의에서는 브라운이 불과 얼마 전까지 자신이 청장으로 일했던 원호청을 상대로 어떻게 '기회'를 살릴 수 있을까에 대한 논의가 처음으로 이뤄졌다.

미 국방부가 애리조나 주에 있는 군 기지 몇 곳을 폐쇄하려는 계획을 세우자, 애리조나 주정부는 스펙트럼을 고용해 기지 폐쇄를 막아 줄 것을 요청했다. 이 회사는 공군 장성 출신 제임스 데이비스에게 이 업무를 맡겼는데, 그는 1995년 당시 하원의장이던 뉴트 깅그리치가 소집한 '군기지폐쇄및재편성' 위원회에서 활동한 인물이다. (이 회사는 홍보 책자에서 자사가 국방부가 폐쇄하려던 기지 가운데 11곳을 구해 냈다고 주장했다.) 스펙트럼은 또 미 공군이 보유하고 있는 '맥도넬-더글라스'가 생산한 항공기 엔진 수리 계약을 '델타에어라인'이 따 낼 수 있도록 공군 대령 출신 폴 맥마너스를 투입하기도 했다. 공교롭게도 맥도넬-더글라스 역시 당시 스펙트럼의 고객사였기 때문에 큰 도움이 됐다. 당시 이 회사 내부 메모를 보면 "공군 참모총장은 물론 공군 군수사령관에게도 델타 쪽의 얘기가 성공적으로 전달됐다"고 적혀 있다.

국방부와의 긴밀한 관계를 통해 스펙트럼은 고객사의 상품 — 그럴 만한 가치가 없는 것도 종종 있다 — 이 경쟁 우위를 확보할 수 있도록 해 준다. 주 방위군 산하 항공방위군(ANG) 단장을 지낸 존 코너웨이는 록히드 업무를 맡았는데, 그가 스펙트럼에서 일하는 동안 록히드는 항공방위군을 대상으로 상당한 실적을 올릴 수 있었다. 코너웨이는 록히드가 항공방위군에 'AL-56M 레이더 시스템'을, 해군에는 '디지털 정찰 시스템'(ATARS)을 각각 판매하도록 지원했다. 이들 두 가지 장비 모두 상당한 문제점을 안고 있는 것으로 알려져 있다. 무기 체계 성능 실험 평가 업무와 관련된 한 소식통은 'AL-56M 레이더 시스템'이 성능 시험 도중 민간 공항의 레이더를 적국으로부터 오는 위협으로 인식하는 가 하면, 가짜 경고 신호에 계속적으로 반응을 보였다고 전했다. '디지털 정찰 시스템'은 정찰을 마치고 귀환하는 동안, 임무를 수행하면서 수집 한 화상 정보를 데이터 연계망을 통해 전송함으로써 필름으로 인화할 필요 없이 실시간으로 정보를 제공하도록 돼 있다. 하지만 시험 결과 성능이 워낙 떨어지는 걸로 나타나, 애초 이 시스템을 구입하기로 했던 공군은 결국 방침을 바꾸고 말았다.

이들 시스템보다 훨씬 말도 안 되는 성능을 보였음에도 스펙트럼 이 판촉에 나선 대표적 장비로 캘리포니아에 본사를 둔 '에어로제트'가 생산한 '장갑차 감지 및 파괴'(SADARM) 프로젝트 체계를 들 수 있다. 에어로제트가 이 무기 체계 판매를 위한 "국방부의 지지를 끌어낼 수 있는 전략"을 개발하도록 지원하기 위해 스펙트럼은 해군 중장 출신의 스티븐 로프터스와 육군 중장 출신으로 1992년 전역하기 전까지 무기 획득 담당 보좌관을 지낸 거스 시앤시올로를 내세웠다. 장갑차 감지 및 파괴 프로젝트는 155㎜ 곡사포로 발사한 탄두에서 두 개의 미니 탄두가 배출되고, 이들 미니 탄두가 각각 낙하산을 이용해 고도를 낮춰 가면서 열 감지기로 위치를 파악해 적의 장갑차를 파괴하도록 고안된 무기 체계다. 에어로제트의 줄리 로베그노 대변인은 "감지기 기술이 믿기지 않을 정도로 탁월한 제품"이라고 한껏 목소리를 높였다.

하지만 로베그노 대변인의 주장에 수긍하는 이들은 많지 않다. 이 무기 체계는 개발 시한을 몇 년이나 넘기고 있는데다, 애초 상정했던 예산을 일찌감치 초과했고, 성능 시험 과정에서 수많은 문제점이 노출됐다. 에어로제트 쪽은 고도를 낮추는 과정에서 미니 탄두 두 개가 서로 충돌하는 원인을 밝혀 되풀이되던 문제를 해결했다고 주장하고 있다. 하지만 국방부에서 근무한 경험이 있는 한 소식통은 장갑차 감지 및 파괴 프로젝트의 감지기 기능이 절망적인 수준이며, "억세게 운이 좋은 경우"가 아니고는 미니 탄두가 목표물에 적중할 가능성이 없다고 말했다. 이 소식통은 "장갑차와 바비큐 그릴을 구별하지 못할 정도로 감지기 성능이 좋지 않다"며 "적군은 그저 바비큐 그릴을 길거리에 늘어놓기만 해도 장갑차를 보호할 수 있을 것"이라고 덧붙였다.

미 하원은 1991년 장갑차 감지 및 파괴 프로젝트를 중단시키기로 결정했지만, 하원에서 이 프로젝트를 살려 냈다. 이후에도 성능 시험이 실패로 돌아가면서 1994년 하원은 관련 예산을 대폭 삭감했다. 이듬해 미 의회 일반회계국은 이 무기 체계가 "작전 요구 사항을 충족시킬 수 없다"는 결론을 내렸다. 그럼에도 마치 무덤에서 부활하는 흡혈귀처럼 장갑차 감지 및 파괴 프로젝트의 수명은 이어졌다. 육군은 1999년 회계연도에 이 프로젝트 예산으로 5,650만 달러를 요청했으며, 스펙트럼의 막강한 지원을 등에 업은 에어로제트는 해군에도 이 무기 체계 판매를 시도하고 있다.

미 국방부의 몇몇 특정 부서에서 일했다면, 퇴직에 앞서 어니 피츠제럴드가 언급한 '친절한 신사'의 전화를 받을 가능성이 거의 확실하다고 할 수 있다. 이런 부서 가운데 대표적인 곳으로 미 정부의 무기 수출 (FMS) 업무를 담당하는 국방안보협력청을 들 수 있다. (1장에서 '국방안보 협력청'에 대한 내용을 자세히 다룬 바 있다.) 닉슨 및 포드 행정부에서 국방 안보협력청장을 지낸 예비역 중장 하워드 피쉬는 다른 전임 청장과 마찬가지로 대상을 가리지 않고 무기 국외 판매에 열을 올린 인물이다. 피쉬는 1976년 미 의회가 마련한 '무기수출통제법'의 규제 조항을 악화 시키는 데 결정적인 역할을 했다. 애초 법안에선 무기 수출 총량에 대한 상한선을 두는 한편, 무기 수출 대상국의 인권 상황을 고려해 의회에서 수출을 금할 수 있는 권한을 가지는 조항이 담겨 있었다. 피쉬는 샤 왕조 아래의 이란과 여타 중동 국가에 무기를 수출하는 데 깊숙이 개입 해 왔다.

국방부 근무 경력은 1978년 공직 은퇴를 앞둔 피쉬에게 완벽한 이력서를 갖추도록 해 줬다. 그는 공직에서 물러난 직후 군수 업체인 '엘티브이'(LTV)에서 일하기 시작했는데, 퇴직한 지 불과 몇 달이 지나지 않아 말레이시아로 날아간 그는 이 업체가 만든 A-7 전투기 홍보에 열을 올렸다.

이후 그는 군수 업체 '로럴'의 국제 영업 책임자로 자리를 옮겼으며, 1980년대 말에는 군수산업계가 공동으로 후원하는 '미국 수출·안보 지원 연맹'(ALESA) 총재로 활동하기 시작했다. 연맹 활동 당시 피쉬의 주요 임무는 중동 지역에 대한 무기 수출을 촉진시키는 일이었다. 특히 피쉬가 개인적으로 친분이 두터운 사우디아라비아가 주요 수출 대상국 이었다. (그는 자신의 사무실 책장에 사우디아라비아의 파드 국왕 사진을 진열 해 놓기도 했다.) 지난 1989년 피쉬는 당시 합참의장이던 존 수누누와 안보 보좌관이던 브렌트 스코우크로프트 등을 만나 아랍 각국에 최첨단 탱크와 초음속 전투기 등을 판매하도록 (아버지) 부시 행정부를 설득해 내는 데 성공했다.

'미국 수출·안보 지원 연맹'의 활약상이 가장 잘 보여 주는 사례로 1990년대 초반 군수업계의 요청에 따라 '미들이스트액션그룹'(MEAG)을 결성해 당시 사우디아라비아 정부와 논의 중이던 (무기 수출) 계약을 맺도록 (미국 정부에) 압력을 행사했던 일을 꼽을 수 있다. 미들이스트액션그룹에는 피쉬 외에도 유대교 랍비 출신으로 미국 유대인 공동체와 긴밀한 관계를 맺고 있는 레이건 행정부 국방 차관보 출신 도브 자크하임도 참여했다. 이 밖에 (아버지) 부시 정권에서 국가안보국 중동 담당 국장을 지낸 산드라 샤르크즈클스와, 미국 주재 사우디아라비아 대사를 오랫동안 지내며 반다르 왕자와의 친분 때문에 군수업계에서 상당한 호감을 얻고 있던 공군 장교 출신의 로버트 라일랙 등이 그룹에 합류했다.

1997년 '미국 수출·안보 지원 연맹' 회장직에서 물러난 피쉬는 록히드마틴의 컨설턴트로 변신했다. 동시에 국방부의 정책자문위원회 위원직을 맡아 국제 무기 거래 분야에 대해 자문을 하는 등 미국 무기의 수출과 관련해 지속적으로 영향력을 행사했다. 그는 1999년 봄 국방부와 군수업계가 공동으로 마련한 오찬에 참석해 쓸데없는 관료주의 때문에 무기 수출 길이 막히고 있다고 불만을 토로하기도 했다. 그는 자신이 국방안보협력청에서 근무할 때만 해도 군수 업체가 스스로 특정 무기 체계에 대한 수출허가서를 직접 승인할 수 있도록 하는 이른바 '골드카드' 관행이 있었다고 말했다. 그는 "당시엔 군수 업체가 직접 수출허가서를 만든 뒤 국방부에는 보고만 하면 됐다"며 "만약 군수 업체가 잘못을 저지르면 국방부에서 엄중 문책했으며, 지금도 이 같은 방식을 활용해야 한다"고 강조했다.

피쉬의 퇴직 이후 경력은 국방안보협력청장 출신자들이 현직에서 물러난 뒤 밟게 되는 전형적인 행적에 다름 아니다. 1971년 이후 국방안보협력청장을 지낸 열 명 가운데, 아홉 명이 퇴직 뒤 군수 업체에서 활동했다. 예비역 중장 테디 앨런은 1993년 국방안보협력청장 직에서 물러난 다음날부터 군수 업체 '휴즈'의 컨설턴트로 일하기 시작했다. 미국 무기 수출(FMS)의 주요 대상국인 이집트에 대한 자문을 해 주는 게 그의 임무였다. 이어 불과 몇 달 뒤에는 군수 업체 '에이이엘'(AEL)과 컨설턴트 계약을 맺었다. 그는 무기 수출과 관련해 "자문과 지도" 업무를 맡는 한편, "주요 고객들에게 추천을 해 주거나 (업체에 대해) 소개를 해 주는" 역할을 수행했다. 지난 1990년 국방안보협력청장에서 물러난 예비역 중장 필립 개스트는 현재 자문 업체 '버더쇼'의 부회장으로 활약하고 있다. 이 회사는 "세계 군수 시장과 정부 차원의 군수 획득 분야에서 고객사가 경쟁력을 확보하고 계약을 따 낼 수 있도록" 지원해 주는 것을 주 업무로 삼고 있다. 해군 삼성장군 출신의 레이 피트는 1974년 국방안보협력청장을 지낸 뒤 은퇴해 군수 업체 '텔레다인라이언'의 국제 담당 부회장을 지냈으며, 이 밖에 여러 군수 업체에서 자문 업무를 맡았다.

1978~1981년 국방안보협력청장을 지낸 예비역 중장 어니스트 그레이브스는 공직에서 물러난 뒤 군수업계에 발을 들여놓지 않은 유일한 인물이다. (물론 특정 회사에 고용되지 않은 상태에서 몇몇 프리랜스 자문

업무를 맡기는 했다.) 은퇴 뒤 미 조지타운 대학에 딸린 국제전략문제연구소(CSIS)에서 군사 문제 분석가로 활동하고 있는 그레이브스는 무기 국외 판매를 위해 그에게 일자리를 제의해 온 군수 업체가 두 군데 있었지만, 거절했다고 말했다. 그는 "공직에 있는 동안 다져진 인간관계를 상업적으로 활용하는 것이 그다지 바람직하게 느껴지지 않았다"고 말했다.

업계의 수많은 이익집단과 함께 육군협회, 공군협회, 해군연맹, 해병연맹 등 각 부문별 군 출신자들이 만든 재향군인협회는 눈에 잘 띄지는 않지만 미 국방부의 무기 획득 분야에서 각별한 역할을 수행하고 있다. 이들 부문별 군 조직은 국방 예산 확충과 자기 출신 군의 역할 확대를 소리 높여 외치는 한편 업계 관계자와 정부 관료들이 스스럼없이 만나 허심탄회하게 얘기를 나눌 수 있는 편안한 자리를 마련하기도 한다. 현역에서 물러난 뒤에도 국방 분야에서 여전히 일정한 역할을 하고 싶어 하는 (동시에 충분한 여가 시간을 가지고 골프나 즐기고 싶어 하는) 이들에게는 각 군별 예비역 조직이 안성맞춤이다.

이들 재향군인 조직은 현역 및 예비역 하사관급 이하 회원들을 다수 확보하고 있다고 강조하지만, 실제로 이들의 활동 비용 대부분은 군수업계가 지원하고 있다. 이런 현실은 각 재향군인 조직이 내걸고 있는, 때로 불합리해 보이기까지 하는 대정부 요구 사항에서 단적으로 드러난다. 지난 1998년 국방 예산안을 놓고 미 의회에서 치열한 공방전이 벌어지자, 육군협회 회장이던 예비역 장성 고든 설리번은 합참에서 요구했던 것보다 두 배나 많은 3백억 달러의 추가 국방 예산을 요구하고 나섰다. 설리번은 국민총생산 대비 5퍼센트의 국방 예산을 확보하는 게 가장 이상적이라는 주장을 내놓기도 했다. 이는 1999년 기준으로 4,330억 달러에 해당한다. 그는 당시 『아미타임스』에 보낸 기고문에서 이렇게 강조했다. "한 국가의 역사를 보자면, 언제고 그 나라의 국가 정책에 대한 도전의 시기가 찾아오기 마련이다. 지금이 바로 그런 때다. [⋯] 국민총생산 대비 3퍼센트의 국방비는 턱없이 부족하다는 점을 깨달아야 한다. [⋯] 세계가 혼돈 속의 위험에 빠질 수 있는 가능성이 있으며, 새로운 위협이 코앞에 다가서 있다. 사담 후세인, 김정일, 오사마 빈 라덴 같은 포악한 자들이 도처에 도사리고 있다."

다른 예비역 군 조직과 마찬가지로 미 육군협회는 회원들에게 국방부와 긴밀한 관계를 유지할 수 있도록 해 주겠다고 밝히고 있다. 이 단체가 군사 전문지 『디펜스뉴스』에 내놓은 '기업 회원' 모집 광고를 보면, 육군 정책 당국자 및 정부 고위 인사들과 "대면 접촉"을 할 수 있도록 해 주겠다는 내용이 들어 있다. 또한 특별 행사를 통해 "화기애애하고 생산적인 분위기 속에서 (국방부 당국자들과) 국방 정책과 향후 계획 및 프로그램에 대해 토론할 수 있는 독특한 기회를 제공할 것"이라고 밝히고 있다. 2백여 항공업체 및 군수 업체가 참여하고 있는 미 공군협회에서도 '기업 회원'들에게 "공군 및 국방부 최고위층과의 접촉 기회"를 제공하고 있다.

업계 이익집단 가운데 가장 중요한 집단으로 항공우주산업협회 (AIA)와 전미국방산업협회 등 두 단체를 꼽을 수 있다. 항공우주산업협회는 레이건 행정부 당시 국가 안보 프로그램 담당자를 지낸 존 더글라스가 회장을 맡고 있다. 민간 (군수) 업체를 대표하는 '최고의 조직'임을 자부하는 국방산업협회는 예비역 중장 출신의 로렌스 스키비가 회장으로 활동하고 있다. 9백여 기업 회원과 2만5천여 개인 회원을 거느린 국방산업협회는 "국방 정책 결정 과정에서 군수업계에 대한 배려가 이뤄질 수 있도록" 하는 것을 활동 목표로 삼고 있다. 이 단체는 지난 1999년 10대 과제로, 새로운 무기 체계 개발을 위한 예산 증액과 기업의 연구 개발 비용에 대한 세금 혜택, 탄도미사일방어(BMD) 계획의 조속한 진행, 미국 기업이 국제 군수 시장에서 '공정한 경쟁이 이뤄질 수 있도록' 수출 관련 정책의 개선 등을 내놓았다. 국방산업협회는 특히 정책 개선을 최우선 과제로 삼고 있다. 이와 관련해 협회는 성명을 내어 이렇게 주장했다. "국내 군수 시장이 퇴조를 보이는 시점에서 무기 수출은 대단히 중요한 역할을 수행하고 있다. 국외시장이 국내시장을 대체할 수는 없겠지만, 적어도 국내 군수 시장의 급격한 몰락은 막을 수 있다. 또한 수출 물량 확보를 위해 주요 무기 체계와 부품의 생산 라인을 유지할 수 있는 장점도 있다. 이를 통해 국가 안보에 기여함은 물론 군수업계의 기반을 유지하고, 나아가 업계 숙련공들의 일자리를 보호하는 효과를 거둘 수 있다."

1999년 4월 스키비는 국방산업협회가 펴내는 월간 『내셔널디펜스』에 쓴 칼럼에서 옛 소련의 몰락을 한탄하기도 했다. 그는 "우리 대부분이 안보 노력에 집중할 수 있는 단일한 거대 위협이 사라지면서 발생할 수밖에 없는 위험성을 전혀 인식하지 못했다"며 "이제 우리는 수많은 작은 위협에 직면해 있으며, 이를 막아 내기 위한 노력에 힘과 자원을 집중하기도 대단히 어려운 상황에 처해 있다"고 적었다. 스키비는 또

군수업계가 탄저균에서 북한에 이르는 수많은 국가 안보 위협에 대해
공세적으로 대중을 설득하려는 노력을 보이지 않고 있다고 비판했다.
그는 "이들 위험에 대한 우려와 함께 새로운 전쟁의 시대에 급격히 최전
선화 하고 있는 미국 본토에 대한 방어 전선을 하루 속히 구축하는
것이 얼마나 중요한지에 대해 자기 지역구 출신 의원들에게 충분히
전달하는 게 필요하다"고 회원들에게 역설했다.

국방산업협회는 풀뿌리 로비 조직을 동원해 스키비의 이 같은 주
장을 행동으로 옮기기 시작했다. 이 단체는 우선 북서부 태평양 연안
지역에서 동부 뉴잉글랜드 지역까지 미국 전역에 있는 34개 지부를
통해 "의회에서 심의 중인 국방산업에 중대한 의미를 갖는 법안에 대해
지역구 의원들에게 알리자"는 캠페인을 벌여 나갔다. 또 산하 정부정책
자문위원회(GPAC)를 통해 "정부와 군수업계가 미국의 국가 안보 정책과
업계의 이익에 관련해 공통의 관심사에 대한 관점과 정보를 교환하는
효과적인 수단"으로 작용했다. 의회 회기 중에는 격주 화요일 아침마다
산하 입법정보위원회 모임을 열기도 했다. 1999년 당시 위원회 의장을
맡은 노스롭그러먼의 짐 리티그가 모임을 주재했으며, 명망 있는 의원
이나 국방부 고위 인사들이 초청 연사로 참여했다. 이 밖에도 국방산업
협회는 산하 군수품획득위원회를 통해 "협회 회원들에게 정부 내부 절
차 전반에 대한 완벽한 접근권"을 보장했으며, "주요 획득 절차 관련
내규에 대한 평가와 상세한 설명을 듣는 한편 회원들에게 업계-정부
간 임시 위원회에 참여할 수 있는 기회"를 제공하기도 했다.

『내셔널디펜스』에 실린 또 다른 기고문에서 스키비는 국방산업협
회가 "국방부로부터 지속적인 지원과 참여를 요청받고 있다"고 말했다.

이런 요청에 부응하기 위해 이 단체 회원들은 의회 청문회에 출석해 "국방 현대화"의 필요성에 대해 증언하거나, 전장에서 군수 업체를 어떻게 활용할 것인지에 대한 자문위원회를 구성하기도 했다. 또 공군의 '획득 업무 지휘관 회의'에 참석하거나, 해군을 위해 미 전역을 돌며 소규모 회의를 열기도 했다. 이 밖에도 군수 업체의 수출 경쟁력 강화를 위한 대책위원회에 참여해 미국 업체가 제작한 무기 체계를 수입하는 나라에 대해선 미국 정부가 대출금 지급보증을 서 주는 것을 뼈대로 한 '국방수출차관보장' 프로그램에 대한 지지를 이끌어 내기도 했다.

국방산업협회와 국방부 사이의 돈독한 관계는 1999년 6월 버지니아 주 알렉산드리아의 힐튼 호텔에서 열린 '국방안보협력의 날' 행사에서 쉽게 확인할 수 있었다. 국방산업협회와 국방안보협력청이 공동 주최한 이날 행사는 오전 6시 커피와 패스트리, 과일을 곁들인 공동 조찬으로 시작됐다. 행사장에 제일 먼저 도착한 이들 가운데는 당연히 하워드 피쉬도 끼어 있었다. 당시는 코소보에서 전투가 최고조에 이르는 시점이었다. 한 행사 참가자가 발칸반도에서 얼마나 많은 폭탄이 사용됐는지를 묻자 피쉬는 쾌활한 목소리로 "글쎄요, 아마 상당히 많은 양을 새로 만들어야 할 겁니다"라고 말했다. 피쉬는 자신이 국방안보협력청장으로 재직하던 시절 간여한 수많은 비밀 무기 거래에 대해 회상하기도 했다. 그는 눈을 반짝이며 경험담을 들려줬다. "당시엔 대령 한 명이 내게 필요한 모든 정보 관련 업무를 전담했었다. 이름이 딕 시코드였는데, 나중에 이란-콘트라 사건으로 곤욕을 치르기도 했다. 내게 미리 말을 했다면 문제를 해결해 줄 수도 있었는데, 그가 이를 숨겼기 때문에 도와줄 방도가 없었다."

당시 행사장에서 군수 업체 레이시온의 획득 정책 담당 선임 부사장인 존 킬스는 정책연구소(IPS) 신분증을 달고 있던 (내 절친한 동료) 대니얼 버튼로즈에게 다가와 말을 걸기도 했다. 그는 당시 워싱턴 정가를 달구고 있던 이른바 '콕스 보고서'와 관련해 중국 전문가를 찾고 있었다. '콕스 보고서'는 중국 정부가 미국의 핵무기 관련 비밀 정보를 모두 빼 갔다고 주장하는 내용을 담고 있다. 보고서가 공개된 뒤 미의회에선 온갖 반중국 입법안이 쏟아지고 있었는데, 이를 두고 킬스는 이렇게 말했다. "정책에 영향을 끼치는 외부적 요인에 대해 정보를 모으고 있다. 이를 통해 안보와 경제적 이해관계에 균형을 맞출 수 있는 방법을 찾아 의원들이 과잉 반응을 못하도록 만들 필요가 있다."

이날 행사에는 현직 국방안보협력청장인 마이클 데이비슨 중장도 참석했다. 인권 상황이나 지역 안보가 무기 판매 여부를 결정할 때 중요한 고려 사항이 되느냐는 질문에 데이비슨은 "그런 내용은 국무부 소관 사항"이라고 잘라 말했다. 반대로 인권이나 지역 안보에 대한 우려 때문에 국무부나 의회가 무기 수출 허가를 보류해 수입국 정부가 불만을 토로할 경우엔 어떻게 하느냐고 다시 물었다. 데이비슨은 실제로 일부 무기 수입국 정부에서 그런 문제가 심각하다고 말했다. 그는 터키를 예로 들며, "터키 정부는 미국 정부가 자국의 인권 상황을 실제보다 열악한 것으로 판단하고 있으며, 적절한 시점에 구매하기로 한 무기를 제공하지 않고 있다는 불만을 내놓고 있다"고 말했다.

이날 공식 회의가 시작되자 안보협력청의 다이애나 헬보슨은 참석자들에게 "여기 취재진들이 와 있다는 사실을 명심하라"며 "여러분이 하는 발언이 언론을 통해 외부로 알려질 가능성이 높다"고 경고했다.

하지만 이는 쓸데없는 경고였다. 행사장에 모여든 4백여 명의 참석자들은 거의 모두 업계나 정부 관계자, 각종 관련 정부 기관이나 미국산 무기를 구매하는 나라에서 온 대표단들이었다. 군수업계 소식지 기자 한두 명을 제외하고는 언론이나 관련 연구소에서 온 연구자조차 없었다. (물론 대니얼 버튼로즈는 예외다.)

이날 행사가 마련된 배경에는 무기 수출 업무가 지나치게 관료화되어 구매자의 요구에 부응하지 못하고, 업무 처리에 드는 시간도 너무 길다는 업계와 안보협력청의 공통 인식이 자리를 잡고 있다. 무기 구매국들도 이에 동의했다. 영국 국방부에서 군수 획득 업무를 맡고 있다는 켄 페루는 이렇게 말했다. "이제 무기 구매국들도 나름의 구매 기술을 터득하고 있다. 이들은 구입한 무기를 자국 내에서 자체 생산할 수 있는 역량을 확보하고 싶어 한다. 더 이상 업계가 판매할 수 없는 무기 체계를 정부 차원에서 판매할 수 있다고 생각해선 안 된다. 이제 국제시장에서 성공하려면, 판매국 정부도 좀 더 고객의 입장에서 생각하고 움직여야 한다."

가장 먼저 이 문제를 거론하고 나선 것은 데이비슨이다. 그는 안보협력청이 좀 더 효율적으로 업무를 수행할 필요가 있으며, 이를 위해선 다음과 같은 노력이 필요하다고 강조했다. "외부 지원의 중요성을 깨달아야 한다. 새로운 아이디어가 필요하다. 이런 일들은 공동의 노력을 통해 이뤄질 수 있다. 정부와 업계, 고객의 요구가 하나로 모아져야 한다." 그의 발언이 끝난 뒤 몇몇 미 국방부 관계자들의 연설이 꼬리를 물었다. 이어 행사 참가자들은 여러 소그룹으로 나뉘어 본격적인 토론에 들어갔다. 구매국 쪽 심사원단에는 영국·싱가포르·스위스·남아프리카 공화국·요르단 등지에서 온 대표단이 미국 정부의 무기 국외 판매 정책의 긍정적인 측면과 부정적인 측면에 대해 토론을 벌였다. 워싱턴 주재 요르단 대사관 무관인 하마드 사리아는 전체적으로 긍정적인 평가를 내리면서도, "(전쟁 기간 동안) 요르단은 미국산 무기와 탄약을 구입해야 할 급박한 상황에 처한 경우가 몇 차례 있었지만, 미국 정부의 대응이 너무 느렸다"는 불만을 털어놨다. 싱가포르 정부의 획득 담당 참사관 존 웡은 보다 분명한 어조로 이렇게 말했다. "미국은 지난 30년 동안 싱가포르의 군사력 건설에 큰 도움을 줬다. 국방안보협력청을 비롯한 모든 분야에서 엄청난 지원을 받았으며, 싱가포르 정부는 이에 대해 감사하고 있다."

유나이티드테크놀로지와 제너럴다이내믹스, 레이시온, 리턴, 보잉 등 업계 관계자들은 "실무적 동반자 관계 구축"을 위한 심사원단을 구성하고 토론에 나섰다. 공통 관심사는 역시 군수 업체가 미 정부의 더 많은 지원을 필요로 하고 있다는 점이었다. 보잉의 부사장인 로버트 잉거졸은 코소보 전투가 변화한 안보 환경에 대한 값진 교훈을 줬다고 지적했다. 그는 "무기 수출 과정이 여전히 냉전 시절의 인식에 사로잡혀 있다"며 "각종 규제 조항에 막혀 적절한 시간 안에 무기 수출을 마무리 짓기는 거의 불가능하다"고 말했다. 잉거졸은 "이제는 무력 분쟁이 예전처럼 장기간 지속되는 경우가 흔치 않다"며 "이에 따라 신속성이 생명이 됐는데, 택배 회사가 하루면 배달을 마칠 수 있는 경우에도 무기 수출 업체는 각종 규제 조항에 막혀 훨씬 오랜 시간을 소비할 수밖에 없다"고 주장했다.

이어 발언에 나선 유나이티드테크놀로지의 워싱턴 지사장 스티브

델프는 새로운 아이디어를 내놨다. "무기 거래가 미국 외교정책의 필수 구성 요소로 자리를 잡은 상황"인 만큼 정부가 적어도 수송비 정도는 부담을 하는 방안을 검토할 때가 됐다는 것이다. 그는 "무기 구매국들은 자기 몫을 지불할 준비가 돼 있고, 군수업계도 자기 몫을 지불하고 있는데, 정작 정부는 '안보 지원'을 위해 과연 무엇을 내놓고 있는지 따져볼 필요가 있다"고 주장했다. 하지만 그는 미 정부가 이미 무기 수출에 대한 보조금으로 해마다 수십억 달러를 업계에 지원하고 있다는 사실은 전혀 언급하지 않았다.

이날 행사를 통해 만들어진 우정과 협력의 정신을 기리기 위해, 국방안보협력청은 이른바 '무기 및 군사기술 이전 백서' 초안을 만들어 참석자들에게 배포했으며, 읽어 본 뒤 제안할 것이 있으면 국방부 쪽에 전달해 달라고 당부했다. 안보협력청은 '백서' 초안에서 "미 군수업계와 외국의 무기 구매자들은 무기 및 군사기술 이전 업무, 비밀로 묶인 정보에 대한 공개와 관련해 미국 정부의 절차에 여러 가지 문제가 있다는 데 의견을 같이 했다"며 "이 백서를 통해 자주 거론되는 문제점들에 대해 살피고 이를 해결할 수 있는 방법을 제시해 보고자 한다"고 적었다. 백서 초안이 언급하고 있는 이른바 '문제 해결 방법'은 미 군수업계의 희망 사항을 목록으로 정리한 것에 다름 아니었다. 백서에는 무기 수출 허가 심사 기간 단축과 함께 "위험도가 낮아졌거나 쉽게 구할 수 있게 돼 더 이상 통제를 할 필요가 없거나 통제가 불가능한 무기 체계와 군사기술을 명확히 밝히라"는 등의 요구 사항이 담겨 있다.

행사가 끝난 지 불과 몇 주 만에 군수업계 관계자들은 '백서'가 제안한 '개혁안'이 관철될 수 있도록 로비를 벌이기 시작했다. 항공우주산업협회와 국방산업협회가 이를 주도했음은 물론이다. 항공우주산업 협회는 특히 무기 수출 허가 과정을 민간에 맡길 것을 촉구하는 한편, '군수물자통제목록'에서 일부 품목을 해제시켜 줄 것을 요구하고 나섰다. 미국 정부는 우선 수출 허가 절차를 보다 빠르게 하기 위해 여덟 명의 직원을 늘리는 데 합의했다.

1999년 초반 예비역 장성 출신인 알렉산더 헤이그는 분주한 모습을 보였다. 그해 2월 그는 서울에서 열린 '축복성회 99'에 귀빈으로 초대돼 한국을 방문했다. 당시 행사에선 문선명 통일교 교주의 집전 아래 4만 쌍이 시내 올림픽 경기장에서 합동결혼식을 올렸다. 헤이그는 이어 3월 엔 자신이 4백만 달러 상당의 맨션을 소유하고 있는 미 플로리다 주 팜비치에서 브라이언 멀루니 전 캐나다 총리의 환갑 생일을 기념하는 성대한 파티를 열었다. 이날 파티에 초대된 손님 명단에는 영국의 유서 깊은 귀족이자 갑부인 말보로 공작과 영화배우이자 패션 디자이너로 한때 유럽 사교계를 주름잡던 아이라 폰 퓌르스텐버그 공주, 앨 더마토 전 상원의원 같은 정치인과 배우이자 가수로도 활동했던 캐시 리 기퍼드 같은 연예인에 이르기까지 다양했다.

다음달인 4월 그는 워싱턴으로 자리를 옮겨 또 다른 '생일 파티' — 북대서양조약기구(나토) 창설 50주년 기념식 — 에 참석했으며, 미국 을 공식 방문 중이던 주룽지 당시 중국 총리를 위해 미 재계가 월러드 인터콘티넨털 호텔에서 마련한 환영 만찬에도 모습을 보였다. 이후 얼마 지나지 않아 헤이그는 군수 업체 '에스디시'(SDC)의 '전략 자문 이사'

로 임명됐다. 이 회사는 당시 체코 군수 업체 타트라 인수를 막 마친 상태였다. 당시 업체 쪽은 그를 자문 이사로 임명한 것과 관련해 내놓은 보도 자료에서 헤이그가 "정부와 재계, 외교가에서 쌓은 엄청난 인맥"을 활용해 에스디시의 수출 업무를 지원하게 될 것이라고 밝혔다.

일흔세 살의 나이에 견줘 분명 숨 가쁜 나날이었지만, 미 정부에서 일한 경력을 바탕으로 워싱턴에서 막후의 영향력을 행사하기 시작한 헤이그에겐 특별할 것도 없는 시기였다. 일반인들의 관심은 거의 끌지 않은 헤이그의 활동은 사실 미국 내에선 백악관 안보 보좌관 출신으로 막강한 영향력을 행사하고 있던 브렌트 스코우크로프트나 헨리 키신저에 버금갈 만한 수준은 아니었다. 하지만 스코우크로프트나 키신저와 마찬가지로 헤이그 역시 외국에 수많은 '친구'가 있었고, 이들 대부분은 부패한 독재 정권 출신으로 닉슨 행정부와 레이건 행정부를 거치는 동안 그에게 받은 도움에 여전히 감사하고 있었다. 이런 인맥을 통해 헤이그는 대외투자를 타진하는 기업들을 지원하고 수백만 달러의 사례금을 챙겼다. 헤이그는 또 외교 무대에서도 막후 실세로 통했다. 그는 미국의 워싱턴에서 터키의 앙카라, 중국의 베이징에 이르기까지 지구촌 곳곳에서 영향력을 행사했으며, 레이건 행정부 초대 국무장관을 재직하던 때와 마찬가지로 언제나 인권보다는 상업적 이해관계를 우선시했다. 그는 외국에 무기를 판매하는 데 가담했으며, 냉전 때 만들어진 세계에서 가장 억압적인 정권과의 동맹 관계 유지를 위해 힘을 쏟기도 했다.

미 정부 안팎의 이름난 보수파들 사이에서 헤이그를 가리켜 과거 경력을 활용해 돈벌이에 골몰하고 있는 대표적인 사례로 꼽는 이들이 많은 것도 이 때문이다. 이들 대부분이 익명을 요구했지만 — 특히 워싱턴 정가에서 막강한 영향력을 행사하고 있는 이들은 공개적으로 발언을 하는 것을 극도로 꺼리기 마련이다. — 육군 대령 출신으로 작가인 데이비드 핵워스만은 예외였다. 그는 숨김없이 이렇게 얘기했다. "헤이그가 부를 축적한 것은 현역 시절 그의 복무 기록이 뛰어났거나 특별히 머리가 좋았기 때문이 아니다. 이를테면 그는 헨리 키신저에서 리처드 닉슨까지, 수많은 권력층에 빌붙어 출세 길에 오른 전형적인 인물이다. 헤이그 자신이 정치권과 업계를 오가는 이른바 '회전문'을 발명한 것은 아니지만, 그는 '회전문'을 돌리는 데 있어선 단연 일가를 이뤘다."

1947년 미 육사를 졸업하고, 한국전에 참전하기도 한 헤이그는 케네디 행정부 시절 처음으로 국방부에서 근무하기 시작했다. 이 무렵 그는 쿠바의 피델 카스트로 정권이 주요 목적이던 1급 비밀 부서 체제전복소위원회에서 활동했다. 그는 명문 조지타운 대학에서 석사 학위를 받았다. 1962년 제출된 그의 졸업논문 제목은 「국가안보법령과 국가안보정책에서 직업군인의 역할」인데, 논문에서 그는 국방 정책 입안 과정에서 군부의 역할을 대폭 강화해야 함을 강조했다. 그의 논문은 두 가지점에서 눈길을 끈다. 우선 딱딱하기 그지없는 문체다. 이를테면 '해석적변덕'이라거나, '사고의 모형', '침투성 관계' 따위의 표현은 나중에 언론에서 이른바 '헤이그식 어투'라고 이름 붙인 그의 독특한 연설체의기원이 된다. 둘째, 논문을 보면 반대 의견을 결단코 용납하지 않는헤이그의 성품이 뿌리가 깊다는 점을 쉽게 알 수 있다. 헤이그는 언젠가정책 입안 과정에서 군부의 역할이 지속적으로 감소해 왔다며, "이에반대되는 주장의 근거로 제시되는 사실은 잘못된 것이거나, 의도적으로왜곡된 것"이라고 강조하기도 했다.

베트남전 복무를 마친 뒤인 1969년 헤이그는 닉슨 행정부의 안보 보좌관이던 헨리 키신저의 보좌관에 임명됐다. 자신의 상관인 키신저와 마찬가지로 헤이그는 전쟁에 대해 강경한 태도를 보이며, 캄보디아에 대한 비밀 폭격을 지지했다. 헤이그는 칠레에서 선거를 통해 집권한 살바도르 아옌데 정권을 붕괴시킨 아우구스토 피노체트의 1973년 쿠데타에도 깊숙이 개입했다. 또 키신저가 백악관 국가안전보장회의 관계자들이 언론에 정보를 흘린다고 의심했을 때, 그는 미 연방수사국과 함께 미심쩍은 관료와 기자들에 대한 도청 업무를 조정하기도 했다. 저명한 탐사 보도 전문가 셰이모어 허쉬는 키신저의 일대기를 다룬 책 『권력의 대가代價』에서 "도청을 할 필요가 있는 국가안전보장회의 관계자와 관련 언론인의 명단을 넘긴 것이 바로 헤이그였다"고 지적했다. 허쉬는 또 "헤이그는 당시 연방수사국 부국장이던 윌리엄 설비번의 사무실을 방문해 도청 내용을 확인하곤 했다"며 "당시 그는 도청 업무를 즐기는 듯한 모습이었다"고 전했다.

닉슨 대통령의 낙마를 부른 워터게이트 스캔들이 터질 무렵, 헤이그는 백악관 비서실장으로 자리를 옮겼다. 당시는 이미 대통령의 상당수 측근들이 사임하거나 형사 기소된 상태여서, 헤이그는 닉슨 대통령 집권 말기의 몇 달 동안 대통령의 가장 가까운 측근이었다. 헤이그의 공직 생활이 여론의 관심을 끈 것은 이때가 처음으로, 1974년 닉슨 대통령의 사임에 이어 취임한 포드 대통령은 그의 충직함을 높이 사 나토군 사령관에 임명하기에 이른다. 1979년 공직에서 물러난 그는 군수 업체 유나이티드테크놀로지 회장직을 잠시 맡은 뒤, 로널드 레이건 행정부의 초대 국무장관에 임명된다. 국무장관 시절 헤이그는 군비 확충의 일등

공신이었고, 니카라과의 콘트라 반군 등 외국의 반공 게릴라 조직에 대한 지원을 아끼지 않았으며, 소련과의 대결 국면을 더욱 부추겼다.

헤이그는 자신의 회고록『이너써클: 미국은 어떻게 세계를 바꿨나』에서 이렇게 썼다. "공직 생활 내내 나는 인권 신장에 앞장섰으며, 특히 국무장관으로 재직할 때는 전 세계적인 인권 신장 노력의 최전선에 있다고 믿었다." 이런 주장은 헤이그의 실제 공직 생활 기록과 정면으로 충돌한다. 레이건 행정부에서 국무장관으로 일하던 시절 그는 미국과 동맹 관계를 맺었다는 이유로 세계에서 가장 억압적인 정권을 끌어안았다. 그는 남아프리카 공화국의 아파르트헤이트(인종 분리 정책) 정권을 옹호했으며, 터키의 군부독재를 지원했고, 인도네시아의 독재자 수하르토를 감쌌으며, 필리핀의 부패한 마르코스 정권을 열렬히 지지했다. 헤이그는 또 우파 정권이 집권한 엘살바도르 정부군이 미국인 수녀 네 명을 성폭행하고 무참히 살해하는 사건이 벌어진 뒤 미 하원에서 열린 진상 조사 청문회에 출석해 "희생된 수녀들이 검문에 불응한 채 차를 몰았을 가능성이 있다"고 주장하기도 했다. 당시 발견된 희생자들의 주검을 보면 등과 머리에 총상을 입은 상태였으며, 주검이 발견된 지점도 헤이그가 언급한 검문소에서 30킬로미터가량이나 떨어져 있었다.

헤이그는 까다로운 성격에 성미마저 급해 그가 외국 나들이에 나설 때면 현지 미 대사관 관계자들이 곤욕을 치르는 것으로 전해진다. 한 외교관 출신 관계자는 지난 1981년 뉴질랜드에서 주요 관계국 정상 회담이 열리기 직전 현지 대사관으로 날아든 전문 내용을 전해 줬다. 당시 전문에는 헤이그의 호텔방을 어떻게 꾸며야 할지에 대한 상세한 설명이 적혀 있었다. 또 옷장에 옷을 어떤 순서로 걸어 놔야 하는지를 설명하는 도표는 물론 그가 마실 버본 위스키 병을 놓아둘 위치까지 정해져 있었다. 이 관계자는 "당시 우리 입장에서 볼 때 그가 보낸 전문은 군 출신 인사가 보여 줄 수 있는 최악의 특성 — 경직성과 부조리할 정도로 사소한 일에 철저한 모습 — 과 실제 외교 관계 속에서 필요한 유연성과 창의성 사이의 차이점을 극명히 보여 줬다"고 말했다. "물론 우리가 군 출신 인사들에게 지나치게 엄격한 잣대를 들이대는 반면 엄청난 잘못을 저지른 경우에도 외교관 출신들에겐 관대한 경향이 있음은 사실이다. 하지만 헤이그의 경우를 놓고 보면, 이런 경향이 어느 정도 정당한 측면이 있다고 생각한다."

헤이그의 강경론은 사실 레이건 행정부의 인식과 맥을 같이 했다. 하지만 그의 잦은 실책과 말실수는 정권에 부담이 됐다. 특히 1981년 3월 워싱턴의 힐튼 호텔 앞에서 존 힝클리가 레이건 대통령을 저격한 직후 헤이그가 보인 태도는 두고두고 사람들의 입길에 오르내렸다. 사건 당시 조지 부시 부통령은 출장 중이었고, 백악관은 혼란 속에 빠져 있었다. 미 헌법에 따르면 대통령 유고 시 부통령에 이어 권력 승계 서열 3위는 하원의장이었지만, 헤이그는 이런 규정을 무시하고 이렇게 선언했다. "내가 모든 상황을 장악하고 있다." 결국 그의 말실수와 극단적인 태도, 벼랑 끝 전술에 집착하는 모습 — 헤이그는 핵무기 대폭 증강 배치를 공세적으로 추진해 반핵 운동을 부추겼다는 비판에 직면하기도 했다 — 이 대통령의 정치적 입지를 손상시킨다는 우려가 백악관 안팎에서 커지면서 그는 취임한 지 18개월 만에 국무장관직에서 물러나야 했다.

레이건 대통령의 임기 말인 1988년 헤이그는 공화당 대통령 후보 경선에 뛰어들었다. 이는 그가 공직 선거에 참여한 처음이자 유일한 사례다. 하지만 그의 출마 선언은 그리 큰 환영을 받지 못했다. 당시 그를 지지한 가장 영향력 있는 인사라곤 정치 코미디언 모트 샬 정도가 고작이었다. 결국 경선 초반인 아이오와 예비선거에서 346표를 얻어 0.3퍼센트의 지지율을 보인 직후 그는 출마를 포기했다.

정치적 패배와 대중적 인기 부족에도 군수업계나 워싱턴 정계에서 헤이그의 상업적 활용도는 떨어질 기미를 보이지 않았다. 군 출신으로 정치권 인사의 군수업계 및 재계 진출을 추적해 온 한 인사는 이렇게 지적했다. "세계 주요 현안에 관여해 온 헤이그의 경력은 충분히 투자할 만한 가치가 있는 상품이었다. 나토군 사령관과 국무장관을 지냈을 정도 라면 기회를 찾아다닐 필요가 없다. 기회는 제 발로 찾아오기 마련이다."

그리고 기회는 어김없이 찾아왔다. 헤이그는 프랭크 칼루치 전 국무장관과 '별들의 전쟁' 주창자인 프랭크 개프니 등과 함께 보수적 두뇌 집단 허드슨 연구소에서 명예 이사로 관여하고 있으며, 메들린 올브라이트 전 국무장관과 월터 슬로컴 전 국방부 부장관 등과 함께 친이스라엘계 두뇌 집단 워싱턴 근동정책연구소 자문위원으로 활약하고 있다. 또 이른바 '세계의 그림자 정부'를 자처하며 북미(미국과 캐나다), 유럽연합, 일본 출신 정·재계 고위 인사들을 주축으로 1973년 구성된 삼자위원회(Trilateral Commission)의 창립 회원이기도 하다. 이 밖에도 그는 미 외교관계위원회(CFR)와 브레튼우즈위원회, 애틀랜틱위원회와 자유의회재단, 닉슨평화자유재단 등 영향력 있는 보수 단체에 빠짐없이 이름을 올려놓고 있다. 심지어 그는 도널드 트럼프와 존 클러지 등 재계 인사는 물론 야니와 로드 스트워트 등 연예계 인물들과 함께 1999년 플로리다 지역 언론인 팜비치 포스트가 선정한 지역 사회 명사 인명록에 등재되기도 했다.

국제무대에서도 그는 국제 무역 촉진이나 특정 국가 지원을 위해 재계가 지원하는 다양한 단체에 참여하고 있다. 이런 활동을 기반으로 그는 각 기업체의 최고 경영자들과 외국 정부의 고위 인사들의 만남을 주선하는 수완을 발휘한다. 예를 들어 헤이그는 '미-중 정책 재단'에서 '명예 고문' 직을 맡고 있는데, 이 단체는 의회 관계자들의 중국 방문 비용을 전액 지원하거나, "미-중 관계의 지속적 개선" 노력을 기울이고 있다. 그는 또 터키 재계 및 군부와의 관계 강화를 위해 설립된 '미국-터키 위원회'에도 관여하고 있으며, 튀니지와의 '우호 관계'를 위해 설립된 '한니발 클럽'에서도 활약하고 있다.

헤이그는 지금도 미 행정부 내 국가 안보 관련 부서와 국방부 등에서 영향력을 유지하고 있는데, 이는 현직 고위 인사 상당수가 그의 휘하에서 일한 경력이 있기 때문이다. 이를테면 1999년 유고슬라비아 전쟁을 진두지휘했던 웨슬리 클라크 장군은 1970년대 헤이그가 나토군 사령관으로 재직할 당시 그의 연설문 담당자였다. 공직에서 물러난 뒤에도 헤이그는 여러 차례에 걸쳐 국방 정책을 심의하는 대통령 산하 위원회에서 활동했다. 그는 1997년 말 국방부가 주최한 해리 쉘튼 신임 합참의장 환영 파티에 초대되기도 했다.

헤이그는 자신의 군부 내 영향력을 바탕으로 폴란드·헝가리·체코 등 3개국을 회원국으로 받아들인 1998년 나토 확장 과정에 적극 개입했다. 그는 다른 고위 공직자 출신 백여 명과 함께 옛 소비에트 블록 나라들을 나토 회원국으로 받아들일 것을 촉구하는 신문광고를 내기도 했다. 또 워싱턴 정가를 돌며 나토 확장을 지지하는 연설을 하기도 했다. 이 과정에서 헤이그는 상당히 중요한 역할을 수행했으며, 이 때문에 폴란드의 나토 가입이 확정된 것을 기념해 미 상원이 마련한 행사에 백악관 쪽 초청 인사로 참석했다. 또 전미폴란드문화센터는 안보 보좌관 출신으로 역시 나토 확장 지지 활동을 벌인 즈비그뉴 브레진스키와 헤이그를 위해 워싱턴의 유니언스테이션에서 따로 성대한 파티를 열기도 했다.

헤이그에겐 은밀히 친분 관계를 유지해 온 인물들도 있는데, 탈세 혐의로 잠시 복역한 전력이 있는 통일교 교주 문선명이 대표적이다. 헤이그는 여러 차례 통일교 주최 행사에 귀빈으로 초청된 바 있는데, 앞서 언급한 대로 서울에서 열린 '축복성회 99'에도 참석했다. 당시 행사에 대해 보도한 통일교 소식지를 보면, 합동결혼식이 열리기에 앞서 마련된 만찬에서 헤이그는 문선명을 "공산주의에 결정적 타격을 준 고마우신 분"이라고 소개했다. (크리스 커크란 통일교 대변인은 헤이그가 행사 참석의 '대가를 받았을 것으로 생각한다'고 말했지만, 구체적인 액수는 밝히지 않았다.)

헤이그는 또 문선명에 이어 통일교 2인자인 박보희의 저작집『진리는 나의 칼』의 추천사를 쓰기도 했다. 두 권 분량인 이 책의 1권은 박보희의 연설문 선집으로 541쪽에 이르며, 2권은 '문(선명) 목사님에 대한 찬양의 메시지와 개인적 고백'을 716쪽에 걸쳐 다루고 있다. 박보희는 책에 등장하는 글 중에서 자신이 문선명의 통역사로 활동하면서 얼마나 불완전하다는 느낌을 가졌는지에 대해 이렇게 '고백'했다. "아버지(문선명)께서 말씀하시는 문장 하나만 설명하는 데도 천 년은 족히 걸릴 터였다. 그래서 나는 하나님께 '주여, 믿음 속에서 통역할 수 있게 해 주소서'라고 기도했다. 아버지의 말씀을 어떻게든 여러분께 전달하기 위해 나는 필사적으로 노력했다." 문선명에 대한 찬사로 가득 찬 박보희의 이 책에 대해 헤이그는 추천사에서 "한 사람이 자신의 나라와 믿음, 그리고 모든 인류를 위해 보다 나은 세계를 만들어 내고자 얼마나 헌신하고 있는지를 보여 주는 괄목할 만한 작품"이라고 썼다.

십 년 이상 통일교 문제를 추적해 온 버지니아 주 출신 사립 탐정 래리 질록스는 "헤이그와의 친분 관계는 탈세 혐의로 복역한 문선명이 치명타를 입었던 신뢰도를 회복하는 데 큰 도움이 됐다"고 지적했다. 그는 "(아버지) 조지 부시를 빼고 통일교와 밀접한 관계를 맺고 있는 인사 가운데 헤이그가 가장 유명한 인물일 것"이라며 "헤이그는 문선명이 유죄판결을 받은 범죄자이자, 여러 나라에서 입국 금지를 당한 인물이라는 점에 대해 별반 신경을 쓰지 않는 눈치"라고 말했다.

헤이그가 사회문제에 대해 진보적인 관점과는 거리가 멀다는 점을 고려할 때, 그가 성전환을 한 작가이자 통신 관련 전문 변호사인 마틴 로스블라트와 친분을 맺고 있다는 점도 뜻밖이다. (헤이그가 로스블라트가 쓴 『성의 아파르트헤이트: 성적 자유에 관한 선언문』이란 책을 읽어 보긴 했는지 의문이다. 그는 이 책에서 "여성 성기를 가지고 태어난 사람들 가운데 자신의 클리토리스를 조그만 남성 성기로 여기는 이들이 있다"며 "이런 사람들은 사랑하는 사람을 쓰다듬는 대신에 자위 기구 등을 활용한 삽입 섹스를 하는 것에서 성적 만족감을 얻는 경우가 많다"고 썼다.) 헤이그와 로스블라트는 거대한 비행선을 미국 주요 도시 상공에 띄운 뒤 이를 이용해 인터넷과 전화 서비스를 실시하겠다는 계획을 내놓아 논란을 부르기도 했다.

헤이그의 주요 수입원은 워싱턴 메디슨 호텔에 딸린 건물에 사무소를 두고 있는 '월드와이드어소시에이츠'(WA)란 자문 업체다. 월드와이드 쪽이 마련한 회사 소개를 보면 이 업체는 "각 기업들이 마케팅과 인수합병 관련 전략 수립 및 집행을 지원하는 한편 미 국내는 물론 국제무대의 정치·경제·안보 환경에 걸맞은 전략적 자문 서비스를 제공한다"고 돼 있다. 이 업체는 자사 고객 명단을 비밀에 부치고 있지만 ─ 헤이그 본인이 내 인터뷰 요청을 거절한 뒤, 그의 오랜 부하 직원인 셔우드 골드버그는 "우리 고객들은 우리가 어디서 사업을 진행하고 있는지 알려지는 걸 원치 않는다"고 설명했다 ─ 일반에 공개된 정보와 각종 기록, 월드와이드 쪽이 증권거래위원회(SEC)에 제출한 자료 등을 보면, 일부 흥미로운 내용을 파악할 수 있다. 지난 몇 년 동안 헤이그는 미국의 대표적 인터넷 기업 '아메리카온라인'을 비롯해 다국적 제약 업체 '인터뉴론', 거대 영화 업체 '엠지엠'(MGM), 군수 업체 '제너럴오토믹', 미국 최대 금융기관으로 꼽히는 '체이스맨해튼', 그리고 텍사스인스트루먼트와 '퀀텀컴퓨터' 등 굴지의 정보 통신업체 등에서 ─ 고문 또는 이사 직함으로 ─ 일했다. 보잉과 유나이티드테크놀로지, 맥도넬-더글라스, '인터내셔널시그널' 등 거대 군산복합체도 그의 고객 명단에서 빠질 리 없다. 이 밖에 '콘트롤코퍼레이션'이란 업체도 그의 고객사였는데, 헤이그는 이 업체가 파키스탄에 클러스터 폭탄(집속탄)을, 중국엔 폭탄의 신관을 수출할 때 도움을 준 것으로 알려져 있다.

월드와이드 쪽이 얼마나 큰 수익을 올리고 있는지 역시 '대외비'로 묶여 있지만, 헤이그가 '자문료'를 충분히 챙기고 있다는 점만은 분명하다. 1999년 초 헤이그는 아메리카온라인의 이사로 재직하면서 받아 둔 자신의 스톡옵션 가운데 약 40퍼센트(14만7,488주)를 처분해 1,150만 달러를 벌어들였다. 또 증권거래위원회에 제출된 자료를 보면, 헤이그가 1996년 애리조나 주 피닉스에 본사를 둔 '인터렉티브플라이트'란 업체와 맺은 '짭짤한' 계약 내용을 들여다볼 수 있다. 당시 계약에서 그는 연간 5만 달러의 자문료를 받는 것은 물론 자신의 '중대한 자문 또는 지원'을 통해 확보한 고객에게서 발생한 수익의 1퍼센트를 부가 수입으로 챙기기로 했다.

겉보기엔 서로 전혀 관련이 없어 보이는 헤이그의 고객사들 사이엔 한 가지 분명한 공통점이 있다. 헤이그의 공직 경험과 인맥을 활용해 국제시장을 공략하고자 했다는 점이다. 헤이그를 고문으로 영입한 이후 에스디시는 헤이그가 "강한 인맥을 확보하고 있는 지역을 중심으로 막대한 매출 신장을 이룰 수 있을 것으로 확신한다"고 '감격'해 했다. 헤이그의 인맥은 지구촌 전역을 포괄한다. 『비즈니스위크』의 보도를 보면, 엠지엠이 모로코에서 007 시리즈 영화를 촬영할 당시 후세인 2세 모로코 국왕은 영화사 쪽에 탱크와 전투기를 지원해 주겠다는 약속을 지키지 않았다. 하지만 헤이그의 전화 한 통으로 모든 문제가 해결됐고, 엠지엠 쪽은 모로코 군의 전폭적인 지원 아래 촬영을 마무리할 수 있었다.

유나이티드테크놀로지도 헤이그가 외국 정상들과 맺은 인연을 통해 막대한 이득을 챙길 수 있었다. 국무장관직에서 물러난 지 1년여 만인 1983년 헤이그는 마닐라로 날아가 페르디난드 마르코스 당시 필리핀 대통령을 만났다. 그는 이 자리에서 마르코스 정권이 가계약한 벨 헬리콥터 수입을 취소하도록 설득했다. 대신 마르코스 대통령은 유나이티드테크놀로지의 자회사인 시콜스키 항공이 제작한 블랙호크 헬리콥터를 수입하기로 결정했다. 필리핀 공군 내부에서조차 그의 이런 결정을 반대했다. 그로부터 십여 년 뒤 헤이그는 터키 정부를 설득해 11억 달러에 가까운 시콜스키 항공의 헬리콥터를 구매하도록 하는 수완을 발휘하기도 했다. (아버지) 조지 부시 행정부에서 터키 대사를 지낸 모튼 아브라모위츠는 "헤이그는 터키 군부 고위 인사들에게서 상당한 존경을 받는 인물"이라며 "물론 그 때문에 (헤이그가 추천한) 물품을 구입한 것은 아니겠지만, 어찌됐든 헤이그의 영향력이 계약을 따 내는 데 큰 도움이 됐을 것임은 분명하다"고 말했다.

정치권에 몸담았던 경력 탓에 헤이그는 워싱턴 언론계에서 외교 안보 관련 팔방미인 전문가로 통했다. 그는 각 신문 논평란에 기고문을 썼고, 루퍼트 머독이 운영하는 『폭스뉴스』의 국제 관련 선임 해설 위원으로 활동하기도 했다. '초특급 컨설턴트'인 헨리 키신저와 마찬가지로 헤이그 역시 자신의 의견과 사업적 이해관계를 분리하기 쉽지 않았다. 1995년 헤이그는 텍사스 주에 본사를 둔 천연가스 업체와 함께 터키 쪽과 에너지 개발 사업을 추진 중이었다. 당시 그는 『워싱턴타임스』에 보낸 기고문에서 터키 정부의 인권 정책에 대한 비판 여론을 반박하고 나섰다. 그는 "터키에 대한 미국의 지원을 중단해야 한다고 주장하는 이들은 미국의 전략적 이해관계를 의도적으로 간과하고 있다"고 주장했다. 물론 자신과 터키 정부 사이의 이해관계에 대해선 일체 언급하지 않았다.

이에 대해 헤이그의 대변인격인 셔우드 골드버그 이렇게 강조했다. "헤이그 장군은 공직에서 물러난 지 17년이나 지났다. 그는 일개 시민에 불과하다. 공직자 출신도 영리 활동에 종사할 권리가 있다. 더구나 그런 활동이 미국의 국익에 도움이 된다면 더 말할 나위도 없다. 헤이그 장군 만큼 미국을 걱정하는 사람도 흔치 않다."

지구촌 구석구석을 돌며 사업에 골몰하는 사이에도 헤이그는 자신과 자신의 고객사가 이해관계를 맺고 있는 나라에 대한 미국의 정책에 영향력을 행사하는 데 힘썼다. 사라프무라드 니야조프 투르크메니스탄 대통령은 1993년 이란을 통과하는 파이프라인 건설 계획에 대한 미국 업계와 정치권의 지원을 끌어내기 위해 헤이그를 정책 자문위원으로 위촉했다. 공산당 간부로 잔뼈가 굵은 니야조프는 1992년 대선에서 99.5 퍼센트의 지지율로 대통령에 당선됐다. 이후 실시된 선거에선 99.9퍼센트의 지지율을 얻었을 정도다. 세계적인 인권 단체 휴먼라이츠워치는 1999년 연차 세계인권보고서에서 니야조프 정권이 "투르크메니스탄 국민의 거의 모든 시민·정치적 권리를 박탈"했으며, "옛 소련식 비밀경찰" 조직을 동원해 "재야 세력을 탄압하고, 집회·결사의 자유를 인정하지 않고 있으며, 정치적 토론 자체를 금지시켰다"고 지적했다.

파이프라인 건설 계획에 대한 클린턴 행정부의 지지를 얻어 내기 위해 헤이그는 니야조프 대통령의 방미를 주선했다. 그의 방미 기간 동안 헤이그는 니야조프 대통령을 '과감한 개혁을 추진하는 인물'로 그려 내기에 분주했다. (헤이그는 당시 『에이피통신』과 한 인터뷰에서 "니야

조프 대통령은 독재자가 아니라 영웅 대접을 받아야 한다"고 주장했다. 그는
또 투르크메니스탄에서도 서구의 인권 기준이 준수돼야 한다고 강조하는 미
행정부 관계자들을 향해 "완전히 바보이거나 적어도 근시안적 시각을 갖고
있는 사람들"이라고 비난했다.) 이런 활동을 통해 헤이그는 니야조프의
가장 믿을 만한 조언자로 자리를 잡았다. 1993년 투르크메니스탄의 수
도 아스하바트에서 열린 독립 기념일 행사에 참석한 그는 사열대에서
니야조프 대통령과 나란히 앉아 행사를 지켜봤다. 또 이날 저녁 열린
국빈 만찬에서도 상석에 앉아 식사를 즐겼다. 앨런 무어 '미국-투르크
메니스탄 기업 위원회' 회장은 "헤이그와 니야조프의 관계는 당시 최고
조에 이르렀다"고 전했다. 하지만 니야조프 정권의 파이프라인 건설
계획은 이란과의 모든 경제 관계를 금기시해 온 클린턴 행정부에 의해
결국 물거품이 됐다. 그럼에도 헤이그와 니야조프 대통령은 돈독한 관
계를 유지했다. 두 사람은 1998년 니야조프 대통령의 두 번째 방미 때
재회했는데, 당시 니야조프 대통령은 백악관을 방문할 수 있었다.

헤이그는 인도네시아 쪽에서도 사업 수완을 발휘했다. (물론 그와
절친한 사이였던 수하르토 정권이 1998년 무너지면서 인도네시아에서 그의
영향력은 현저히 떨어졌다.) 1997년 3월 헤이그는 의회 보좌진들과 '페덱
스', '모빌', '케터필러', 유나이티드테크놀로지 등 굵직굵직한 미국 업
계 관계자들을 대동하고 인도네시아를 방문했다. 경비는 '미국-아세안
기업 위원회' 쪽이 떠맡았는데, 당시 인도네시아에선 수백 명의 인명
피해를 내며 몇 달째 이어졌던 종족-종교 분쟁이 막 끝난 상황이었다.
인도네시아 방문 기간 동안 헤이그 일행은 수하르토 대통령과 각 부처
장관들을 면담했다. 당시 제프 빙어맨 상원의원 보좌관으로 활동했던

스티븐 클레망은 "헤이그가 방문단을 이끌었기 때문에 최고위급 인사들을 손쉽게 만날 수 있었다"고 말했다. 중도 성향의 두뇌 집단 '뉴아메리카 재단'에서 활동하고 있는 클레망은 "헤이그는 당시 인도네시아에서 엄청난 영향력을 행사하고 있었다"며 "그는 방문 기간 동안 여러 차례 연설을 하기도 했는데 항상 좋은 말만 골라서 했고, 부정적인 내용은 일체 언급하지 않았다"고 전했다.

미국 업체의 유력한 아시아 시장 가운데 하나인 싱가포르에서도 헤이그의 영향력은 막강했다. 특히 30여 년 동안 철권통치를 휘두르다 권좌에서 물러난 뒤에도 여전히 선임 장관이란 직함을 유지하고 있는 독재자 리콴유와는 절친한 관계를 맺어 왔다. 1996년 닉슨평화자유재단은 "국제 관계에서 닉슨주의에 기반한 계몽적 실용주의를 실천한" 공로로 리콴유를 제1회 '새 세기 창조자상' 수상자로 선정했다. 그의 수상 소식에 닉슨 대통령의 연설문 담당자였던 칼럼니스트 윌리엄 새파이어가 "싸구려 독재자를 지나치게 치켜세우는 짓"이라고 비판하고 나서는 등 파문이 일었다. 하지만 헤이그는 리콴유의 수상을 옹호하면서 시사주간지 『뉴리퍼블릭』에 기고문까지 보내 "(리콴유는) 서구식 자본주의와 민주주의의 전형"이라고 반박했다. (사실 리콴유는 헤이그보다는 키신저와 친분이 두텁다. 한 싱가포르 언론인은 "키신저가 싱가포르를 방문할 때마다 현직 국무장관이라도 되는 것처럼 의전 담당자들이 극진한 예우를 하곤 한다"고 전했다.)

하지만 헤이그가 미국 업체의 진출에 확실한 도움을 준 것은 사실 중국이었다. 1972년 닉슨 대통령의 역사적인 방중 외교에 앞서 선발대를 이끌고 베이징을 찾은 이래 헤이그는 일관되게 중국의 입장을 대변해 왔다. 톈안먼天安門 사태 넉 달 여 만인 1989년 10월 1일 학살의 현장에서 열린 중국 건국기념일 행사에 직접 참석한 일은 그의 친중 행보를 가장 극명히 보여 준 사례였다. 당시 행사에 참석한 유일한 미국 인이었던 그는 미국은 물론 모든 서방 대사들이 건국기념일 행사를 보이콧할 것임을 잘 알고 있었다. 이날 덩샤오핑 당시 중국 국가 주석은 행사에 참석한 헤이그의 '용기'에 경의를 표하며, 자신과 나란히 연단에 오르도록 배려했다.

헤이그의 전폭적인 중국 정부 지원에 발끈한 것은 오히려 미국 내 보수 진영이었다. 레이건 행정부에서 국방차관보를 지낸 에드워드 팀퍼레이크는 "헤이그처럼 미국을 위해 애쓴 인물이 중국을 옹호하기에 이른 건 비극적인 일"이라고 말했다. 물론 중국 쪽에서 헤이그의 지원에 깊은 감사를 표시했다. 워싱턴 주재 중국 대사관에서 무관으로 일했던 진쥬는 출판되지 않은 책의 초고에서 "중국의 이익을 위해 일해 줄 만한 미국인"들과 어떻게 협력했는지에 대해 상세히 묘사한 바 있다. 그의 기록을 보면, 중국 대사관 쪽은 친중 인사를 '진정한 친구-중요한 친구-보통 친구' 등 세 부류로 나눠 관리했다. '진정한 친구'로 분류된 인물은 스코우크로프트와 키신저, 그리고 헤이그 등 세 명뿐이었다. 진쥬는 "매년 대사관 쪽에선 세 부류의 친중 인사 가운데 각 부류마다 약간 명씩을 베이징으로 초대할 수 있도록 예산을 배정받았다"며 "진정한 친구로 분류된 인사들에겐 항공료와 숙박비는 물론 경호 요원과 리무진까지 제공했다"고 썼다.

중국 쪽은 '투자'에 대한 대가를 톡톡히 챙긴 것으로 보인다. 덩샤오핑 전 국가 주석의 딸 덩룽이 자기 부친을 신격화한 전기 ─ 이 책의 미국 판권은 루퍼트 머독이 구입했다 — 를 홍보하기 위해 1995년 미국을 방문했을 때, 헤이그는 자기가 운영하는 월드와이드의 워싱턴 본사에서 그를 위해 성대한 파티를 열어 줬다. 당시 파티에 참석했던 한 인사는 "헤이그는 그날 파티에서 대중 정책에 영향을 끼치려는 인권 운동가들에 대한 경멸감을 고스란히 드러냈다"고 전했다. 헤이그는 중국 국무원이 플로리다 주 키시미에 70에이커 규모로 문을 연 테마 공원 '스플렌디드차이나'의 조직위원회에도 참여했다. 이 공원에는 만리장성과 자금성, 티베트의 상징으로 달라이 라마가 1949년 중국의 침공과 함께 망명길에 오르기 전까지 머물렀던 포탈라 궁 등의 정밀한 모형이 전시돼 있다. 또 중국식 묘기 공연도 펼쳐지는데, 간혹 뜻밖의 출연진 부족으로 애를 먹기도 했다. 이 공원이 문을 연 이후 3년 동안 모두 40여 명의 중국 공연단원이 미국 정부에 정치적인 이유로 망명을 신청했다.

미 의회 보좌진들은 헤이그가 중국의 세계무역기구(WTO) 가입이나 최혜국 대우 연장 문제와 관련해 중국 정부를 대신해 상·하의원들에게 직접 전화를 걸기도 했다고 전했다. 공화당의 하원 지도부 외교 보좌관 출신인 마크 래건은 "헤이그는 외국 로비스트로 등록을 하지도 않았지만, 사실상 특정 외국 정부의 목소리를 대변했다"고 전했다. 중국 문제에 정통한 또 다른 현직 보좌관은 신원을 밝히지 말 것을 전제로 "중국에 불리한 법안을 준비할 때마다 헤이그 때문에 우려를 하게 된다"며 "헤이그가 친분이 있는 공화당 의원들에게 전화를 하게 되면, 우리가 확보한 것으로 판단했던 표가 사라지곤 한다"고 말했다.

헤이그의 대변인 격인 셔우드 골드버그는 로비와 월드와이드의 업무 사이에 분명한 차이점이 있다고 주장했다. "헤이그 장군은 어떤 특정 정부를 대변하거나, 그들을 위해 로비 활동을 하는 게 아니다. 중국이나 다른 나라에서 미국의 경제적 이해를 증진하기 위해 노력하는 것은 지금처럼 상호의존적인 세계에서 미국의 경제를 위해 대단히 중요한 일이다. 우리가 (고객사를 위해) 중국 시장에 대해 내린 평가는 바로 이런 맥락에서다. 헤이그 장군은 강력하고 안정적이며 서로에게 도움이 되는 대중 관계를 증진시키기 위해 최선을 다하고 있다."

헤이그가 중국 정부에게 중요했다면, 중국 정부 역시 헤이그에게 대단히 중요했다. 그는 미국 내에 이해관계가 있는 몇몇 중국 업체에서 고문으로 활동했다. 이들 업체 가운데 중국대양상선이 캘리포니아 주 롱비치에 있는 폐쇄된 미 해군 시설을 인수할 계획을 밝혀 논란을 부르기도 했다. 중국을 방문할 때면 헤이그는 정부 고위 인사들을 일상적으로 만날 수 있었다. 이런 고위급 인맥을 바탕으로 그는 자기 고객사가 에어컨 부품에서 군수품에 이르기까지 다양한 상품을 중국에 수출할 수 있도록 주선했다. 헤이그에 대해 비판적인 이들은 그와 중국 정부와 볼썽사나운 주고받기식 관계를 맺고 있다고 지적한다. 공화당 출신으로 정부 고위 관료를 지낸 한 인사는 이렇게 말했다. "간단한 이치다. 인권이나 여타 문제에서 헤이그가 중국에 대해 비판적이었다면, 그의 인맥은 끊길 게 뻔하고 결국 그를 이용해 중국 진출의 교두보를 마련했던 업체들도 그를 저버리게 될 것이다."

중국에 대한 헤이그의 인식에 불만을 표시하는 이들은 중국 문제에 대한 그의 신경질적 반응을 보여 주는 일화를 소개하기도 한다. 몇 년 전 헤이그는 중국 관련 무역정책에 대한 로비를 벌이기 위해 중국통으로 알려진 크리스토퍼 콕스 하원의원에게 전화를 걸었다. 하지만 콕스 의원은 헤이그에게 중국보다 대만이 먼저 세계무역기구에 가입해야 한다는 식의 말을 건넸다. 당시 콕스 의원의 보좌관을 지낸 한 인사는 헤이그가 "다짜고짜 엄청나게 화를 냈다"고 말했다. 또 다른 사례도 있다. 로스 먼로는 1997년까지만 해도 필라델피아에 본부를 둔 외교정책연구소(FPRI)에서 연구위원으로 일했다. 헤이그는 이 연구소에서 이사로 재직하고 있다. 그해 먼로는 『다가오는 중국과의 갈등』이란 제목의 책을 공동 집필했다. 그는 이 책에서 헤이그를 비롯해 중국에서 영리 활동을 벌이고 있는 고위 공직자 출신 인사들을 비판했다. 헤이그는 이에 대해 격노했고 당시 연구소장이던 하비 시처먼에게 먼로를 해고시키도록 종용했던 것으로 전해진다. (이에 대해 셔우드 골드버그는 먼로를 해고한 것은 연구소 '내부 문제'라고 주장했다. 반면 시처먼 당시 소장은 "과거 고용됐던 이들에 대해 언급하지 않는 것이 우리 연구소 쪽의 입장"이라며 즉답을 피했고, 먼로 역시 당시 상황에 대해 입을 열지 않았다.)

이렇게 헤이그 장군께선 여전히 힘을 바탕으로 한 정치를 즐기고 계신다. 그가 충성을 다했던 닉슨과 키신저에게서 배운 철학을 고스란히 민간 부문에 적용시킨 셈이다. 외교 관계에서 힘을 바탕으로 한 정치의 목적은 국익을 최대한 끌어올리는 것이다. 하지만 헤이그가 훌륭히 입증한 것처럼 이 존경할 만한 정치철학은 사업에 있어선 대단히 손쉽게 이문을 남기는 수단이 된다.

6 유령의 위협

막대한 예산과 관료주의적 이해관계가 걸려 있는 경우, 거짓말이 난무하기 마련이다. 이럴 때면 정당화할 수 없는 문제들을 정당화하기 위한 논쟁이 벌어진다.
― 매사추세츠 공과대학에서 국방·군축을 전공하는 시어도어 피스톨 교수가 고든 미첼과 행한 인터뷰 중에서

유령의 위협
냉전 시대의 전략가들

미 대서양 함대 사령관인 해롤드 게먼 주니어 제독은 결정적인 난관을 풀기 위해 마음을 가다듬고 있었다. 때는 1998년 12월, 탄도미사일방어 계획에 대한 의회의 지원이 십 년 만에 최고조로 올라 있는 상태였다. 게먼 제독이 우주의 군사화에 관한 토론회에서 시인한 대로 국방부와 군수산업계가 추진해 온 별들의 전쟁 계획은 커다란 실패작이었다. 그는 "(최소한) 요격 실험이 성공을 거둬야 될 것 아니냐"고 푸념하듯 말했다. 미사일방어 무기 체계를 개발하기 위해 계속된 실험에서 모의 탄두 요격은 실패를 거듭하고 있었다.

결국 게먼 제독은 이듬해 자신이 원하던 바를 얻게 된다. 당시 미사일방어 계획의 핵심인 육군의 '전역고공지역방위'(THAAD) 프로그램이 두 차례 요격 실험을 성공적으로 마쳤던 것이다. 로널드 캐디쉬 공군 장군(중장)은 두 번째 요격 실험이 성공을 거둔 뒤 "미국의 과학 기술 역사를 통해 가장 중요한 분수령으로 삼을 만한 몇 안 되는 사건"이라고 평가했다. 군부가 과장이 심하다고는 하더라도 이 같은 주장은 상당히 이례적인 것이다. 전역고공지역방위가 성공을 거둘 수 있었던 것은 요격 실험 자체가 실패율이 거의 제로에 가까울 정도로 대단히 제한적으로 수행됐기 때문이다. 이 때문에 "(이번 요격 실험은) 소프트 볼 경기에서 천천히 던진 공을 쳐낸 것과 마찬가지"라고 한 군사 평론가는 평가하기도 했다. 전역고공지역방위 프로그램의 전체적인 성능이 너무나 떨어져 프로그램의 주계약자인 록히드마틴은 1,500만 달러에 달하는 벌과금을 국방부에 내야 했을 정도였다.

현재 미사일방어 프로그램은 로널드 레이건 대통령의 별들의 전쟁 프로그램에서 시작된다. 레이건은 소련의 미사일 공격으로부터 미국을 방어하고자 하늘에 거대한 돔과 같은 방어망을 만들려는 계획을 입안했다. 소련은 더 이상 존재하지 않지만, 지난 1983년부터 1998년까지 무려 550억 달러를 쏟아 부은 별들의 전쟁 계획은 여전히 건재하다. 별들의 전쟁을 옹호하는 세력들은 지금도 이란이나 이라크, 북한 같은 이른바 "깡패 국가"들로부터 미국 땅을 보호하기 위해 미사일방어 계획이 시급히 필요하다고 주장한다. 이들 국가들이 앞으로 10년이나 20년 안에 미국 본토까지 도달할 수 있는 탄도미사일을 개발할 가능성이 전혀 없다는 사실과, 설령 탄도미사일을 발사했더라도 이는 즉각적인 자국의 파멸로 귀결될 것이라는 사실에 대해서는 무시한 채 말이다. 이런 점에서 전미과학자협회 존 파이크 회장의 지적은 시사하는 바가 크다. "미국은 이들 국가를 방사능 물질 덩어리로 만들어 버릴 수도 있다. 독재자들은 절멸의 위험을 감수하려 하지 않는다. 그들은 생존 본능이 뛰어나기 때문이다."

별들의 전쟁이 낳은 여러 미사일방어 계획들은 모두 개발 예정 시한에 뒤쳐져 있으며, 예산은 엄청나게 초과하고 있는 상태다. 실제 수치를 통해 보면, 미국은 1999년까지 핵무기를 탄생시킨 맨해튼 계획의 세 배에 달하는 예산을 미사일방어망 개발에 쏟아 부었다. 그럼에도 존 파이크 회장의 지적대로 미사일방어 프로그램은 "성공하곤 전혀 무관한" 기록들로 점철돼 있다. 결국 더 많은 예산을 쏟아 부어야 하는 것이다. 1998년 가을, 미 의회는 국방부에 별들의 전쟁 형식의 프로그램에 사용하기 위해 10억 달러의 추가예산을 지원했다. 1993년 대선 당시 미사일방어 프로그램 관련 연구 대부분을 중단시키겠다고 공약했던 클린턴 대통령은 이듬해 봄 향후 미사일방어망을 배치하도록 하는 법안에 서명했다.

불과 몇 년 전만 해도 바다 깊숙이 수장됐다고 여겨졌던 별들의 전쟁이 눈에 띄게 부활할 수 있었던 원인은 무엇일까? 미사일방어 프로그램이 다시 떠오른 배경에는 프랭크 개프니를 필두로 하는 전직 국가안보 관련 핵심 인사들과 핵 정책 전문가 등이 촘촘한 인적 그물망을 형성한 채 자리하고 있다. 레이건 행정부에서 국방부 관료를 지낸 개프니는 안보정책센터 소장으로 일하고 있다. 워싱턴 시내 북서쪽 조지타운의 한 귀퉁이에 자리를 잡고 있는 안보정책센터는 두뇌 집단과 로비 창구 역할을 동시에 수행하고 있다. 미사일방어망 구축을 위해 수십억 달러의 예산을 쏟아 부을 것을 요구하는가 하면, 미사일방어망의 효과에 대해 황당할 정도로 치켜세우거나 이에 반대하는 사람들에게 맹공을 퍼붓기도 한다. 별들의 전쟁과 관련해 직접적인 금전적 이해관계가 걸려 있는 군수 업자들이 이들에게 막대한 재정적 지원을 아끼지 않는 것은 당연하다. 이들 군수산업체 가운데 하나인 '록스웰인터내셔널'의 워싱턴 로비스트로 활동하고 있는 로버트 앤드류스는 "프랭크 개프니는 국가 안보 문제에 관한 한 보수파의 신속배치군과 같은 역할을 하고 있다"고 말한다.

안보정책센터의 뿌리는 냉전적 보수 강경파들이 어려움에 봉착해 있던 1975년으로 거슬러 올라간다. 보수주의자인 제럴드 포드가 대통령으로 재직 중이었음에도 데탕트라는 '고약한' 연기가 피어오르고 있었기 때문이다. 미국과 소련은 핵무기제한협정에 합의했으며, 군비 통제에 커다란 진전이 있을 것임이 분명해 보였다. 미국의 베트남전 참전은 모욕적으로 종말을 고했으며, 미국의 국방 예산은 1999년에 화폐가치로 2,300억 달러까지 줄어들었다. 이는 베트남전이 끝난 뒤 최저 수준이다. 국방부와 보수 동맹 세력들은 이런 도전에 분연히 떨쳐 일어났다. 5년도 안 되는 기간 동안 미소 긴장완화를 주장하는 세력들은 힘을 잃어 갔다. 소련은 성공적으로 다시 악마화됐으며, 미 국방 예산은 새로운 수준으로 치솟았다.

이런 보수파의 재반격 과정에서 중추적인 역할을 수행하면서 위협을 부풀린 것은 현존위협위원회(CPD)였다. 이 위원회의 창설자는 예일대 유진 러스토우 교수였다. 민주당 보수파 출신인 그는 린든 존슨 행정부 시절 베트남전과 관련한 정책자문위원을 역임했으며, 보수파 헨리 잭슨 상원의원의 1973년 대통령 후보 경선 과정에서 '민주당다수파연맹'을 결성하는 등 핵심적 역할을 수행했다. 1975년 추수감사절 무렵 몇 잔의 술에 취해 러스토우는 폴 니체 등 몇몇 측근들에게 편지를 보냈다. 정부 소속 핵 과학자로서 니체는 원자폭탄이 투하된 뒤 처음으로 히로시마를 방문한 사람 가운데 한 명이다. 당시 자신의 임무를 "원폭 피해 규모를 감성적인 언어로 묘사하는 것이 아니라 정확한 피해 상황을 점검하는 것"으로 설명한 그는 원자폭탄이 투하된 뒤에도 히로시마 주민 상당수가 살아남은 것에 대해 큰 충격을 받은 것으로 알려졌다. 이 경험으로 그는 핵무기가 전장에서 유용하게 활용될 수 있는 무기라는 확신을 갖게 됐다.

러스토우는 편지에서 미국의 안보를 굳건히 하기 위해서는 재래식 무장은 물론 핵무장까지 강화해야만 한다고 주장했다. 러스토우와 니체 등 소수 인사들은 워싱턴의 메트로폴리탄 클럽에서 만나 이를 위한 세부 계획을 논의했다. 이 모임 초기 참가자 가운데는 닉슨 행정부에서 국방장관을 지낸 제임스 슐레진저, 전 중앙정보국장 빌 케이시, 전 국무장관 조지 슐츠, 엘모 줌월트 제독, 레이건 행정부에서 안보 보좌관을 지내게 되는 리처드 앨런 등 불만에 가득 찬 보수파 인사가 상당수 포함돼 있다. 랜드 연구소 출신으로 앤드 마셜 밑에서 일했던 아모레타 후버가 여성으로는 처음으로 이 모임에 끼기도 했다. 노먼 포드호레츠와 제니 커크패트릭 등 개심한 민주당원도 일부 모임에 참가했으며, 캘리포니아 주지사 출신의 로널드 레이건도 모임의 회원이었다.

모임의 또 다른 주요 회원으로 리처드 펄을 들 수 있다. 로스엔젤레스에서 고등학교에 다니던 시절 랜드 연구소 핵 과학자 앨버트 월스테터의 딸 조니 월스테터와 사귀었던 펄은 당시 처음으로 '핵 절멸'(nuclear annihilation)이라는 개념을 전해 들었다. 월스테터는 펄에게 핵 억지론을 비판적으로 분석한 자신의 글 『깨지기 쉬운 테러의 균형』을 전해 주었으며, 이 글은 펄에게 커다란 영향을 미쳤다. 1969년 대학원을 갓 졸업한 펄은 윌스테터가 새로 설립한 신중한방어정책유지위원회(CMPDP)에서 일하게 된다. 펄은 방어정책유지위원회를 거쳐 "보잉의 상원의원"으로 잘 알려진 워싱턴 주 출신의 잭슨 상원의원 밑으로 자리를 옮긴다. 잭슨 의원의 사무실은 '벙커'로 불렸는데, 이는 잭슨 의원실의 '시즈 멘탈리티'(siege mentality, 피포위被包圍 의식) 때문이었다. 제이 위니크는 자신의 책『벼랑 끝에서』에서 "그들 눈에 잭슨 의원실에서 근무하는 사람들은 포위당한 소수이자 암흑의 좌익 세력에 대항해 외로운 싸움을 수행하고 있으며, 언제나 벼랑 끝에 몰려 압도당하기 직전인 상황처럼 보였다"고 적고 있다.

잭슨 의원 밑에서 일하던 1975년 펄은 미·소가 상호 보유 핵무기를 줄이고 미사일방어망 구축을 제한하기로 한 전략무기제한협정2(SALT 2)를 무산시키는 데 혁혁한 공을 세웠다. 헨리 키신저 당시 국무장관이 블라디보스톡에서 협정 마무리 작업을 하고 있는 동안 펄은『워싱턴포스트』칼럼니스트 로널드 에반스와 로버트 노박에게 국방부 내 전략무기제한협정의 반대 세력을 소개해 줬다. 에반스와 노박은 곧 키신저가 미국을 소련에 팔아넘기는 한이 있더라도 어떤 경우에라도 전략무기제한협정을 성사시키려 하고 있다는 기사를 썼다. 에반스와 노박은 당시 국방장관이자 펄의 절친한 친구인 도널드 럼스펠드(그는 나중에 현존위협위원회의 정식 회원이 된다)를 가리켜 전략무기감축협정을 막고 미국을 파멸에서 구해 낼 수 있는 유일한 인물이라고 말했다. 럼스펠드는 자신과 다름없이 호전적인 미 군비통제및군축국(ACDA) 국장이자 나중에 현존위협위원회 회원으로 가입하는 프레드 이크레와 함께 포드 대통령에게 전략무기제한협정을 파기하도록 압력을 행사했다. 이미 공화당 대선 후보 경선에 참여한 로널드 레이건에게서 소련에게 너무 약하게 군다고 비판을 받고 있던 포드는 결국 협정에 서명하기를 거부했다.

니체는 한국전 당시 군부의 로비 단체로 태동한 현존위협위원회의 회원이었다. '현존위협위원회'라는 명칭은 "누구도 명확하고 현존하는 위험이 없는 상황에서 사람들로 가득 찬 방안에서 '불이야'라고 외쳐서는 안 된다"는 올리버 웬델 홈즈의 유명한 문구에서 따온 것이다. 니체는 한국전과 베를린 봉쇄, 쿠바 미사일 위기 등 중요한 국면마다 "미국은 전략 핵무기에서의 압도적 우위 때문에 전략적 우세를 지킬 수 있었다 [⋯] 가장 강력한 무기 체계를 갖추고 있다는 것은 하위 분야에서 우세를 점할 수 있는 것"이라는 내용의 분석 자료를 펴냈다. 그러나 이제 "우세가 사라지고 있다"고 그는 경고했다.

1976년 가을 민주당 후보 지미 카터가 포드를 물리치고 대통령에 선출됐다. 지미 카터의 군비 삭감 주장과 인권 신장에 대한 연설은 현존위협위원회에 모여 있던 우파를 당혹시켰다. 대통령 선거 이틀 뒤, 위원회는 워싱턴 시내에 위치한 내셔널프레스클럽(NPC)에서 취임 기자회견을 열었다. 이날 위원회는 '상식과 상식에 기반 한 위험'이라는 제목의 의견서를 내어 "미국과 세계 평화, 그리고 인류의 자유에 대한 가장 심대한 위협은 전례 없는 군비 증강에 기반을 둔 소련의 세계 지배 전략"이라고 주장했다. 위원회는 또 "소련은 장기간에 걸쳐 유지해 온, 모스크바를 수도로 하는 세계 지배 전략을 결코 바꾸지 않았다"고 강조했다. 아메리칸 대학 앤 헤싱 칸 교수가 『데탕트 죽이기』에서 지적한 대로 위원회는 당시 정치적 극소수파이자 폭력적 우파로 규정돼 언론에서는 이 기자회견을 무시해 버렸다. 텔레비전 방송사는 취재조차 하지 않았고, 『워싱턴포스트』나 『뉴욕타임스』에는 한 줄도 실리지 않았다.

그런데도 강경파들은 취임조차 하기 전부터 카터를 괴롭히기 시작했다. 당시 미 정보기관들은 소련의 군사력이 미국과 거의 대등한 수준이라고 대체로 인식하고 있었다. 1976년 새로 중앙정보국장에 취임한 조지 부시는 보수 강경파로 짜여진 이른바 '외부 전문가 그룹'(Team B)을 구성해 중앙정보국 '내부 전문가 그룹'(Team A)의 자체 평가 내용을 '재평가'하도록 했다. 당시 부시는 현존위협위원회 회원 다섯 명을 포함해 소련의 향후 계획에 대해 조금이라도 더 비관적인 전망을 내놓은 인물들을 중심으로 외부 전문가 그룹을 꾸렸다. 이들은 소련이 미국에 대한 군사적 우위를 추구하고 있으며, 핵전쟁에서 승리하기 위한 준비를 하고 있다는 결론에 도달했다.

그러나 이들의 주장은 터무니없는 허구에 불과하다. 앤드루 콕번이 『소련의 위협』에서 밝힌 대로 당시 소련 경제는 이미 눈에 띄게 어려움에 빠져 있었으며, 군부 역시 마찬가지였다. 소련 군부는 전례 없는 혼란에 빠진 채 제대로 훈련받지 못한 병사들은 대부분 술에 취해 있었고, 미국보다 훨씬 탐욕스러운 군산복합체에 의해 좌우되고 있었다. 그런데도 외부 전문가 그룹의 보고서는 언론에 유출되면서 격렬한 논란을 부르며 호의적인 평가를 받았다. 『뉴욕타임스』는 1976년 12월26일치 1면 머리기사에서 외부 전문가 그룹의 보고서에 대한 국방부 소식통의 말을 인용해 이렇게 보도하고 있다. "보고서 내용은 암울한 정도를 넘어 소름끼치는 수준입니다. 전문가들은 소련이 미국에 대한 군사적 우위를 추구하고 있다고 판단하고 있습니다. 문제는 소련이 언제쯤 목적을 이루느냐는 것입니다." (이 장 뒷부분에서 다뤄질 테지만, 보수 우파는 외부 전문가 그룹 모델을 대단히 좋아하게 된다.) 소련이 붕괴하기 시작하면서 보수 강경파들이 평화가 찾아올까 두려워하던 1990년 5월 프랭크 개프니는 『워싱턴타임스』에 기고문을 보내 "지금이야말로 새로운 외부 전문가 그룹이 필요한 시점이며, 소련을 포함해 지속되는 미국에 대한 외부 위협을 분명히 평가해 강력한 국방 정책을 수립해야 할 때"라고 강조했다.

외부 전문가 그룹의 성공은 현존위협위원회와 국방부의 공세적인 대중 선동의 서막을 열었다. 폴 니체, 엘모 줌월트 등 보수 강경파들은 소련 및 미국의 대륙간 탄도미사일 모형을 들고 텔레비전 토크쇼에 출연하기 시작했다. 그들이 들고 나온 소련 미사일 모형은 미국 모형에 비해 훨씬 크고 위험스러워 보였다. 텔레비전 방송은 핵전쟁이 벌어졌을 때 미사일의 크기나 숫자는 중요하지 않다는 점을 희석시켰다. 미사일 저장 시설에 대한 정밀한 공격 ― 핵전쟁에서 '선제공격'을 통해 '승리'를 거둘 수 있다는 그들의 약속 ― 은 불안정한 대기와 중력 작용 때문에 불가능하다.

공격용 핵무장 강화와 함께 현존위협위원회는 미 본토 방어를 위한 미사일방어망 구축의 필요성을 강조했다. 이를 위해 보수 강경파들은 1972년 체결된 탄도탄요격미사일제한협정(ABM)을 반대했다. 데탕트의 초석인 탄도탄요격미사일제한 조약은 미사일방어망을 위한 모든 연구·개발을 금지함으로써 우주 공간으로 군비경쟁이 확산되는 것을 방지하기 위한 것이었다.

1978년에 이르면 카터 대통령과 모든 주요 언론이 현존위협위원회가 주장한 "소련 공격에 대한 미국의 취약성"을 받아들이게 된다. 그해 초 『타임』지는 보수 성향의 국방 전문가들에게 "미국은 스스로를 지킬 수 있는가?"라는 질문을 던졌다. 이에 대해 국방 전문가들은 "설사 현재는 지킬 수 있다손 치더라도 그리 오랫동안 그렇게는 못할 것"이라 며 "소련이 재래식 무기는 물론 핵무기에 대해서까지 군비 증강을 지속 하고 있다는 사실이 점점 불길하게 다가오고 있으며, 핵전쟁을 막아 온 힘의 균형 상태에 변화를 줄 수도 있을 것"이라고 답했다. 이에 따라 『타임』지는 "전략무기제한협정 등 군축 협상은 그 자체로는 미국과 소 련 사이의 힘의 균형을 유지하지 못할 수도 있다"는 결론을 내렸다. 제임스 슐레진저 전 국방장관의 보좌관을 지낸 에드워드 러트워는 『타 임』지에 "소련이 조만간 서방국가들에게 '우리가 너희들보다 지상군 병력이 앞서고 있고, 48시간 안에 대부분의 서유럽을 점령할 수 있다. 너희는 더 이상 압도적 우위를 점하고 있지 않기 때문에 우리를 막을 수 없다. 이제 우리는 원하는 것을 쟁취하고 싶다'고 말할 날이 곧 올 것"이라고 말했다.

공산주의에 대한 새로운 공포는 정책 당국자들의 아프가니스탄에 대한 인식의 변화에서도 찾을 수 있다. 1973년 12월 데탕트가 최고조에 다다랐을 무렵, 『월스트리트저널』은 "러시아는 아프가니스탄을 탐내고 있는가? 만약 그렇다면, 그 이유를 파악하기는 쉽지 않다"는 제목의 흔치않은 1면 머리기사를 내보냈다. 뒤에 신문의 회장이자 발행인이 된 피터 캔 기자는 "탁월한 전략가들은 아프가니스탄을 전 세계적 권력 의 균형추로 파악한다"고 지적했다. 그는 이어 "그러나 가까이서 자세 히 들여다보면, 아프가니스탄은 균형추나, (소련의 영향력을 확산시키기 위한) 도미노, 디딤돌처럼 보이지 않는다. 그저 파리가 득시글거리는 재래시장과 부족 간의 갈등, 비참할 빈민들로 넘쳐 나는 사막의 버려진 땅으로 밖에는 보이지 않는다"고 말했다.

소련이 친소 정권을 세우기 위해 아프가니스탄을 침공한 뒤 '사막의 버려진 땅'은 지정학적으로 대단히 중요한 곳으로 변했다. 『월스트리트저널』은 소련이 아프가니스탄을 점령한 직후 사설을 통해 "아프가니스탄은 그저 디딤돌 정도가 아니다"고 지적했다. 이에 따라 신문은 미국이 중동 지역에 병력을 파견해야 하고, 군사적 대응 태세를 높이는 것은 물론 첩보 작전을 확대하고, 징병제를 부활시켜야 한다고 주장했다. 당시 『뉴욕타임스』 특파원이던 드류 미들턴은 1980년 1월 소련의 침공 뒤 아프가니스탄 상황에 대한 충격적인 기사를 내보냈다. 미들턴은 기사에서 "미 국방부는 군사적 측면에서만 보면, 1939년 히틀러가 영국과 프랑스를 상대했던 때보다 현재 소련이 미국을 상대하는 것이 훨씬 나은 위치에 있다"고 주장했다. 시사 주간지 『뉴스위크』도 비슷한 시기에 '소련의 습격'이 미국의 국익에 '심각한 위협'이라고 경고했다. 잡지는 기사에서 "아프가니스탄을 점령함으로써 서방세계와 일본의 원유 생명선인 아라비아 해에서 불과 550킬로미터 떨어진 거리에 소련군이 주둔하게 됐다"며 "이제 소련은 언제든 원하기만 하면 언제든 아프가니스탄에 배치한 전투기를 동원해 서방세계의 생명줄을 잘라 버릴 수 있다"고 강조했다. 카터 대통령 역시 러시아가 카불을 점령한 것은 대단히 위협적인 사건이라는 결론을 내렸다. 이에 따라 카터 행정부는 국방 예산을 급속히 늘렸으며, 냉전의 새로운 시기가 빠르게 시작됐다.

데탕트를 무력화하고 냉전을 새롭게 부활시키는 전 과정에서 현존 위협위원회가 중요한 역할을 했다는 것은 과장이 아니다. 미 국방정보센터에서 일하고 있는 해군 제독 출신의 진 캐롤은 "현존위협위원회 구성원들은 소련의 위협을 부풀리고, 국방 예산을 늘리는 데 효과적인 지원을 했다. 그들의 전략은 의외가 국방 예산을 늘리고 핵무장을 강화하도록 허용하지 않으면 우리 모두 죽게 될 것이라고 있는 힘껏 고함을 지르는 것"이라고 말했다.

로널드 레이건이 1980년 미 대통령 선거에서 카터를 물리친 것은 현존위협위원회 회원들이 극우 인사에서 정부 관료로 탈바꿈하는 마지막 발걸음이었다. 1980년대 초 레이건 행정부 고위급에 현존위협위원회 회원 60여명이 포진하는 데는 리처드 알렌의 공이 컸다. 러스토우는 국무부 군축 담당 부장관직을 맡은 뒤 동료 회원인 럼스펠드와 핵 전문가 윌리암 그레이엄, 콜린 그레이 등을 자신의 공식 자문위원으로 임명했다. 니체는 레이건 행정부의 군축 담당관으로 임명됐으며, 리처드 펄은 국방부 국제안보정책 담당 차관에, 커크패트릭은 유엔 대사에 각각 임명됐다. 아모레타 후버는 육군 연구 개발 담당 차관직에 올랐다.

레이건 행정부 관료들은 소련과의 대결 구도를 부추겼고, 무기 생산에 박차를 가했다. 특히 핵전쟁과 관련한 레이건 행정부의 정책은 심상치 않았다. 1981년 토머스 존스 국방부 차관보는 『엘에이타임스』 로버트 셰어 기자와 만나 핵전쟁이 그동안 알려진 것처럼 파국을 부르는 것은 아니며, 핵 전면전을 벌어지더라도 미국은 2~4년 안에 복구가 가능하다는 주장을 펴 논란을 불렀다. 존스는 "삽만 충분히 있어도, 모두 살아남을 수 있다"고 주장하기도 했다. 삽으로 땅에 구멍을 판 뒤에

나무 널빤지를 덮고 그 위에 흙을 뿌리면 방사능 낙진을 피할 수 있다는 것이다. 이곳에서 미국인들은 핵전쟁으로 인한 고위 방사능 낙진을 피할 수 있고, 삶은 다시 일상으로 돌아갈 수 있다는 게 그의 주장이다. (존스는 자신의 주장을 믿지 않는 이들에게 "흙만 뿌려 주면 낙진을 막을 수 있다"고 설명했다.) 1980년대 말 펄은 독일에 단거리 핵미사일을 배치하려는 미국의 계획을 두고 '미 국방부의 과민 반응'이라고 반대하는 유럽인에 대해 이렇게 얘기했다. "이런 단계를 거쳐 유럽인들도 서서히 깨닫게 될 겁니다. 미국은 이 시기를 유럽인들의 손을 붙잡고 견뎌 내야 합니다."

현존위협위원회 구성원들의 입장에서 보면, 핵무기는 실전 사용을 위해 만들어진 것이다. 그저 미사일 저장고나 발사대에 영원히 멈춰 놓을 수 없는 것이다. 현존위협위원회 회원인 국무부 군축국의 콜린 그레이와 허드슨 연구소의 핵무기 사용론자(NUT) 케이스 페인은 1980년 『포린어페어스』에 '승리는 가능하다'를 글을 기고했다. 그들은 이 글에서 핵전쟁은 결국 인류 절멸로 이어질 것이라고 주장하는 것은 유치한 과민 반응에 불과하다고 주장했다. 두 사람은 이성적이고 효과적인 군사 전략가라면 "핵전쟁을 통해 다양한 결과를 얻어 낼 수 있다"는 점을 인정해야 한다고 강조했다. 실제로 핵전쟁이 벌어져도 살아남아 승리할 수 있을 뿐 아니라, 원하는 전과를 얻어 내기 위해서 미국은 핵 선제공격도 고려해야 한다는 게 그들의 생각이었다. '본토 방위'에 대한 적절한 대책을 세운다면, 핵 전면전으로 인해 발생할 미국인 사상자는 2천만 명에 불과할 것이라는 게 그레이와 페인의 추정이었다. 이 정도 사상자 규모는 그들이 "핵전쟁 뒤 만족할 만한 국제 질서를 확립하는 데 충분하게 복구하는 것"이라는 목표에 부합하는 수치였다.

이에 따라 적절한 '본토 방위' 대책을 확립하는 것이 레이건 행정부의 절대 과제로 떠올랐다. 1983년 3월 23일 레이건은 텔레비전 방송에 출연해 "핵무기가 아무런 효력을 발휘할 수 없도록 만드는 계획"을 발표했다. 다름 아닌 미사일방어망 계획이었다. 이를 통해 미 본토 상공에 침투가 불가능한 미사일방어용 돔을 세우는 것이다. 이를 통해 핵무기가 안고 있는 인류에 대한 위협을 종식시킬 수 있으며, 미국이 러시아와 이 기술을 공유할 경우 '상호 확증 파괴가 아닌 상호 확증 생존의 길로 나아갈 수 있다'는 주장이었다. 레이건이 실제로 별들의 전쟁 구상을 통해 평화와 상호 이해의 시대가 올 것이라고 믿었는지는 알 길이 없다. 적어도 러시아와 미사일방어 계획 관련 기술을 공유할 의사가 전혀 없었으며, 러시아 입장에서는 미국이 미사일방어망을 건설하게 되면 미국의 핵 선제공격에 취약해질 수밖에 없다고 인식할 것임을 그의 보좌진들은 알고 있었다.

별들의 전쟁 계획을 발표한 뒤 레이건은 이른바 '전략방위구상'(SDI)의 타당성을 검토하기 위한 두 개의 위원회를 설치했다. "위원회 구성원 대부분은 미사일방어망 관련 연구 개발에 참여해 온 민간 업체 전문가들로 채워졌다." 피츠버그 대학의 고든 미첼 교수는 '플라시보 디펜스'(Placebo Defense)라는 별들의 전쟁 관련 연구 논문에서 "그들이 전략방위구상에 대해 낙관적인 평가를 내린 것은 예견됐던 일"이라고 지적했다. 위원회는 별들의 전쟁에 필요한 천문학적인 비용에 대해서는 그리 고려하지 않았다. 국방부가 내놓은 한 연구 보고서를 보면 미사일방어망 구축에 필요한 비용을 5천억 달러로 추산했다. 하지만 이런 추산치 역시 실제 액수의 절반에 불과하다는 주장도 나왔다.

별들의 전쟁 구상이 군수업계로부터 적극적인 지지를 받게 된 것은 놀랄 일도 아니다. 레이건 행정부가 미사일방어망의 전반적인 구조 설계를 위해 내놓은 열 건의 발주에는 근래 들어 가장 많은 업체가 입찰에 뛰어들었다. 1985년까지 미 정부는 막대한 규모의 별들의 전쟁 관련 계약을 맺었다. 가장 큰 계약을 따 낸 업체는 록히드로 10억 달러 상당의 계약고를 올렸다. 나머지 일곱 개 업체들은 약 4억 달러 안팎의 계약을 따 냈다. 전략방위구상 관련 국방 자문 업체들도 순식간에 불어 났다. 소규모 자문 업체인 스파르타의 경우, 전체 수입의 약 4분의 3을 미사일방어망 관련 사업으로 벌어들였다. (미 정부 일반회계국이 조사한 바에 따르면, 스파르타는 하와이, 멕시코, 자메이카, 그랜드케이먼 섬 등지에서 자사 임직원 회의를 연다는 명목으로 50만 달러 이상의 국고를 축냈던 것으로 드러났다.)

도브 자크하임이 운영하는 '시스템플래닝'(SPC)도 전략방위구상 관련 연구 계약을 많이 따 낸 업체 가운데 하나다. 여타 업체와 마찬가지로 시스템플래닝 역시 미국에 대한 적성국의 미사일 위협을 부풀리는 일을 수행했다. 군수업계 전문 금융 컨설턴트인 알랜 베나슐리는 1985년 말 『워싱턴포스트』에 기고한 글에서 "만약 미사일방어망 배치가 착수된다면, 이는 군수업계가 이제껏 목도한 가장 큰 사업이 될 것"이라고 말했다. 유력 군수 업체인 티알더블유의 한 관계자도 "미사일방어망은 세계에서 가장 커다란 프로젝트가 될 것"이라며 "우리는 향후 20년 이상 군수업계를 좌우할 국방 연구·개발 분야의 획기적인 전환점의 첫머리에 와 있다"고 강조했다.

별들의 전쟁과 관련한 정책 커뮤니티 내부에서 극심한 의견 불일치가 벌어져 현존위협위원회 회원들이 서로 등을 지기도 했다. 데니얼 그레이엄 장군은 '하이프론티어'를 이끌며, 자체 추진력이 있는 '충돌요격체'(kill-vehicle)를 다량으로 갖춘 수백 기의 우주 기반 전투 체계 배치를 추진했다. 그레이엄은 필요하다면 군사용으로 전용 가능한 민간 기술을 활용해서라도 수년 안에 미사일방어망의 기본적인 체계를 실전 배치해야 한다고 강조했다. 그레이엄의 조급증은 우익 두뇌 집단 헤리티지 재단을 중심으로 하는 또 다른 별들의 전쟁 추진 그룹과 마찰을 빚게 했다. 현존위협위원회 회원이기도 한 수소 폭탄의 아버지로 불리는 에드워드 텔러와 맥주업계의 거인이자 우파인 조셉 쿠어스가 대표적이다. 그들은 단파 레이저를 활용해 탄도미사일을 파괴하는 방식을 선호했으며, 이를 위해 장기간에 걸친 연구·개발을 진행해야 한다고 생각했다. 말콤 왈롭 상원의원은 전략방위구상의 또 다른 계파를 이끌었다. 그는 장파 화학 레이저를 이용해 미사일을 요격하는 방식을 구상하고 있었다. (리처드 펄은 애초 별들의 전쟁 계획을 반대했다. 전체적인 국방 예산이 줄어들 것을 염려한 탓이다. 하지만 얼마 지나지 않아 펄은 별들의 전쟁 진행 과정을 통해 군축 협상을 결렬시킬 수 있을 것이라는 점을 알아채고는 찬성 쪽으로 돌아섰다. 그는 별들의 전쟁을 '생사가 걸린 문제'라고 주장하기 시작했다.)

별들의 전쟁 관련 무기 체계를 구축하는 다양한 접근 방식들은 한 가지 공통점이 있다. 이 모든 것들이 작동할 가능성이 거의 없으며, 이 때문에 별들의 전쟁 지지자들은 미사일방어망의 효용성에 대해 과장하거나 아예 거짓말을 늘어놓을 수밖에 없다는 점이다. 예를 들어, 국방부 관료들은 목표 미사일과 직접 충돌해 요격하는 방식의 컴퓨터 조종

열추적 장치인 '반짝이는 조약돌'(brilliant pebbles) 개발에 약 4백억~6백억 달러가 소용될 것이라고 주장했다. 그러나 이는 국방부의 내부 추정치에 절반도 못 미치는 수치며, 유지 비용까지 계산에 넣을 경우 천문학적인 비용이 소요된다. 국방부는 또 '반짝이는 조약돌'이 우주 궤도에 며칠 정도 밖에 머무르지 못할 것이라고 추정했는데, 전략방위구상 옹호론자들은 최대 십 년까지 우주 궤도를 돌 수 있을 것이라는 상반된 주장을 펴 왔다.

별들의 전쟁 추진론자들이 '인상적인' 성공을 거둔 때도 있었다. 1984년 개발 초기 단계의 요격미사일이 탄도미사일인 미니트맨을 요격하는 실험에 성공한 것이다. 국방부는 즉각 성명을 내고 "날아가는 미사일을 미사일로 요격하는 게 실제로 가능하다는 점을 보여 준 사례이자, 별들의 전쟁이 실효성을 거둘 수 있음을 증명해 준 실험"이라고 치켜세웠다. 9년 뒤 『뉴욕타임스』는 당시 실험이 조작된 것임을 밝혀냈다. 과학자들이 미니트맨 미사일을 발사하기 전 요격미사일의 감지기에 잘 감지될 수 있도록 열추적이 가능한 표시 장치를 설치한 사실이 드러났다. 또 열추적 장치를 통해서도 요격이 성공하지 못할 것에 대비해 실험에 참여했던 과학자들은 비밀리에 폭약을 설치해 요격미사일이 미니트맨 미사일에 근접한 뒤 요격에 실패하면 자동적으로 폭파되도록 손을 써 놓았다는 사실도 확인됐다. 당시 실험에 참여했던 한 관계자는 신문과의 인터뷰에서 "만약 실험에 성공하지 못했다면, 의회가 수억 달러에 달하는 예산을 삭감했을 것"이라고 털어놨다.

록히드에서 기술자로 일하다 퇴직한 휴스턴 라이스는 전화 인터뷰에서 군수 업체 관계자들도 미사일방어망이라는 개념 자체가 근본적으로 작동 불가능하다는 사실을 처음부터 잘 알고 있었다고 말했다. 별들의 전쟁 관련 한 입찰에 참여했을 당시를 떠올리며 라이스는 "당시 기술자들은 모든 회사가 주장하는 것이 모두 말도 안 된다는 것을 잘 알고 있었다. 업체들은 그저 경쟁 입찰에 뛰어들었고, 계약을 따 낸 뒤 개발이 불가능하다는 점을 잘 알고 있는 기술자들에게 이를 떠넘겼다"고 말했다.

요격 실험 실패가 이어지면서 정치적인 반대 목소리가 높아졌다. 그러나 별들의 전쟁에 심취한 핵심 인사들은 여전히 미사일방어망 구축을 밀어붙였다. 프랭크 개프니가 이런 작업의 선두에 섰다. 다른 핵무기 활용론자와 마찬가지로 개프니 역시 스쿱 잭슨의 '벙커'에서 핵무기에 대한 인식의 폭을 넓혔다. 잭슨 의원실을 거친 개프니는 상원 군사위원회 선임의원인 존 타워 상원의원실에서 1983년까지 활동했다. 이어 리처드 펄에 의해 핵무기 및 군축 정책 담당 차관보로 발탁됐다. 펄이 정부를 떠난 뒤 펴낸 자전적 소설 『하드라인』을 보면, 주인공 마틴 워터맨(펄의 분신)은 스코트 브랙큰(개프니의 분신)을 가리켜 "워터맨의 젊은 시절을 보는 듯한 인물이다. 이 때문에 그를 기용한 것인지도 모른다. 워터맨이 국방부의 감시견이었다면, 브랙큰은 워터맨의 충성스럽고, 영리하며, 효과적인 감시견이었다"고 적었다.

국방부 차관보 시절 개프니는 국무부를 중심으로 번지고 있던 별들의 전쟁 반대론자에 대항한 캠페인을 앞장서 벌였다. 개프니가 워낙 반대론자에 대한 강경한 태도를 취하다 보니 동료들은 그를 일러 '펄의 불도그'라고 부르기도 했다. 그는 또 펄에 대한 극도의 충성심으로도 유명했다. 1986년 국무부는 개프니가 아이슬란드 레이크자비크에서 열리는 군축회의에 참석하지 못하도록 하려고 했다. 그러나 펄이 이 사실을 알면서 사태가 뒤집어졌다. 펄이 개프니를 이끌고 군축회의에 참석할 무렵, 회의장 부근의 호텔은 모두 예약이 끝난 상태였다. 결국 개프니는 펄의 침실 바닥에서 잠을 자야 했다. (위니크가 쓴 『벼랑 끝에서』라는 책을 보면 당시 상황에 대한 언급이 나온다. 개프니가 아이슬란드에서 수행한 일 가운데는 유대인인 펄의 율법에 따라 준비된 식사를 살피는 일도 포함돼 있었다. 하지만 이 과업은 실패로 끝났다. 펄은 유대식 소시지를 얼려 두기 위해 창가 쪽 선반에 놓아두었다. 그런데 바람이 심하게 불어 소시지가 바닥으로 떨어졌고, 개프니가 미처 손쓸 겨를도 없이 호텔 보안 요원들이 이를 순식간에 먹어 치운 것으로 전해진다.)

레이건 행정부 말기의 기괴한 분위기 속에서도 개프니는 단연 괴상한 인물로 떠올랐다. 1987년 펄이 국방부에서 물러나자, 개프니는 뒤를 봐줄 만한 사람이 없어졌다. 신임 프랭크 칼루치 국방장관은 개프니를 쫓아냈다. 이듬해 전직 국가 안보 고위 관료들이 모인 자리에서 개프니는 안보정책센터 설립을 추진하게 된다. "지금 필요한 것은 정책 분야에서 도미노 피자 같은 연구소를 만드는 것이다." 당시 회합에 참석했던 펄은 이렇게 말한 것으로 전해진다. "30분 안에 정책 분석 보고서를 받지 못하면, 환불을 해 주는 것이다."

그 뒤 안보정책센터에는 수많은 현존위협위원회 구성원들의 피난처 역할을 했다. (세계정책연구소 윌리엄 하퉁은 이를 두고 "사실상 별들의 전쟁 주창자들을 위한 '명예의 전당' 역할을 했다"고 표현했다.) 1999년 말에 이르면, 적어도 열한 명의 현존위협위원회 회원이 안보정책센터의 자문위원으로 선임됐다. 여기에는 에드워드 텔러와 아모레타 후버, 그레드 익클, 커크패트릭와 레이건 행정부의 전략방위구상기구(SDIO) 국장을 역임한 헨리 쿠어스도 포함됐다. 리처드 펄도 당연히 동참했으며, 이 밖에도 역전의 냉전형 전사들이 다수 가담했다. 자유세계위원회(CFW) 위원장 출신의 미즈 덱터, 레이건 행정부에서 라틴아메리카 정책을 책임진 엘리엇 에이브람스, 교육부 장관을 지낸 윌리엄 베넷 '임파워아메리카' 대표, 그리고 시스템플래닝의 도브 자크하임 회장 등이 대표적이다. 또 록히드마틴의 최고 경영자 여섯 명도 자문위원에 선임됐으며, 별들의 전쟁 구축 작업에 참여했던 '타이탄'과 '앨라이드 시그널', 록스웰인터내셔널 등 군수 업체 관계자들도 다수 포함됐다.

개프니는 센터 운영 자금을 마련하는 데 전혀 어려움을 겪지 않았다. 첫해 24만4천 달러에 불과했던 일 년 예산은 최근 백만 달러로 불어났다. 이 가운데 약 4분의 1에 달하는 금액이 군수 업체에서 흘러 들어오고 있다. 나머지 예산은 리처드 멜론 스캐피, 조셉·홀리 쿠어스, 존 올린 재단과 리더스 다이제스트 협회, 소피아·윌리엄 케이시 재단 등 우파 기금에서 충당된다.

안보정책센터가 다루는 주제는 별들의 전쟁 관련 논쟁을 뛰어넘는다. 적어도 전반적인 기조로 보자면, 예전 현존위협위원회가 추구했던 내용을 뛰어넘는다. 개프니는 국방 예산 대폭 증액을 주장하며, B-2 폭격기 등 센터에 자금을 대는 군수 업체가 반길 만한 특정 무기 체계의 우수성을 강조한다. 1997년 8월 B-2 폭격기 관련 예산 심의가 의회에서 벌어질 무렵 개프니는 『워싱턴타임스』에 기고한 글에서 "미국은 현재

계획 중인 21대보다 훨씬 많은 B-2 폭격기가 필요하게 될 것"이라고 강조했다. 개프니는 또 몰락을 거듭하고 있는 러시아 군대가 여전히 안보를 위협한다는 자신의 고정관념을 지속적으로 강조한다. (케이토 연구소의 테드 칼렌 카펜터는 1995년『내셔널저널』과의 인터뷰에서 "개프니의 러시아에 대한 적개심을 보노라면, 그가 러시아 음식을 먹고 식중독에라도 걸린 적이 있는 것 같다고 느낄 때가 많다"고 말했다.) 어떤 형태든 군비를 통제한다는 것은 개프니에게 마치 법으로 금지된 것 같았다. 그는 2차 전략무기감축협정(START Ⅱ)을 막기 위해 여론 몰이에 나섰고, 화학무기협정 체결을 열광적으로 반대했다. 레이건과 부시 행정부에서 협상을 시작한 화학무기협정에 대해 미 의회는 거의 대부분의 나라가 통과시킨 뒤인 1998년에야 승인했다. 몇 년 전 개프니는 미국이 탄도탄요격미사일제한협정을 파기해야 한다고 주장하다 실패하기도 했다.

개프니의 또 다른 전문 영역은 자신이 보기에 너무 '자유주의적'인 인사가 정부 관료로 임명되는 것을 막는 일이다. 그는 1993년 클린턴 행정부가 전미인권연맹 회원인 모튼 핼퍼린을 국방부 고위직에 임명하려 하자 이에 극렬 반대하고 나섰다. 핼퍼린의 임명안을 철회시키는 데 혁혁한 공을 세우기는 했지만, 이 과정에서 핼퍼린에 대한 왜곡된 정보를 제공한 것이 알려지면서 개프니는 공화당 존 멕케인 상원의원과 스토엄 서몬드 상원의원을 분노하게 만들기도 했다. (개프니가 내놓은 핼퍼린 관련 정보가 가짜였다는 사실을 알게 된 뒤 스토엄 서몬드 의원은 "믿을 만한 사람에게서 받은 정보가 사실이 아니라는 것을 믿을 수가 없다"고 말한 것으로 전해진다.) 개프니는 클린턴 대통령이 핀란드 대사로 임명한 경제학 교수 출신의 데릭 쉬어러를 낙마시키고자 시도했지만, 실패에 그치기도 했다. 개프니는 쉬어러에 대해 "급진적인 사회주의자로서 계획경제와 정부 주도 정책의 철저한 신봉자임이 명백하다"고 주장했지만, 상원은 그가 그렇게까지 위험스런 인물은 아니라고 판단해 헬싱키로 보내는 데 찬성했다.

개프니가 가장 좋아하는 주제이자, 집착에 가까운 열의를 보이는 주제는 단연 별들의 전쟁 관련 계획들이다. "위협은 바로 지금이다!" 개프니는 1998년 9월 주로 기고문을 보내는 『워싱턴타임스』에 쓴 글에서 이렇게 주장했다. 이 글에서 그는 북한이 곧 "일본뿐 아니라 미국의 아시아 주요 동맹국은 물론 알래스카와 하와이 등 미국까지 타격할 수 있는" 미사일 능력을 보유할 수 있다고 주장했다. 같은 달 쓴 다른 글에서는 퇴역 공군 중장 제임스 에이브람슨의 말을 따 "탄도미사일방어망 구축 작업이 어려움에 빠진 것은 기술적인 문제 때문이 아니다. 정치적·재정적 제한이 미사일방어망 구축을 막고 있다"고 주장했다. 에이브람슨 장군은 레이건 행정부가 만든 전략방위구상기구(SDIO) 초대 청장을 맡았던 인물로 퇴역한 뒤 별들의 전쟁 관련 군수 업체에서 일하고 있다. 1998년 1월 또 다른 기고문을 통해 개프니는 미국이 탄도미사일을 방어할 능력이 없기 때문에 "가까운 장래에 미국과 우방국, 미국의 국익이 걸려 있는 나라에 대한 대량살상무기 공격은 피할 수 없을 것이다. 이르면 올해 이런 사태가 벌어질 수도 있다. 올해가 아니라도 대량살상무기 공격 가능성은 앞으로 몇 년 동안 지속적으로 증가할 것이다. […] 수천에서 수십만 명이 목숨을 잃게 될 것이다. […] 진주만 기습 공격이 일어난 뒤 그 책임 소재를 따지기 위해 벌어졌던 마녀사냥과는 비교할 수 없을 정도의 분노가, 아무 것도 모르는 미국인들을 심각한 위험에 빠뜨리게 만든 사람들에게 미칠 것이다."

개프니는 자신을 지지하는 사람들의 주장을 강조하는 글을 자주 쓴다. 1999년 3월 개프니는 레이건 행정부 시절 국방 차관보를 지낸 더글라스 페이스가 쓴 글에 대해 "완벽에 가까운 법적 분석"이라고 치켜세웠다. 그는 페이스의 글이 탄도탄요격미사일제한 조약의 당사국인 소련이 붕괴했기 때문에 법적 실효성을 상실했다는 점을 적절하게 지적했다고 주장했다. 따라서 "미국은 더 이상 탄도미사일 요격 능력을 갖추는 데 주저할 이유가 없다"고 강조했다. 물론 개프니는 페이스가 안보정책센터의 자문위원이자 고문 변호사로서 재정적 지원을 아끼지 않고 있다는 사실을 밝히지 않았다. 개프니는 또 1998년 안보정책센터 자문위원인 애리조나 출신의 존 카일 상원의원에 대해 "국가 안보 문제와 관련해 상원에서 가장 영향력 있는 인물 가운데 한 명"이라고 치켜세우며, 수억 달러에 달하는 미사일 요격 기술 관련 예산을 국방 예산에 포함시킨 그의 공로를 축하하기도 했다.

개프니는 자신의 주장을 담은 각종 성명과 보도 자료를 팩스로 내보내는데, 여기에는 주간『국가안보경보』가 대표적이다. 1995년 5월 발행된『국가안보경고』에서 개프니는 당시 인기리에 상영 중이던 영화『크림슨 타이드』(덴젤 워싱턴, 진 해크먼 주연)가 "수백만 명의 미국인에게 미사일방어망의 필요성을 힘 있게 설득했다"고 주장했다. 미국에 대한 핵 선제공격을 준비하는 러시아 군부 강경파를 둘러싼 영화의 줄거리를 설명한 뒤 개프니는 이렇게 결론을 내린다. "비록 영화에서는 구체적으로 언급되지 않고 있지만, 이처럼 악몽 같은 시나리오가 나오는 데는 한 가지 이유 밖에 없다. 미국이 탄도미사일 공격에 대항할 방어망을 가지고 있지 않기 때문이다." 개프니는 또 안보정책센터 군사위원회를 통해 여론에 영향을 미치기 위해 노력한다. 위원회에는 퇴역 삼성·사성 장군 열여섯 명이 포진해 있다. 이들은 "정책 결정자들과 언론, 대중들에게 미국에서 가장 뛰어난 퇴역 장성들의 경험과 판단력을 들려줌으로써 안보 정책을 둘러싼 논쟁을 유발시키고, 정보를 제공하는 것"을 목적으로 하고 있다.

안보정책센터는 또 정보성 비디오물도 내놓고 있다. 이를테면 『무방비 상태의 미국』 등을 통해 "잘못된 국가 정책으로 미국이 얼마나 미사일 공격에 취약해져 있으며, 이런 위험한 환경을 어떻게 바꿀 수 있는지에 대한 간략한 설명"을 전달해 준다. 1998년 발매된 이 비디오의 첫 화면은 중동 지역 어딘가에서 발사된 탄도미사일이 미국을 향해 날아오는 다급한 상황을 설정한 멜로드라마처럼 시작된다. 콜로라도 스프링스에 본부를 둔 한 미군 기지에서 충격에 빠진 장군은 "아니오, 대통령 각하. 우리는 미사일을 요격할 수 없습니다. 미사일방어 능력이 없습니다. 탄도미사일을 막을 수 있는 방법이 전혀 없습니다"고 보고한다. 분위기가 무르익으면 우파 유명 인사들이 차례로 등장해 미사일방어망을 긴급히 구축해야 하는 필요성을 역설한다. 먼저 뉴트 깅그리치 전 하원의장과 피트 윌슨 전 캘리포니아 주 주지사가 등장한다. 윌슨 전 주지사는 "국민을 보호하려는 의지가 전혀 없는 정부"를 질타한다. 이어 진 커크패트릭과 케이스 페인이 등장해 러시아를 신뢰할 수 없는 이유와 함께 군비통제협정의 공허함에 대한 짧은 역사 강의를 내놓는다. 미국의 적국들의 위험천만한 심리 상태에 대한 리처드 펄의 분석이 뒤를 잇는다. 냉전의 종식에서 안도감을 느낀 어리석은 이들을 위해 제임스 울시는 냉전이 끝난 뒤 세계가 훨씬 더 위험해졌음을 강조한다. 울시는 "소련이라는 용을 없앤 뒤 미국은 이란, 이라크, 헤즈볼라 등 수많은 독사들이 우글거리는 정글에 빠져들었다. 이 독사들은 용에 비해 추적하기가 훨씬 어렵다"고 주장했다. 핵폭발 때 생기는 버섯구름과 공포에 질린 어린 학생들, 광분하는 이슬람 근본주의자들과, 사담 후세인의 모습, 연단을 주먹으로 내려지며 열변을 토하는 리비아 국가원수 카다피의 모습이 비디오 곳곳에서 등장한다. 그럼에도 비디오는 결국 다행스런 결론을 이끌어 낸다. 레이건 대통령이 별들의 전쟁의 중요성을 역설하는 마지막 장면이 나오기 전, 전략방위구상기구 국장을 지낸 헨리 쿠퍼가 나와 미사일방어망 구축을 위해서는 "20억~30억 달러의 예산과 3~4년의 연구 기간만 있으면 된다"며 시청자를 안심시킨다.

개프니가 미사일방어망 구축을 위한 싸움을 적극 수행하고 있는 동안에도 요격 실험 실패와 비용 초과 문제가 반복되면서 별들의 전쟁 구상에 대한 정치적 지지도는 심각하게 떨어졌다. 소련의 몰락도 상황을 더욱 어렵게 했다. 1991년 미 의회는 별들의 전쟁 관련 예산을 처음으로 23퍼센트 삭감하는 조치를 취했다. 2년 뒤 클린턴 행정부의 레스 아스핀 국방장관은 "별들의 전쟁 시대의 종말"을 공식적으로 선언했다. 당시 아스핀은 미사일방어망 구축 작업의 실제적인 어려움에 대해서는 언급하지 않았다. 다만 미국에 대한 핵공격 위협이 "사실상 거의 사라졌다"고 주장했다. 이런 아스핀의 입장은 별들의 전쟁 신봉자들에게 반격의 여지를 남겼다. 만약 핵 위협이 실재한다는 점을 꾸며낼 수만 있다면,

별들의 전쟁은 다시 살아날 수 있기 때문이다.

클린턴 행정부의 출현과 함께 시작된 '암흑의 시기' 동안, 개프니는 의회 공화당 주요 인사들의 도움으로 미사일방어망 구축 계획의 명맥을 유지할 수 있었다. 밥 리빙스턴 하원의원(그는 1998년 『허슬러』 발행인 래리 플린트가 일련의 성추문을 폭로한 뒤 공직에서 물러났다)은 1994년 공화당이 의회를 장악하면서 내건 이른바 '미국과의 계약'이라는 우파 성향의 선거 공약에서 국가 미사일방어망을 주요 의제로 삼았다. 이듬해, 안보정책센터와 헤리티지 재단은 보고서를 내어 별들의 전쟁 관련 신규 예산 73억 달러를 편성하라고 촉구했다. 이들은 보고서에서 예산 증액을 통해 "클린턴 행정부가 의도적으로 미국의 도시와 영토를 탄도미사일 공격에 취약하도록 내버려 둔 잘못된 정책"을 끝장낼 수 있을 것이라고 주장했다. 한편 개프니는 미국인들이 탄도미사일 공격에 취약한 안보 상황에 대해 우려하고 있다는 내용의 여론조사 결과를 황급히 만들어 냈다. 이들의 활약상에 힘입어 1996년 대통령 선거에서 공화당 후보로 나선 밥 돌 상원의원은 별들의 전쟁을 주요 이슈화했다. 그는 선거운동 기간 동안 "미사일방어망은 미국 국방 정책의 최우선 과제"라고 주장했다.

문제는 당시 진행된 다른 독립적인 여론조사 결과, 미국인들이 탄도미사일 공격에 대해 우려하지 않고 있다는 점이었다. 1996년 5월 실시된 한 여론조사 결과를 보면, 향후 5년 안에 미국이 핵미사일 공격을 받을 것이라고 응답한 사람은 전체 조사 대상의 3퍼센트에 불과한 것으로 나타났다. 이런 조사 결과를 잘 알고 있던 클린턴 진영에서는 미사일방어망 구축에 박차를 가하려는 공화당의 계획을 공격하고 나섰다. 클린턴 대통령은 "공화당이 미사일방어망 구축을 위해 예산을 증액하려는 것은 잘못된 정보에 기초한 것"이라고 주장했다. 그는 "미사일방어망 구축은 예산 낭비다. 지금 당장 필요한 일에 사용돼야 할 예산을 다른 곳에 써버림으로써 국방을 약화시킬 것이며, 그동안 구축해 온 군비통제협정에 위반되는 일이 될 것이다. 이들 협정은 우리의 안보를 강화시켜 왔다. 미사일방어망 구축에 뛰어드는 것은 미국의 국방을 위해 바람직한 일이 아니다"고 강조했다. 공화당은 곧 별들의 전쟁 전반에 대한 논쟁을 그만 뒀다. 심지어 밥 돌은 그해 8월 열린 대통령 후보 지명 공화당 전당대회에서조차 미사일방어망에 대한 직접적인 언급을 피했다.

개프니와 별들의 전쟁 전사들에게 더욱 큰 장애물은 뜻밖에도 전통적인 동맹 세력이던 정보 기구 쪽에서 나왔다. 1995년 미 중앙정보국은 대통령에게 제출한 보고서에서 "핵 영구 보유국을 제외한 어떤 나라도 향후 15년 동안 미 본토 48개 주와 캐나다를 위협할 수 있는 탄도미사일을 개발하거나 확보할 가능성이 없다"고 지적했다. 클린턴 대통령은 1995년 12월 미사일방어망 배치를 명시한 국방 예산안에 대해 거부권을 행사하면서 이 보고서 내용을 인용했다.

개프니는 이에 대해 "중앙정보국의 보고서는 극단적인 낙관론에 기반을 둔 대단히 정치적인 판단"이라고 반박했다. 개프니와 그의 의회 내 동맹 세력은 "새섬로 보고서"가 니외야 한다고 주장했으며, 이에 따라 로버트 게이츠 중앙정보국장의 지휘 아래 추가 조사 작업이 시작됐다. 그러나 개프니의 희망은 1996년 12월 게이츠 국장이 조사 결과를 내놓으면서 산산이 부서졌다. 중앙정보국은 이전 보고서 내용을 재확인하면서, 적어도 2010년까지는 새로운 탄도미사일 위협이 없을 것이라고 강조했다.

그럼에도 개프니와 그의 동료들은 세 번째 재검토 작업이 필요하다고 다시 한 번 목소리를 높였고, 의회 다수파인 공화당 주도로 아홉 명의 위원으로 구성된 '미국에 대한 탄도미사일 위협 평가를 위한 위원회'(이른바 럼스펠드 위원회)를 설치하는 개가를 올렸다. 정보 기구 외곽 인사를 중심으로 중앙정보국의 주장을 재평가하기 위해 구성된 위원회는 새로운 외부 전문가 그룹으로 불릴 만했다. 위원회 수장은 전 국방장관이자, 현존위협위원회 창립 회원이며, 개프니의 안보정책센터를 적극 후원하고 있는 도널드 럼스펠드가 맡았다. 현존위협위원회 회원이자 안보정책센터 자문위원인 윌리엄 그레이엄과 윌리엄 슈나이더도 위원회 명단에 올랐다. (아버지) 부시 행정부 당시 국방 차관을 지낸 열렬한 냉전형 전사 폴 월포위츠와 중앙정보국장을 지낸 제임스 울시도 위원회에 참여했다. 위원회 구성원뿐 아니라, 위원회에 출석해 증언한 인물들도 최종 보고서 내용에 직접적인 영향을 미쳤다. 국방부 평가국의 앤드루 마셜과 레이건 행정부에서 국방장관을 지낸 캐스퍼 와인버거 등이 대표적이다. 위원회는 또 별들의 전쟁 관련 사업에 이권이 있는 자크하임 등 정치적으로 믿을 만한 컨설턴트들도 동원했다.

두말할 필요도 없이 개프니는 결국 자신이 원하던 것을 얻게 된다. 럼스펠드 위원회는 1998년 7월 의회에 최종 보고서를 제출했다. 위원회는 보고서에서 이란·이라크·북한의 탄도미사일이 미국을 공격할 가능성이 "매우 광범위하며, 상당히 진척됐고, 그동안 보고된 것과는 달리 급속히 커지고 있다"고 주장했다. 럼스펠드는 기자회견에서 "미국은 이런 위협에 대한 경고 기제가 전무한 실정"이라고 강조했다.

보고서 내용이 공개되면서 별들의 전쟁 추진론자들의 목소리가 커지기 시작했지만, 정작 중요한 점은 간과됐다. 뒤늦게 위원회의 일원으로 참가한 로버트 가윈이 『전미원자력과학자협회보』에 기고한 글에서 지적한 대로 럼스펠드 위원회는 "향후 몇 년 안에 이라크·이란·북한 등에 의한 대륙간 탄도미사일 위협이 높아질 것이라고 말한 바 없다. […] 그저 이들 나라가 미사일 기술 개발에 충분한 노력을 기울인다면 탄도미사일을 개발할 가능성이 높다고 판단했을 뿐이다. 충분한 예산과 외국의 기술 지원 등을 활용한다면 그럴 가능성이 있다고 지적했을 뿐"이었다. 이란은 장기적인 경제 위기를 겪고 있고, 북한은 굶주림에 빠져 있으며, 이라크는 유엔 주도의 경제제재 때문에 빈곤에 허덕이고 있다. 이런 상황에서 이들 나라로부터의 위협은 그리 크지 않아 보인다. 게다가 럼스펠드 위원회는 보다 간단하면서도 비용이 적게 드는 방식으로 적성국이나 테러리스트들이 미국을 공격할 수 있는 방식에 대해서는 전혀 고려하지 않았다. 이를테면 미 본토 공격을 위해 육상 또는 해상으로 핵무기나 생화학 무기를 들여올 수도 있다는 점을 간과했다. 그 대신 위원회는 미사일 공격이 "유일한 위험 요소며, 따라서 미국의 안보에 대한 다른 위협보다 이 문제를 먼저 해결해야 한다고 강조했다"고 '미래를 염려하는 과학자 연합'(UCS)의 물리학자인 리제스 그런룬드와 데이비드 라이트는 지적했다.

성공 확률이 100퍼센트에 달하는 미사일방어망을 구축하는 데 성공하리라는 보장도 전혀 없다. "충분한 예산과 시간을 준다면 지금보다는 나은 미사일방어망을 구축할 수 있을 것이다." 전미과학자협회 존 파이크 회장은 "하지만 국가의 운명을 맡길 정도로 신뢰할 만한 미사일방어망이 만들어질 수 있을까? 대답은 부정적일 수밖에 없다. 어떻게든

방어망을 통과하는 탄도미사일이 나올 것이고, 결국 미사일 공격을 시작한 나라를 핵무기로 보복할 수밖에 없을 것이다. 이럴 경우 현재와 전혀 다르지 않은 상황인 셈이다."

개프니의 의회 쪽 지원자들은 이런 세밀한 부분은 무시한 채, 럼스펠드 위원회의 보고에 따라 미사일방어망 구축 계획을 조속히 부활시켜야 한다는 점에만 집중했다. 보고서가 발표된 당일, 당시 하원의장이던 뉴트 깅그리치 의원은 "위원회의 보고서는 냉전이 끝난 뒤 미국의 안보에 대한 가장 중요한 경고"라고 말했다. 하원 국가안보회의 플로이드 스펜스 위원장도 같은 날 기자들과 만나, 럼스펠드 위원회의 보고서 내용을 바탕으로 미사일방어망 구축을 위해 "공세적인 노력"을 기울여야 한다고 강조했다.

위원회가 이룬 성과를 축하하기 위해, 개프니는 럼스펠드에게 안보정책센터가 주는 '불꽃 지킴이'(Keeper of the Flame) 상을 수여했다. 알렉산더 헤이그, 카일 상원의원, 왈롭 전 상원의원 등이 참석한 가운데 워싱턴의 포시즌즈 호텔에서 열린 시상식 만찬장에서 럼스펠드는 위원회의 보고서를 제2차 세계대전 당시 일본의 진주만 기습과 견주어 말했다. "당시 미국은 방어 능력을 갖추고 있지 않았다. 역사에서 뭔가 배울 수 있다면 그것은 약한 고리는 화를 부른다는 점일 것이다. [⋯] 우리에게 방어 능력이 없으면, 적성국들은 피하지 않고 모험을 감행할 것이다." 럼스펠드는 또 "친절한 말투에 총까지 갖추고 있으면, 친절한 말투만으로 얻을 수 있는 것보다 훨씬 많은 것을 얻을 수 있다"는 알 카포네의 말을 인용한 뒤 "총을 탄도미사일로 바꾸고, 알 카포네 대신 깡패 국가 지도자가 이 말을 했다고 생각해 보면, 오늘날에도 적절하게 들어

맞는다"고 강조했다.

럼스펠드 위원회의 보고서가 나오면서 미사일방어망 구축과 관련해 클린턴 행정부가 이전에 보여 온 입장은 거의 무너져 버렸다. 클린턴 대통령은 결국 1999년 "기술적으로 가능한 최대한 빠른 시일 내에" 국가 미사일방어망을 배치하도록 하는 내용을 담은 국가미사일방어법안에 서명하게 된다. (클린턴 대통령은 2000년 여름까지 5년에 걸친 미사일방어망 배치 계획을 확정할 예정이었다.) 클린턴 행정부 시절의 계획안을 보면, 육상 배치 미사일방어망은 '깡패 국가'의 탄도미사일 위협에서 미 본토 50개 주 모두를 보호하게 된다. 미사일방어망은 또 러시아나 중국의 무기고에서 실수로 발사된 탄도미사일도 잡을 수 있으며, 다만 이들 나라의 핵 전면 공격을 막기는 불가능하다는 점은 명시됐다.

국가미사일방어법안에 따라 클린턴 대통령은 미사일방어망 구축을 위해 향후 6년 동안 66억 달러의 예산을 투입하겠다고 밝혔다. 이로써 별들의 전쟁 예산은 모두 105억 달러로 늘어났다. 보잉은 전체 미사일방어망의 시스템 통합을 관장하게 됐으며, 이를 통해 향후 십 년 동안 수십억 달러를 벌어들일 수 있게 됐다. 보잉은 또 스커드 미사일을 항공기에 탑재된 레이저로 요격하는 이른바 '에어본 레이저'(Airborne Laser) 개발의 주계약자가 됐으며, 지상 배치 요격미사일의 로켓 추진 장치 조립에도 참여하게 됐다. 이른바 전역고공지역방위 시스템 건설을 맡게 된 록히드마틴 역시 막대한 이익을 눈앞에 두고 있다. 미사일방어망 사업비로 모두 154억 달러의 예산이 책정된 2000년 한 해에만 록히드마틴은 시스템 개발비로 6억1,100만 달러를 벌어들이게 됐다. 이 밖에도 크고 작은 십여 개 군수 업체가 미사일방어라는 짭짤한 사업에 동참했다.

미사일방어망의 성공적인 구축 개시와 아울러 개프니는 자신의 또 다른 장기 과제인 탄도탄요격미사일제한협정을 파기하는 데도 근접했다. 클린턴 행정부의 윌리엄 코헨 국방장관은 "미국에 대한 탄도미사일 공격 위험이 임박한 상황에서 최소한 협정이 개정돼야 할 것으로 믿는다"고 말했다. 클린턴 행정부가 추진하는 지상 배치 요격 체계는 협정의 규정 안에 포함되지만, 해군이 추진하고 있는 해상 배치 요격 체계는 협정의 규정을 벗어난다는 주장도 나왔다. 그러는 사이 국방비 증액을 추진하는 매파들과 군수 업체 관계자들은 의회가 계속해서 별들의 전쟁 예산을 지원해 줄 것을 믿고 공세적인 미사일방어망 구축 작업에 더욱 박차를 가하고 있다.

현존위협위원회의 노병들과 그들의 정신적 후계자들 역시 끊임없이 별들의 전쟁을 위한 노력을 지속하고 있다. 이들 가운데 일부는 이미 나이가 많아 구체적인 행동을 못하고 있지만 — 유진 러스토우는 간간이 언론에 기고문을 보내는 정도의 일을 하고 있을 뿐이다 — 상당수가 여전히 국방·안보 분야에서 왕성하게 활동하고 있다. 레이건 행정부에서 물러난 뒤 군수 업체 티알더블유로 자리를 옮겼던 아모레타 후버는 워싱턴 근교의 자신의 집에서 국방 관련 자문 일을 하고 있다. 케이스 페인은 버지니아 주 페어팩스에서 콜린 그레이와 공동으로 창설한 비영리 자문 업체인 국가공공정책연구소(NIPP)를 운영하고 있다. 그는 여전히 핵무기 폐기론자들과 맞서 적극적인 목소리를 내고 있으며, 탄도미사일방어망 구축의 당위성을 소리 높여 외치고 있다. 그는 이런 자신의 주장을 강조하기 위해 기회가 있을 때마다 의회 청문회에 증인으로 출석한다. 그가 운영하는 연구소는 탄도미사일방어기구(BMDO)를 비롯한 국방부 산하 여러 기구에 자문을 해 주고 있으며, 의회 보좌관들을 위한 각종 국가 안보 관련 세미나를 주최하고 있다. 국가공공정책연구소는 또 고등학생 교육 프로그램도 마련해 사회 교사들에게 "민주주의와 민주 사회에 대한 세계적 도전" 등의 안보 관련 주제에 대한 학습 보조 교재를 제공하기도 한다.

콜린 그레이는 국가공공정책연구소 관련 일을 하고는 있지만, 영국에 거주하면서 요크셔의 헐 대학에서 국제정치학을 가르치고 있다. 그 역시 핵무기 관련 분야에서 여전히 왕성한 활동을 벌이고 있으며, 러시아의 위협을 대체할 만한 새로운 위협을 찾아내기 위한 노력에 동참하고 있다. 이와 관련해 그레이는 1996년 국제정치학 전문지 『오비스』에 보낸 글에서 중국을 위협적으로 묘사하면서 "힘과 지위를 가진 초강대국"이라고 지적했다. "이제는 더 이상 아무도 애도하지 않는 사라져 버린 소비에트 연방과는 달리 중국은 육지로 둘러싸인 내륙 국가가 아니다. 또 미국의 신중한 봉쇄 정책으로 중국이 내륙 국가에 머무르게 할 수도 없다. 영토의 크기와 특성, 인구와 사회적 관습, 그리고 지리적인 위치로 인해 중국이 국제 질서에 미칠 수 있는 긍정적 또는 부정적 영향력에 대해서는 지나친 과장이란 있을 수 없을 것이다."

리처드 펄은 냉전 시대 전사 가운데 가장 왕성한 활동을 벌이고 있다. 공직에서 물러난 뒤 그는 국방·안보 관련 자문 업체를 차린 뒤, 곧바로 레이시온이 패트리어트 미사일을 터키로 수출할 수 있도록 지원했다. 그는 보수 성향의 미국기업연구소(AEI)에서 다가오는 다음 세기에 필요한 군사력 개선 방향 재고를 위한, 일종의 외부 전문가 그룹 형태의 위원회를 이끌고 있다. 1997년 펄은 국방부 산하 국방위원회에 출석해 국방부 개편 방향에 대한 자신의 입장을 밝히기도 했다. 그는 당시 현 병력 규모를 3분의 1로 줄이고, 이를 통해 남는 예산으로 스텔스 전투기 등 첨단 무기를 구입하라고 주장했다. 펄은 여전히 공화당의 외교정책 이론가로 활약하고 있으며, 1998년 11월 의회를 통과한 '이라크자유법' 에 대한 지지층을 확보하는 데도 결정적인 역할을 했다. 이라크자유법 은 9,700만 달러의 예산을 들여 이라크 내 재야 세력에게 무기를 공급하 고 훈련시켜 사담 후세인 정권을 붕괴시키는 계획을 담고 있었는데, 당시 국방부와 백악관은 에 대해 반대 입장을 밝혔다. 의회 청문회에 출석한 자리에서 걸프 지역 미군 사령관이던 앤소니 지니 장군은 이라 크자유법은 "위험천만한" 법안이며, "현 상황에서 사담 후세인 정권을 전복시킬 가능성이 있는" 이라크 내 재야 세력은 전무하다고 증언했다.

(이라크자유법 입법 과정에는 이 밖에도 많은 냉전형 전사들이 참여했다. 대표적으로 폴 월포위츠를 들 수 있는데, 그 역시 펄과 함께 의회에서 로비 작업을 벌였다. 한편 이라크 재야 세력은 특수전 전문가인 퇴역 장군 출신의 웨인 다우닝과 중앙정보국 출신의 드웰 '듀이' 클래리즈 등에게서 군사 자문을 받았다. 클래리즈는 니카라과의 콘트라 반군을 지원한 것으로 유명하다. 1997년 펴낸 회고록 『모든 시기를 위한 스파이』에서 클래리즈는 자신이 니카라과의 항구에 기뢰를 설치하는 아이디어를 냈다고 밝혔다. 그는 산디니스타 정권에게 압력을 가하기 위한 방안을 강구하라는 당시 중앙정보국장 윌리엄 케이시의 명령에 따라 집에서 쉬면서 아이디어 짜내기에 골몰한 끝에 기뢰를 설치할 생각을 해냈다고 적고 있다. "얼음을 띄운 진 한잔을 마시고, 시가를 피우면서 생각에 잠겼다. 이 문제를 어떻게 풀 것인가? […] 그때 갑자기 머릿속에 해상 기뢰가 해답이 될 수 있겠다는 아이디어가 떠올랐다. 지금도 왜 그 생각을 미리

해내지 못했는지 모르겠다." 클래리즈와 다우닝에게 후세인 정권 전복 작업에 어떻게 참여하게 됐는지를 물었지만, 구체적인 답을 얻지는 못했다. 샌디에이고 에 살고 있는 클래리즈는 "개인적인 일"이라며 언급을 피했다. 콜로라도스프링 스에 자리 잡은 군수 업체 사익에서 일하고 있는 다우닝은 "어떤 사람이 전화를 걸어와 함께 일하자고 제안했다"라고만 밝혔다.)

아모레타 후버는 개프니가 이끌고 있는 안보정책센터에 대해 "현 존위협위원회의 지적 상속자"라고 표현한 바 있다. 2000년 초 또 한 차례 미사일 요격 실험이 실패로 끝났음에도 개프니는 쉼 없이 '본토 방위'를 위한 선도적인 노력을 지속하고 있다. 그해 1월 안보정책센터 는 "다시, 다시 시도하라: 위험을 목전에 두고 있는 상황에서, 미사일 요격 실험 실패에 대한 적절한 대응책은 두 배로 노력하는 것"이라는 제목의 브리핑 자료를 냈다. 자료에서 개프니는 미사일방어에 대해 회 의적이던 사람들조차 깡패 국가들의 점증하는 위험성을 인식하게 됐다 고 주장했다. 특히 북한은 미국을 겨냥해 탄도미사일 공격을 퍼부을 수 있는 "실제적 위험성"을 안고 있다는 점이 강조됐다.

개프니의 브리핑 자료는 미국인들이 북한의 유일한 미사일 발사 시설인 노동 미사일 관련 시설을 처음으로 목격한 지 일주일 만에 발간 됐다. 최초의 민간 첩보 위성 회사인 '스페이스이미징'이 제공한 위성사 진을 보면, 북한의 탄도미사일 개발 노력은 적어도 개프니가 주장해 온 정도로 위협적이지는 않다는 점이 명백했다. 전미과학자협회 존 파 이크가 언론과의 인터뷰에서 밝힌 대로 노동 미사일 발사 시설은 "오두 막과 비포장 도로, 발사대와 논"으로 이뤄져 있을 뿐이었다.

▌찾아보기▐

【작품】

『무기 시장The Arms Bazaar』

『무기Weapons』

『바버라 소령Major Barbara』

『베일Veil』

『벼랑 끝에서On the Brink』

『성의 아파르트헤이트: 성적 자유에 관한 선언문The Apartheid of Sex: A Manifesto on the Freedom of Gender』

『소련의 위협The Threat: Inside the Soviet Military Machine』

『아마겟돈의 마법사들The Wizards of Armageddon』

『아메리카 요새Fortress America: The American Military and the Consequences of Peace』

『역풍Blowback』

『열국의 게임The game of Nations』

『위험천만한 임무Hazardous Duty』

『유대인의 범죄상The Criminality of Jewry』

『이너써클: 미국은 어떻게 세계를 바꿨나Inner Circles: How America Changed the World』

『자정 무렵, 선과 악의 정원에서Midnight in the Garden of Good and Evil』

『잠재의식 통제Subliminal Mind Control』

『전쟁 사업The War Business』

『죽음의 상인: 국제 무기 업계 연구Merchants of Death: A Study of the International armaments Industry』

『진리는 나의 칼The Truth is My Sword』

『페이퍼클립 음모론The Paperclip Conspiracy』

『폐기 가능한 애국자Disposable Patriot』

『하드라인Hard Line』

『해리 트루먼과 1948년 전쟁 공포Harry S. Truman and the War Scare of 1948』

『히틀러 집권기 독일의 단도와 날선 무기The Daggers and Edged Weapons of Hitler's Germany』

『무방비 상태의 미국America, the Vulnerable』

『미션 임파서블Mission: Impossible』

『크림슨 타이드Crimson Tide』